法商图书

印度公司法精要

INDIAN

COMPANY LAW

AN OVERVIEW

李钦　马碧玉 / 著
Santosh Pai / 审校

法律出版社 | LAW PRESS

图书在版编目(CIP)数据

印度公司法精要 / 李钦, 马碧玉著. -- 北京 : 法律出版社, 2019
ISBN 978-7-5197-3390-2

Ⅰ. ①印… Ⅱ. ①李… ②马… Ⅲ. ①公司法-研究-印度 Ⅳ. ①D935.122.9

中国版本图书馆CIP数据核字(2019)第071064号

印度公司法精要
YINDU GONGSIFA JINGYAO

李 钦 马碧玉 著
Santosh Pai 审校

责任编辑 赵明霞
装帧设计 鲍龙卉

出版 法律出版社
总发行 中国法律图书有限公司
经销 新华书店
印刷 中煤(北京)印务有限公司
责任校对 胡湲卿 周合芝
责任印制 胡晓雅

编辑统筹 法商出版分社
开本 710毫米×1000毫米 1/16
印张 18
字数 284千
版本 2019年5月第1版
印次 2019年5月第1次印刷

法律出版社/北京市丰台区莲花池西里7号(100073)
网址/www.lawpress.com.cn
投稿邮箱/info@lawpress.com.cn
举报维权邮箱/jbwq@lawpress.com.cn
销售热线/010-83938336
咨询电话/010-63939796

中国法律图书有限公司/北京市丰台区莲花池西里7号(100073)
全国各地中法图分、子公司销售电话:
统一销售客服/400-660-6393
第一法律书店/010-83938334/8335
西安分公司/029-85330678
重庆分公司/023-67453036
上海分公司/021-62071010/1636
深圳分公司/0755-83072995

书号:ISBN 978-7-5197-3390-2
定价:68.00元

序 一

美国著名法学家、哥伦比亚大学前校长巴特勒(Butler)在1911年说道:“有限责任公司是现代社会最伟大的发现,即使是蒸汽机和电力的发明,也无法与之媲美,因为假设没有有限责任公司,蒸汽机和电的重要性就会相应地萎缩。”

诚然,有限责任公司作为一种理论和制度安排,固然不能和科学技术相提并论,但是有限责任公司的出现在很大程度上改变了整个经济历史乃至政治史。

大航海时代的欧洲利用东印度公司等建立了一个庞大的商业帝国,虽然不是君主,通过垄断原材料、贸易和市场,但其却可以轻易决定无数人的生活和命运,乃至世俗的王权都无法与之匹敌。而中国和印度的命运早就被公司制度冥冥中联系在了一起。几百年前的东印度公司对亚洲的影响不仅仅是深远,而且改变了亚洲尤其是印度和中国历史的走向。东印度公司征服了印度,并将其变成了鸦片种植的基地,以及向中国贩卖鸦片的源头。这之后的历史相信每个中国人都熟稔于心。大航海时代的公司作为现代公司制度的萌芽,其发展壮大是伴随着血与火以及功利主义背后深深的殖民罪恶。而现代的公司在追逐利润的同时,也要接受商业伦理和社会舆论的规范。当今中国产业资本集体出海的时代背景,早已不是几百年前那般光景。但类似的一点是,当年大放异彩的公司制度,仍可以在中国企业在主动融入全球化进程、在全球各个经济体开枝散叶的过程中发挥重要的作用。

不同法域的公司法的演变和发展可谓是“他山之石”,公司法领域的经济现象在西方国家存在的,在中国或者印度也都可能会上演。正如中国公司法理论和实践伴随着中国经济的崛起不断完善和深化,印度公司法理论和实践的发展也伴随着其经济的日渐腾飞而不断演变,并且印度市场的特征和独特哲学,也被深深烙印在印度公司法的产生和发展的源流中。走出去易,走进去难,往高处走更是不胜寒。中国企业要想真正走入印度并走向印度市场的高端,必须要把握包括印度公司法在内的整个商事体系的脉搏。

公司法学是一门显学。但一直以来,中国对于印度公司法和商事法律的研究几乎为零。大多数情况下,中国的企业界、学术界乃至一般民众都会“言必欧美,日韩次之”。在中国,我们经常说中国和日本是“一衣带水”的近邻,而印度作为我们中国“山水相连”的邻居,从来都没有得到应该有的重视,或是入不得大家名士的法眼,或是被普罗大众所忽视。朋友可以选择,但邻居无法选择。印度是中国资本“走出去”绕不开的重要节点,未来中华文明的伟大复兴也离不开亚洲的这个重要邻居的支持。单纯地将印度公司法进行法条翻译对于包括投资者、法科学生等在内的中国读者理解印度公司法意义并不大,本书作者采取的是对印度公司法的源流、发展以及特点进行评注并且加入部分印度公司法的具体规定,以及引入时效性比较高的最新典型案例的方式,使读者可以在一窥印度公司法全貌的同时,把握一些重点和难点,从而揭开陌生的面纱。如果进而有兴趣的,可辅以印度公司法的文本和判例进行深入研读。本书是中国研究印度公司法的第一本系统性专著,为中国产业资本“走出去”到印度提供一些必要的资讯的同时,也可以促使中国和印度这两个国情相似、历史上又同样遭受过悲惨命运的“老大帝国”的广大民众可以慢慢消除各种主观偏见,共同繁荣。

是为序。

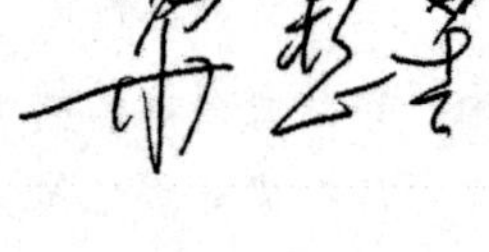

序　二

With robust economic growth, rich demographic dividend, large pool of English-speaking engineering and science talent, massive IT background, renewed focus on manufacturing, smart phone revolution and rapid mobile penetration, India has emerged as a favorable destination for the foreign direct investment. The 'ease of doing businesses' has ushered a new era of business – friendly policies across all sectors and all layers of governance. It is evident from the fact that in just three years, India jumped its ranking on the World Bank rankings for 'ease of doing business' by 56 positions to reach at 77th position in 2019.

经济增长强劲、人口红利丰厚、工程技术人才和科技人才储备丰富、信息技术背景深厚、重新聚焦于制造业、智能手机革命和手机迅速普及等种种因素,使印度已然成为外国直接投资的有利目的地。"营商便利化"也开启了在政府部门和所有层面上实行对企业友好政策的新局面。印度仅用了 3 年时间就将其在世界银行"营商便利化指数"排行榜上的排名提高了 56 位,并在 2019 年达到了第 77 位,这便可佐证印度的努力。

Impartial and independent legal system is the cornerstone of India's governance structure. The legal systems of India and China differ vastly in their origin, jurisprudence and practice. As such a good understanding of the Indian legal system can become a key differentiator for success of Chinese companies in India. In 2017, China Law Press published a book titled "Practical Guide on Investing in India" which was one of its first kind to be published in the Chinese language. This book has proved to be a useful resource and has been widely appreciated by its Chinese readers.

公正且独立的法律体系是印度治理结构的基石。印度和中国的法律制度在渊源、法理和实践上大相径庭。因此,对印度法律制度的良好理解可以成为中国企业在印度取得成功的关键因素。2017 年,中国法律出版社出版了《印度投资实务指南》,这是第一本中文出版的同类著作。这本书被证明是一个有用的资源,并得到了中国读者的广泛赞赏。

I am pleased to note that China Law Press is now publishing a second book in the same series on Indian Company Law. The Indian Companies Act, 2013 is one of the most basic laws that are relevant for foreign investors in India. It regulates the creation of companies, relationship between its shareholders and directors and regular compliance requirements. This book summarizes the key provisions of the Companies Act from both academic and practical perspectives.

我很高兴地注意到法律出版社正在出版同一系列中关于印度公司法的第二本书。印度 2013 年《公司法》是与印度外国投资者有关的、最基本的法律之一。它规定了公司的创建、股东和董事之间的关系以及日常的合规要求。本书则从学术和实务两个角度总结了《公司法》的关键条款。

This book will be a good reference to Chinese readers including potential and current Chinese investors in India, Chinese law teachers and students, anyone with an interest in learning about the Indian legal system.

本书对于包括潜在的和目前在印度的中国投资者、中国法律界师生等任何有兴趣了解印度法律制度的人来说都是一个不错的参考。

Prashant S. Lokhande

罗汉德

Counsellor (Economic, Trade & Commerce), Embassy of India, Beijing

印度共和国驻中国人民共和国大使馆经济、贸易及商务参赞

目 录

第一章 Chapter 1

印度公司法简介

一、印度公司法的历史演进

法律是一个国家社会生活的体现,如果不能真正地了解法律植根的民族精神和市民生活,对于法律的掌握难免有失偏颇。就印度公司法而言,其根植于英国公司法,系英国逐步对印度次大陆殖民过程中的舶来品。1600 年 12 月 31 日,东印度公司(British East India Company)从英国女皇伊丽莎白一世处取得了"皇家特许状"(royal charter)[1]并成立,其享有对印度贸易的合法垄断权(monopoly)。在当时科技条件和航海技术落后的年代,组建一支商船队伍开赴遥远的印度,无异于在今日筹备一次远征火星的旅程。因为巨大风险的挑战,也加之巨大利益的诱惑,迫使欧洲的商人们改变了之前单打独斗、个体经营的方式,采取了以资本联合为基础的具有独立法人地位的新型企业组织形式即公司。因此,具有现代意义的股份制公司从那时起开始萌发。但是那时候,成立公司要么需要从皇室取得相应的特许状,要么是需要经过议会的许可,一般人很难成立公司。在大航海时代的助推以及第一次工业革命到来的双重作用下,对于一种可以促进经济效益又能得到官方保障的企业形式的需求显得尤为迫切,英国于是在 1844 年通过了《合股公司法》(*Joint Stock Companies Act* 1844)。这一具有里程碑意义的法律不仅首次确认了公司的独立法人资格,并且对于公司的内部组织架构以及成员之间的权利义务关系等进行了详细的界定,最重要的是,其为之后各国的公司法发展提供了基本蓝图,催生了现代公司法和商事法律的大发展。1855 年,英国又颁布了《有限责任法》(*Limited Liability Act* 1855)。1856 年,英国对《合股公司法》进行了修订,首次将公司章程(memorandum of association and articles of association)进行了引入,并且规定了公司清算(winding up)和消灭的具体内容,至此,独具特色的英美法系公司法体系正式形成。英国公司法也伴随着"日不落"帝国的扩张,传播繁衍

---

〔1〕 欧洲早在中世纪便已经有颁发特许状的习惯,用以向一些地方赋予城市地位,从而让这些地方取得一些认可的法律权利和特权。历史上,签发皇家特许状是成立法人团体的主要途径,但现代社会则主要通过其他方法(如通过商业登记成立有限公司)来组织这些机构。历史上一些通过颁发皇家特许状而成立的著名公司包括英属东印度公司(1600 年)、哈德逊湾公司、半岛东方轮船公司、英属南非公司、北美部分前英国殖民地、伦敦市的一些同业公会、英伦银行、英国广播公司等。

到了澳大利亚、加拿大、中国香港地区、印度、新西兰、南非、新加坡等,并且今日我们耳熟能详的"避税天堂"比如百慕大群岛、开曼群岛和维尔京群岛等地,也采用了英国公司法的主要架构和内核。

在英帝国的殖民经济体系中,印度是其重要的原料产地,也是重要的产品倾销市场,印度被称为"帝国皇冠上的宝石",其对于英国的重要性可见一斑。1857年印度民族大起义被英国镇压之后,英国终结了通过东印度公司管理印度的体制,将印度置于英国直接统治之下。英国议会在1858年通过了《印度政府法》(*The Government of India Act of* 1858),正式建立起在印度的英国式统治架构和治理系统。因为印度需要在短时间之内建立起新的英国式法律体系,加之其受到19世纪法典化运动的影响,因此在移植英国法的时候大量采用了成文法的形式。有印度学者曾经说过"我们的法律本质上还是普通法,成文法条款就是为了普通法的精神的实现而存在,法条是普通法的附录和勘误表"〔2〕。在随后的1859年至1882年的立法运动中,印度编纂了包括1859年《民事诉讼法典》(*The Code of Civil Procedure*)、1861年《刑事诉讼法典》(*The Criminal Procedure Code*)、1860年《刑法典》(*The Indian Penal Code*)、1872年《合同法》(*The Indian Contract Act*)、1872年《证据法》(*The Indian Evidence Act*)和1881年《票据法》(*The Negotiable Instruments Act*)等在内的众多成文法。

就印度《公司法》的本土化立法而言,在长达百余年的英国殖民统治中,印度受到了英国公司法和商事法律的影响,并以英国法为基石,逐步建立起了自己完善的公司法体系。其立法和演进横跨了东印度公司统治印度的时期以及1857年起义后的时期。

在18世纪末期,大量的在印度进行经营的公司其实是注册在英国本土的公司。随着印度对于英国的利益显得越来越突出,为了提升经济和管理效率,英国当局认为有必要在印度直接进行公司法的立法,并且对印度的商事活动进行更直接有效的管理。于是,1850年英国制定的《合股公司法》(*Joint Stock Companies Act* 1850)〔3〕中第一次规定了在印度直接注册合股公司(joint stock company),并且该法授权孟买(Bombay)高等法院、加尔各答(Calcutta)高等法院和马德拉斯

〔2〕 李来孺:《印度当代合同法》,法律出版社2015年版,第31页。

〔3〕 1850年的这部公司法完全基于上文所述的1844年英国本土制定的公司法。但这部法律中并未授予银行业和保险业有限责任地位,一直到1860年这类行业才被授予有限责任地位。

(Madras)[4]高等法院可以直接受理印度公司的注册。

随后,印度的公司法伴随着英国公司法的修订,也紧跟步伐进行了相应的修订[5]。在1908年英国又一次修订了公司法之后,印度于1913年也进行了公司法的立法和修订,这一部公司法一直持续到了"二战"结束的1950年。这时,印度也已经从英国独立,百废待兴的印度开展了各个领域的立法运动。该年,印度政府委任了一批专家学者,组成了印度公司法委员会(Company Law Committee),要求其基于印度的现实情况并结合1913年《公司法》进行相应的审阅和修改。该委员会于1952年将意见进行了汇总报告,并于1956年制定了意义深远、统领印度商事法律半个多世纪的1956年《公司法》[6]。但事实上,这一阶段印度虽然希望要基于印度自身的经济社会和政治情况(social - economic and political context)来制定一部"印度的"《公司法》,但印度1956年《公司法》很大程度上照搬了英国1948年《公司法》,仅仅用了很少的笔墨来应对印度与英国完全不同的国情和现实情况[7],这也反映出了英国体系和制度对印度的影响之深,英国法是作为印度殖民时代的遗产(colonial legacy)得到了珍视和继续采用。英国对印度的殖民统治除了将英国的政治制度推行到印度,对于印度司法的影响也极为深远。英国人在印度建立了现代法院体系,虽然印度的法官不允许审问英国被告,但英国的统治标志着在印度历史上印度人第一次在法律面前实现了平等。出身低种姓的领导人、印度宪法的构建者安培多迦尔说,与英国的殖民统治相比,他更害怕一个完全由高种姓的婆罗门领导的独立的印度[8]。

---

[4] 马德拉斯现为印度最南部泰米尔纳德邦(Tamil Nadu)的首府钦奈(Chennai)。

[5] 1887年、1891年、1895年、1900年及1910年等多次修订。

[6] 值得注意的是,虽然印度于2013年制定了新《公司法》,但是1956年《公司法》中的一些条款尚未失效,2013年《公司法》中的一些条款也尚未生效,1956年《公司法》仍在一定程度上发挥作用,由此可见其影响之深远。

[7] See Shraddha Verma and Sid J. Gray, *The development of company law in India: The case of the Companies Act* 1956: "However, on the whole, many of the provisions of the Indian Companies Act were in line with the provisions of the British Companies Act 1948 with only relatively few changes to reflect the very different socio - economic and political context of India, indicating indirect imperial influence over India post independence and reflecting the view that British systems were the most appropriate model to follow."

[8] 参见[英]爱德华·卢斯:《不顾诸神:现代印度的奇怪崛起》,张淑芳译,中信出版社2007年版,第51页。

1956年《公司法》的立法指导思想上，其实受到了“大政府、小社会”也就是增强行政机关权力的影响。在印度独立之前的几十年间，许多印度本土的企业成为管理层谋利的工具而非为股东和劳动者的利益服务，在尼赫鲁总理偏“左”翼思想的影响下，不光实务界人士乃至普罗大众都认为应该加强对企业的监管，消除企业权利滥用和不实经营等行为。因此，这部公司法赋予了公司行政管理部门较强的权力，用以监督、管理公司的行为。在公司法架构的设计上也对公司的意思自治（party automony）进行了诸多限制。比如，禁止公司发行含有不同投票权的股份、授予了公司注册局（Registrar）检查并要求公司提供资料的权力等。

当然，再好的立法如果没有良好的实践环境，其也摆脱不了束之高阁的命运。1956年《公司法》在印度的实践也是伴随着印度经济的发展，一波三折。印度在1947年独立并于1950年建国之后，印度首任总理尼赫鲁组建的政府决定经济上仿效苏联，实行优先发展国营重工业的战略。在执行第二个五年计划时，印度政府颁布了1956年工业政策决议，把所有重工业、国防工业和基础设施划归国营。私营只能投资于其他工业，在资源配置上向重工业倾斜。尼赫鲁认为只有将以消费资料为主的工业结构改变为以生产资料为主的工业结构，经济才能高速发展，从而逐渐减少对外国的依赖。因为这种模式是尼赫鲁授意，由统计学家马哈诺比斯设计的，故称为尼赫鲁发展模式或马哈诺比斯增长模式。

更为严重的是，那一时代的印度由于对外资限制过严，印度错过了20世纪60年代至80年代世界经济全球化的第一次浪潮：跨国公司的产品、零部件和装配线外包。而这一时期有“亚洲四小龙”之称的中国香港地区、中国台湾地区、新加坡和韩国推行出口导向型战略，重点发展劳动密集型的加工产业，在短时间内实现了经济的腾飞，一跃成为全亚洲发达富裕的地区。随后，在带有技术和资本性质转移的第二次全球化浪潮中，印度也仅在边缘徘徊。

这一时期的印度因为国家和经济政策的缘故，导致政府扶持了大量的国有企业。而对于国有企业，《公司法》对其而言与其说是一个需要遵循的法典，还不如说是一个“政策宣言”，因为公司及商事法律制度要想真正地发挥生命力，前提就是要有一个自由的、商主体主体平等竞争和和谐共荣的市场经济。

20世纪80年代印度尝试进行经济调整，实行“进口替代与促进出口相结合”的战略，放松对私营企业的部分管制，但他们没有根本打破1956年工业政策决议的框架。而靠扩大政府开支，大量举借外债，特别是大量使用国际货币基金组织的应急贷款和利率高的短期商业贷款来发展能源和扩充军备，加重了财政负担。经济年均增长率虽然达5.5%，但宏观管理失控，财政收支和国际收支双失衡。1990年，在海湾危机的冲击下，印度爆发了严重的外汇危机。外汇储备仅剩12.5亿美元，只够支付一个月的进口。中央财政赤字占GDP的8.4%，经济濒临崩溃。加上政局动荡，工业化化为泡影。此时的苏联也已自身难保。与此相对照，在经济全球化的进程中，以出口为导向、实行市场经济的发展中国家经济快速增长，成为一批新兴的工业国和地区，亚洲"四小虎"的韩国、新加坡，以及中国香港特别行政区和中国台湾地区最具有代表性。1978年中国实行经济改革开放后经济增长率也大大超过印度。受限于这一时期印度国内经济的高度计划性，1956年《公司法》并未能在私营领域发挥出其该有的活力。

1991年6月，国大党在印度第十届大选中获胜，纳拉辛哈·拉奥出任总理。为摆脱经济危机，财政部长曼莫汗·辛格设计出经济自由化和全球化的改革方案，彻底抛弃尼赫鲁发展模式，实行改革开放，使经济从半封闭半管制经济体制转向市场机制。他把经济改革称为印度经济的"第二次革命"。

国大党政府决心扔掉外援拐杖。为了渡过当时严重的外汇危机，一开始就将卢比贬值20%，并逐步放松外汇管制，促进出口。在工业政策方面，除15种工业外，基本上取消了生产许可证制度；除涉及国防、安全、铁路、原子能、矿产和有污染的6种工业外，全部向私营和外商开放，并放松对垄断企业的控制。国营企业的改革，主要是推行"谅解备忘录制"，对非战略性企业实行部分私有化，以提高效益。为了鼓励外国直接投资，将外商投资于35类优先发展的工业的参股最高限额从40%提高到51%，13种矿产首次对外资开放。1992年起，政府允许有条件的大私营企业在国外发行股票和债券用于国内企业投资和进口设备；同时向外国机构投资者开放本国证券交易。在财政方面，开源节流，精简政府机构，改革税收体制，降低财政赤字。在金融方面，减少政府对银行系统的干预，降低法定流通储备比率和现金储备率，降低利率，促进合理竞争，增强银行活力。

在经济增长方式上，逐渐从外援投资驱动转向以人力和技术驱动。印度比其他发展中国家更早抓住发展电脑软件技术的机遇，在美国和欧洲市场上捷足先登，跟上了以科学技术和信息化为核心的第三次全球化浪潮。政府把信息技术列为优先发展产业，大力扶持，以充分发挥科技人力优势。1994年开始电信业的改革开放，打破国营企业的垄断。

这些改革措施调动了私营企业的积极性,不久就扭转了经济下滑的趋势。加之印度拥有英国遗留下来的较为完善的立法、司法和行政体系,从1991年印度改革开放到现在的30年间,印度的经济增速在全球主要经济体当中名列前茅,而这一阶段印度公司法和相配套的商事法律活力焕发,终于有了真正的用武之地,为印度经济的发展提供了重要的推动力。

进入21世纪之后,高速的经济增长以及新的产业如数字经济的冲击倒逼着印度对1956年《公司法》这一统率印度商事领域半个多世纪的支柱性法律进行修补。而1956年《公司法》自身也因结构性缺陷已经无法适应现代化的发展,其虽经历了多次修改,但是其基本原则和制度并未发生根本性的变化,相反,历次的修改使公司法伤痕累累,体系不一。其立法理念的繁杂和落后也使经济生活中交易成本上升,并且混乱的体系和结构可能严重影响公司所有者和董事等管理者的判断,增加合规成本。特别是针对那些中小企业而言,因公司规模较小,资金有限,其往往不会专门聘请法律顾问来确定某一行为的合规性,但是考虑公司法和商事法律体系的庞杂浩如烟海,其很难在短时间之内透彻地理解公司法的相关规定,由此为公司的合规埋下隐患。

2009年8月3日,新《公司法草案》(*The Companies Bill* 2009)交由印度议会下院(人民院Lok Sabha)审议,并于次年8月31日交由印度议会常务委员会进行讨论。这一段期间印度政府从公众处获得了诸多意见,印度议会也就草案发表了相关意见。经过审议和修缮的2009年草案于2011年重新发布,引入了大量的新时代的概念以及适用于当前经济形势的架构和安排,比如公司社会责任条款(corporate social responsibility,2013年《公司法》第135条)、一人公司(one person company,2013年《公司法》第2条第68款)、关键管理人员(key managerial personnel,2013年《公司法》第2条第51款)、独立董事(independent director,2013年《公司法》第2条第47款以及第149条第6款)、轮替审计师(rotational auditors,2013年《公司法》第139条)等[9]。并且印度公司事务部(Ministry of Corporate Affairs)推出了统一的在线申报平台(E-Governmance),并且采用了非常友好的人机界面,大大削减了各项繁文缛节,各种旨在提高经济效益和降低合规成本的措施使印度新《公司法草案》被寄予厚望。随后,该草案于2012年12月18日在印度

[9] 完整的清单请参见本书附件1:2013年《公司法》和1956年《公司法》的不同之处对比。

议会下院得到通过,并于2013年8月8日在印度议会上院得到通过,同月29日印度总统在该法案上签字,这标志着印度2013年《公司法》的立法进程正式完成[10]。

回顾印度《公司法》的历史沿革,从其身上可以深深地看到英国《公司法》的烙印。当然,在第二次世界大战之后,伴随着英帝国的衰弱和美国的崛起,就全球而言,公司法的理论创新和实践已经慢慢让位于美国,但是不可否认英国公司法对于印度的影响是深远的,印度公司法大量的内容和理念都脱胎于英国公司法,并且,作为判例法国家,印度直到今天还在遵循着英国公司法上的经典案例。2013年印度的新《公司法》,则是综合了世界上最新的公司法和商事领域实践及理论,在当前印度高速增长商事领域和印度越来越开放的情况下,2013年《公司法》注定将在印度的商事领域起到关键性的作用。

2013年《公司法》和1956年《公司法》的不同之处对比

A:公司注册相关

1. 私人有限责任公司成员的上限。1956年《公司法》规定,一个私人有限责任公司最多只能拥有50名股东,而2013年《公司法》将这一数字放宽到200名,更好地迎合了当今经济形势下公司对于成员上限的需要。

2. 统一的财政年度。无论是何种类型的公司,统一执行每年4月1日到次年的3月31日作为财政年度的规则,避免了申报时限等的混乱。

3. 一人公司(one person company)。一人公司是2013年《公司法》引进的新概念,注册程序与私人有限责任公司基本相同。

4. 公司营业范围不需要细分。之前1956年《公司法》要求公司将其营业范围划分为"main objects"即主要经营目标和"other objects"即其他经营目标,并将其写入公司章程中。2013年《公司法》只要求记载"主要目标"即可。

5. 开展商业运营。2013年《公司法》要求私人有限责任公司和股份公司在开展商业运营(commence of business)的时候必须要向公司注册局提交以下信息:董事做出的股东已经按照公司章程缴纳了股份并支付了对价的声明以及

[10] 参见《印度官方公报》(*Gazette of India, Extra*). No. 27, dated 30-8-2013, Pt. Ⅱ, Sec. 1。

注册地址确认函。

6. 异议股东(dissenting shareholder)的退出权。

B:股份和股本相关

1. 股份不得折价发行(issue of shares at discount),折价发行的股份无效(void)。

2. 向雇员增发股份。股东可以以特殊决议的方式来决定是否向员工进行股份的增发,以此来设立股权激励计划等。

3. 对于减资进行限制。在公司出现还款逾期等情况下不得减资。

4. 禁止从公众处吸收存款。2013 年《公司法》第 73 条规定公司〔11〕不得从公众处吸收存款〔12〕。

5. 休眠公司(dormant company)。2013 年《公司法》将"休眠公司"这一概念引入公司法中。其可以单纯地作为知识产权的持有平台或者作为未来项目的运作平台。

C:公司管理、账目和审计

1. 发起人股权变动时的申报。2013 年《公司法》第 93 条规定,对于上市公司(listed company),如果发起人(promoter)或者持股比例占前十的大股东的持股份额发生变化,则需要在 15 天之内向公司注册局进行申报。

2. 第一次年度股东大会的召开时限。1956 年《公司法》规定,公司成立后第一次年度股东大会需要在获取营业执照后 18 个月之内召开,而 2013 年《公司法》规定公司成立后的第一次股东大会必须要在该财政年度结束后的 9 个月之内召开。

3. 会议的法定人数。对于股份有限公司股东会会议召开的法定人数,之前 1956 年《公司法》仅规定了最低人数即 5 人,而 2013 年《公司法》规定,股份公司股东会召开的最低法定人数需要结合其股东数来确定。

4. 邮寄选票(postal ballot)的方式进行投票。2013 年《公司法》规定,通过

〔11〕 这类公司不包含 1934 年《印度储备银行法》(*Reserve Bank of India Act*, 1934)中规定的银行和非银行金融机构等。

〔12〕 2013 年《公司法》第 76 条又做出了一些例外性规定。对于符合评级(rating)规定的股份公司可以在一定程度上从股东之外的其他人处获取款项。

邮寄选票而非现场投票的方式来行使股东投票权适用于所有类型的印度公司,而之前邮寄选票进行投票主要是针对上市公司。

5. 电子账目。2013 年《公司法》规定公司账目可以以电子介质的方式进行保存。

6. 国家财政汇报署(National Financial Reporting Authority)。2013 年《公司法》中设立了国家财政汇报署并用其取代了之前的国家会计标准委员会(National Advisory Committee on Accounting Standards)。该汇报署除对会计标准有发言权外还可以制定相关的审计标准。

7. 委任第一审计师。按照 2013 年《公司法》的规定,任何公司都要在其第一次年度股东会上委任审计师或者审计师事务所。

二、印度公司法的立法目的

立法目的即公司法应该为谁服务或者说保障谁的利益。一般而言,公司法的目的有三点,第一即保障公司股东的利益。因为公司是因股东的意思而成立,公司的意志在很大程度上也是股东意志的外在体现。因此公司法对股东的利益进行特殊保护自然是无可厚非。第二是要保障公司债权人的利益。因为现代公司需要做大做强,离不开融资,除了股东出资,很大程度上还需要对外进行借贷。如果公司法不通过强制公司信息披露、避免公司法人和股东个人财产混同等措施来保护债权人的利益,则公司的交易很难顺利进行,公司的融资成本也将变得非常高。第三则是社会责任。在公司法产生后的很长一段时间内,“企业社会责任”都是一个非常陌生的概念,但是在当今全球化的经济浪潮下,越来越多的人将公司需要保护社会利益,促进公司个体和社会的协调、持续发展作为共识,努力促进公司与社会、社群之间的协调发展。因为现代社会,大型企业的破产不仅涉及其自身,还当然涉及公司与债权人之间的各种纠纷,也会影响其所在社区的失业率,影响社会安定。由此可见,公司法所追求的目标是以股东利益为核心,但是同时强调对于债权人、社群乃至其内部职工和其他利益相关者的衡平保护。因为股东利益在很大程度上有赖于其他利益相关者,失去其他利益相关者,股东的最终和长远利益也无法实现。

具体到印度2013年《公司法》的立法目的，其列出了以下几项作为其价值追求：

1. 保证公司的各项活动除满足自身经济效益外，还要与印度国家的经济政策、社会政策等相契合。

2. 以法律形式明文确定最低限度的商业实践的行为标准，提升公司管理要求。

3. 通过保障公司股东对于公司事务的及时有效参与，进而保障股东的合法权益。

4. 保证对公司管理负有责任的人员妥善履行其职责，避免公司管理人员滥用权力或者不当管理。

5. 保证公司对于需要披露的合理信息及时、充分、如实披露。

6. 协调公司管理人员、公司股东以及其他利益相关人员的权利义务关系。

7. 授权政府相关部门在公司的行为侵犯股东、债权人以及社会公众利益的时候，对于公司的行为进行干预和调查。

因为公司这一企业组织形式有独立法律人格、有限责任、股份可转让等特点，使投资者青睐于选择公司作为商业运作的实体。但是实践中，这些特点经常导致其他的利益冲突。比如，有人会滥用公司的有限责任这一特点，侵害债权人的利益。公司的日常经营管理由董事会进行，虽然保证了效率，但是所有权和管理权的分立在一定程度上会导致董事越权代理、侵害股东利益，公司也产生了因为需要对董事进行监督而导致的所谓的“代理成本”[13]。所以，从另一角度来说，公司法的立法目的也在于将上述公司这一体制所固有的问题进行妥善处理和解决，通过对公司的成立、运营和清算消灭等施以相应的法律合规和监督，衡平公司制度内在固有的缺陷。

〔13〕 当然实践中很多公司尤其是中小型公司的股东和董事是混同的，对于这些公司而言，不存在因为所有权与管理权分立而导致的代理成本。

三、印度公司法的立法架构

2013年《公司法》是印度目前有关公司治理最主要的法案。值得注意的一点是,旧的1956年《公司法》尚未全部失效,目前来说1956年《公司法》中仍有一小部分条款和新的2013年《公司法》法案同时有效。另外,印度政府下辖的公司事务部也针对2013年公司法发布了一系列的实施细则(rules)、通告(circulars & notifications)和行政法令(orders)。并且,印度虽然是普通法系国家,但是对于公司法这一法律部门,其倾注了大量的精力进行成文法的立法工作。这与公司法对于公司类型的法定主义要求、公司设立条件、股东董事及高管的权利义务、公司组织机构和公司合规等诸多需要进行明确化从而确保公司这一组织系统的稳定性是分不开的。

除此之外,印度作为普通法系的国家,还要遵循公司法相关的判例(precedent)。所以,在适用印度公司法的时候,需要结合上述这些配套法律法规和判例一并进行理解适用。

2013年《公司法》包含29章(chapter),共493条(section):

第一章 总则及术语释义[14]
第二章 公司注册及相关事项
第三章 股份及证券发行
第四章 股本及债权
第五章 公司接受存款及限制
第六章 押记及登记
第七章 公司管理
第八章 股利的发放
第九章 公司会计账簿
第十章 公司审计

[14] 印度公司法释义这一章居于公司法的起始位置,并且对本法里面出现的近百个名词进行了详细的解释,这一点其实值得中国进行借鉴。

第十一章　董事资格及任职
第十二章　董事会会议及权力
第十三章　管理人员选任及报酬
第十四章　公司情况调查及询问
第十五章　与债务人和解及公司合并
第十六章　压迫和不当管理的防止
第十七章　资产评估
第十八章　从公司注册局除名
第十九章　失能公司的治理
第二十章　清算
第二十一章　按照本法规定可以进行注册的公司
第二十二章　印度境外成立的公司
第二十三章　政府公司
第二十四章　注册地址和费用
第二十五章　公司向政府提交信息和数据
第二十六章　NIDHIS〔15〕
第二十七章　国家公司法法庭及上诉法庭
第二十八章　特别法院
第二十九章　杂项

当然,以上29章其实可以归类为六个主要的部分:

1. 公司注册成立(incorporation of companies)

2. 股本及配股(share capital and allotment of shares)

3. 公司成员(membership in companies)

4. 公司借贷以及担保的登记(borrowing by companies and registration of charge)

5. 公司的管理和运行(management and administration of companies)

---

〔15〕 NIDHIS指的是小范围内由社员结社并提供资金融通的小型金融机构,与中国的农村信用合作社类似。具体参见印度2013年《公司法》第406条。

6. 公司清算(winding up of companies)

与中国《公司法》[16]十三章共计218条相比,印度公司法显然更加繁杂一些。当然,中国《公司法》还有两百多条的实施细则作为支撑,但印度公司法除了《公司法》法典,也有相当数量的实施细则(rules)[17]。因此,单纯就法条数量而言,显然是印度公司法是更加的"大部头",何况印度公司法还需要遵循之前的大量判例(precedent),这对于中国投资者来说消化理解起来难度更上一筹。

中国《公司法》上规定了有限责任公司和股份有限责任公司,在实践中,有限责任公司是大多数企业采用的组织形式。在印度,其公司法规定了私人有限责任公司和公众公司,虽然称谓不同,但是印度的私人有限责任公司大致上可以等同于中国的有限责任公司,而其公众公司也可以等同于中国的股份有限责任公司。

考虑到在中国和印度,有限责任公司(私人有限责任公司)是最为常见的公司形式,所以表1-1中主要比较中国的有限责任公司与印度的私人有限责任公司的一些特点。

表1-1　中国有限责任公司与印度私人有限责任公司的比较

项目	中国《公司法》	印度《公司法》
资本制度	法定资本制	授权资本制
是否可以认缴	可以认缴	可以认缴
是否可以划分为等额股份	不可以	可以
是否有优先股	不可以	可以
是否可以转化成股份公司	可以	可以
最少股东数	2个[18]	2个
股东数上限	50个	200个
是否可以以非货币出资	可以	可以
是否可以以劳务出资	不可以	不可以

〔16〕现行有效的公司法为2013年修订、2014年实施的《中华人民共和国公司法》。

〔17〕以2016年为例,仅这一年印度就颁行了约30个公司法实施细则,涵盖公司注册、公司资本和债券、财务会计标准、企业社会责任、公司治理、公司合并等多个领域的内容。

〔18〕这里并不讨论一人公司以及特殊情况下,国家授权投资的机构或者国家授权的部门可以单独设立国有独资的有限责任公司。

续表

项目	中国《公司法》	印度《公司法》
是否有董事会	有	有
董事人数	3 人至 13 人〔19〕	2 人至 15 人〔20〕
是否有“居民董事”	无要求	有要求〔21〕
是否有监事会或监事	有	无
绝对控股需要达到的比例	2/3	3/4

四、印度公司法的渊源

在资本市场发育初期,公司法作为调整商业活动的主要部门法,可谓是全能的。但是随着资本市场的深入发展以及公司形态的多样化,单一的公司法很难肩负起所有的功能,因此,公司法需要其他的法律(如破产法等)来共同支撑起商事相关的法律框架,从而为整个商业交易和市场经济服务。以印度的公司法律体系为例,其主要的枝干立法为2013 年《公司法》法案,由公司事务部(Ministry of Corporate Affairs, MCA)在自己的职权范围之内颁布各种实施细则和命令,并且佐以修正案、通知等。但实践中作为商事主体的公司,在其是上市公司的情况下还需

〔19〕 当然,中国《公司法》第 51 条也规定股东人数较少或者规模较小的有限责任公司,可以设一名执行董事,不设董事会。

〔20〕 印度 2013 年《公司法》第 149 条。

(1) Every company shall have a Board of Directors consisting of individuals as directors and shall have—

(a) a minimum number of three directors in the case of a public company, two directors in the case of a private company, and one director in the case of a One Person Company; and

(b) a maximum of fifteen directors:

Provided that a company may appoint more than fifteen directors after passing aspecial resolution; Provided further that such class or classes of companies as may be prescribed, shall have at least one woman director.

〔21〕 印度 2013 年《公司法》第 149 条第 3 款:Every company shall have at least one director who has stayed in India for a total period of not less than one hundred and eighty – two days in the previous calendar year。

要受到诸如证券监督管理部门的监督,因此诸如印度证券管理委员会(Securities and Exchange Board of India , SEBI[22])、印度投资者教育和保护基金管理局(The Investor Education and Protection Fund Authority, IEPA)等在内的机构所颁发的法令对于公司也有强制约束力。除了以上林林总总,在实务中需要中国企业和投资者注意的是,作为外国投资者,在进行公司法合规的同时,还往往需要完成对印度外资外汇方面法律的合规。这些法律合规主要是基于1999年印度《外汇管理法》(*The Foreign Exchange Management Act*)[23]。另外,考虑印度是一个普通法系国家,之前的公司法和商事相关审判的判例也是具有法律效力的渊源。也就是说,印度公司法有如下渊源:

1. 法案(act)
2. 修正案(amendments)
3. 实施细则(rules)
4. 公司事务部通知(circular)
5. 公司事务部令(order)
6. 判例(precedent 或者 case law)
7. 其他有权机关制定的相关立法(other legislation)

需要厘清的是,以上制定法(与判例法相对而言)的制定、修改以及废止的活动被称为立法(legislation),而在立法阶段的法律文本被称为草案即"bill",法案在印度议会被通过之后(实质性程序),经印度总统签署(形式性程序),就成为正式的法案(act)。而对这些法案的修订则被称为修正案(amendments)。当然,实践当中有时候用"statute"来称呼法案。因为印度议会每年的开会时间较短,讨论的

---

[22] 2012年印度最高法院在"撒哈拉印度房地产集团公司及其他诉印度证券管理委员会"(*Sahara India Real Estate Corporation Ltd. & Others vs. SEBI*)一案中确立了一个非常重要的原则,那就是印度证券管理委员会(SEBI)不仅是《证券法》的有权解释和实施主体,其在统管上市公司的同时,还可以对公司法的一些条款进行"实施"(administer),甚至其对于非上市公司也有管辖权,比如在这类公司进行"public offering"的时候。

[23] 比如说,实践中笔者曾经手几个案例,关于中国的投资者购买印度公司的股权。那按照印度的《外汇管理法》,这个属于由印度居民企业向非居民实体转让股权。那么除了需要遵循《公司法》的相关指引,《外汇管理法》中关于定价规则、汇兑管理等都需要进行遵守。虽然外汇管理相关法律并不属于公司法的法律部门,但是对于外国对印投资者而言,这是绕不过的一道坎,其因与公司法的交叉也使两者密不可分。

议题也不可能仅仅是法律相关，因此，议会通常进行授权立法（delegates legislation），一般由行政部门进行，其所立的法都是技术性比较强的，比如上文中提到的实施细则（rules）、公司事务部令（orders）或者其他附属法律（by－laws）。

印度作为普通法系国家，目前为止仍然较多地引用英国法的经典判例。因为印度1950年之前因为历史的原因，其最高法院实际上是英国的枢密院（Privy Council），在印度取得独立后不久的1949年，印度制定了《废除枢密院管辖权法案》（*The Abolition of Privy Council Act*），并于1950年建立了印度最高法院（Supreme Court of India），但前英属时代的判例和法学教育[24]及司法系统和普通法传统都得以保存。

印度自身的公司法实践产生的司法判例[25]也有很大价值。印度专门对以往的案例进行汇编，用专门的案例汇编（report）进行刊载，目前在印度影响最大的是《全印案例汇编》（*All India Reporter*），而且，印度最高法院也有自己的案例汇编[26]。另外，印度《宪法》也是印度公司和商事立法的重要渊源。与中国《宪法》相比，印度《宪法》并不只是抽象的原则，其条款可以直接作为裁判的依据。按照印度宪法的规定，印度为联邦制国家，因而就立法权力而言，分成了专属联邦才可以立法的事项（union list）、专属地方可以立法的事项（state list）以及中央和地方可以共同立法的事项（concurrent list）三种：

1. 专属联邦立法的权力：属于这一类的事项都是诸如国防、外交、原子能、银行、邮政等具有全国重要性的事项。针对这一部分权力，中央政府可以进行相关的法律制定。目前印度中央政府针对97项事务有制定相关法律法规的权力。

2. 专属地方立法的权力：属于这一类的事项是诸如警察、地方政府、贸易、农业等具有地方影响性的事项。针对这一部分权力，地方政府可以进行相关的法律

---

〔24〕 比如印度目前还保留有与英国一样的法学士学位（LL. B）作为法学第一学位，但反观现在的美国已经没有本科阶段的法学学位。另外，印度很多知名的法学院开设五年制的本科项目，学生毕业时可以获得法学学士学位以及文学学士学位。

〔25〕 印度作为联邦制的共和国，其政府体制为二元制，即分为中央和地方邦两个层级，但其法院体系却是一元的。印度法院判例的基本运行规则为：下级法院受到上级法院判例的约束。但在高等法院之间，一邦的高等法院不需要受到另外一邦的高等法院的判例的约束，但另一邦的高等法院的判例具有“有说服力的价值”（persuasive value）。另外，印度最高法院不受其自身已经做成的判例的约束。

〔26〕 参见 http://supremecourtofindia. nic. in/scr. htm，最后访问日期：2019年1月22日。

制定。目前印度地方政府针对66项事务有制定相关法律法规的权力。但是，在国家或者地方处于紧急状态下，印度议会将接管制定这些事务的权力，进行具体法律法规的制定。

3. 中央和地方共享的权力：目前印度有47项事务，中央和地方都有权制定相关的法律法规。这些事务诸如刑事及民事法律制度、婚姻、教育、经济发展相关计划以及工会等。但是，为了避免中央政府和地方政府针对同一事务制定的法律出现相左的情形，印度宪法规定在这种情况下中央制定的法律优先适用。1976年之前，教育事务的法律制定本来是地方各邦的权力，但是在1976年宪法修正案中，将此权力变更为了中央和地方共管的事务。

除以上列举的三种权力分配机制外，还有一种叫作"剩余权力"（residuary power）。意思即没有包含上以上三种权力分配列表之中的权力。针对这一部分权力，目前印度宪法授权中央政府来具体执行。

印度宪法中并没有直接对公司法立法提出任何规定，但是印度宪法中对于劳工、中央和地方税制、国内和国际贸易、财产权保护等进行了大量的详细规定，而这些规定直接关乎商业运营和交易稳定性等，是《公司法》赖以实施的基石。关于印度公司事务部在2013年《公司法》颁行之后所发布的实施细则、法令和通知，请参见本书附件2中的一览表。

五、印度公司法的地域效力范围

法律发生效力的地域范围，即法律的空间效力，指法律在哪些地域有效力，适用于哪些地区。一般而言，法律的地域效力范围可以分成以下三种情况：

第一，有的法在一国主权所及全部领域有效，包括属于主权范围的全部领陆、领空、领水，也包括该国驻外使馆和在境外航行的飞机或停泊在境外的船舶。这种法一般是一国最高立法机关制定的宪法和许多重要的法律，最高国家行政机关制定的行政法规一般也在全国范围有效。

第二，有的法在某特定区域内有效。比如地方性法律、法规仅在一定行政区域有效，另外还存在有的法律、法规虽然是由最高国家立法机关或最高国家行政机关制定的，但它们本身规定只在某一地区生效，因而也只在该地区发生法的效力。

第三，有的法具有域外效力，如涉及民事、贸易和婚姻家庭的法律。一国法的域外效力范围，由国家之间的条约加以确定，或由法本身明文规定。

具体到印度而言，查谟－克什米尔邦是印度较为特殊的一个邦。印度《宪法》第370条〔27〕给予了查谟－克什米尔邦特殊的法律地位即自治地位（autonomous status）。很多印度法律都会标明“It extends to the whole of India except the state of Jammu and Kashmir（本法在除查谟－克什米尔邦之外的印度全境适用）”。但印度2013年《公司法》在第一条中却规定“It extends to the whole of India（本法在印度全境适用）”，并没有将查谟－克什米尔邦当做特别的立法区域进行对待。对于查谟－克什米尔邦这一特殊的法域，一般有四种立法和法律适用情况：

1. 某一法律的效力及于印度的全境（the whole of india），包括查谟－克什米尔邦，比如印度2013年《公司法》，该法也适用于查谟－克什米尔邦；

2. 某一法律的效力不能及于查谟－克什米尔邦，但查谟－克什米尔邦会制定一个“镜像”性质的法律，虽然名称上不一样，但本质上换汤不换药，比如与1872

---

〔27〕 第三百七十条关于查谟－克什米尔的临时条款。

第1款　无论本宪法有何规定：

（一）第238条规定不适用于查谟－克什米尔邦。

（二）议会为联邦制定法律的权力，应限于下述：

（1）总统与该邦政府协商之后在“联邦职权表”和“联邦与各邦兼有之职权表”中选定若干事项加以宣布，这些事项与该邦加入印度自治领的约章规定作为自治领立法机关有权为该邦制定法律的那些事项相对应。

（2）经邦政府同意后，由总统发布命令，在上述职权表中指定的其他事项（说明）：本条内“邦政府”指总统目前承认为查谟－克什米尔的大王公，根据该邦行政会议的建议行使职权的人。该邦行政会议指1948年3月5日该邦大王公宣告暂时成立的机构。

（三）第1条和本条规定应适用于该邦。

（四）本宪法其他条款哪些适于该邦，适用时应有何种例外和更改，由总统以命令确定。

但有关（二）项（1）目所称该邦加入自治领的约章中所列事项的命令，非经与该邦政府商议不得发布。

而且，关于上节所述事项以外的其他事项的有关命令，非经该邦政府同意不得发布。

第2款如第一款（二）项（2）目或（四）项第二点但书所述之“邦政府同意”，是在该邦制宪会议召开之前表示的，需重新提交制宪会议做出决定。

第3款规定无论本条以上各项做何规定，总统得以公告宣布本条规定停止执行，或应附加他所规定之例外和修改后自规定之日期起生效。但是总统必须得到第2款所述之邦政府制宪会议的建议后始能发布这类公告。

年印度《合同法》(*The Indian Contract Act*,1872)对应的1977年《查谟－克什米尔邦合同法》(*The Contract Act of Jammu and Kashmir*,1977);

3. 某一法律的效力不能及于查谟－克什米尔邦,查谟－克什米尔邦针对自身的经济、社会发展情况制定适合的法律,比如《查谟－克什米尔邦信息获取法案》(*The Jammu & Kashmir State Right to Information Act*);

4. 某一法律的效力不能及于查谟－克什米尔邦,并且查谟－克什米尔邦也不会对相同事项进行立法,比如2002年《金融资产证券化与重组及担保品利息执行法案》(*Securitisation and Reconstruction of Financial Assets and Enforcement of Security Interest Act* 2002,*SARFESI*),同样的例子还有印度《刑法典》(*Indian Penal Code*)不得在查谟－克什米尔邦适用,并且查谟－克什米尔邦拥有其自己制定的刑法典也就是《兰比尔刑法典》(*The Ranbir Penal Code*)。

印度作为一个联邦制国家,市场呈现碎片化趋势,各个邦之间的经济、社会、文化发展水平也存在相当的差距。印度2013年《公司法》在查谟－克什米尔邦与印度的其他地区同等适用,对于印度的商业市场的整合、提升法律适用的便利性和稳定性都发挥着积极的作用。查谟－克什米尔邦属于印度较为特殊、经济较为落后的几个邦之一,在对待《公司法》这一基石性的商事法律上与其他邦等量齐观,可以达成与印度先进地区的联动与联通,也有利于进一步打破先进地区与落后地区的法律壁垒和政策壁垒,带动落后地区的发展。

第二章
Chapter 2

印度公司的分类和性质

一、印度公司的分类

公司这一制度下还可以按照不同的标准进行详细的区分。比如,按照责任的承担可以分为有限公司和无限公司;按照股权的流动性标准,有限公司又可以分为私人有限责任公司(private limited)与股份公司(public company);按照公司的规模,可以分为大型公司与中小型公司;按照公司的股权持有和投资关系可以划分为母公司和子公司;按照公司内部组织可以分为总公司和分公司;按照公司注册登记和运营地域可以分为本国公司和外国公司;按照是否在交易所挂牌上市又可以分为上市公司与非上市公司等。

当然,法律意义上更多讨论的是基于责任和股权流动性而进行的有限公司、无限公司以及私人有限责任公司和股份公司。并且,上述不同分类的公司并非界限分明,很多时候他们之间会有非常多的交集,比如一家股份公司,同时是一家大型公司,也同时是一家在证券交易所上市的公司,其下也可以设有分公司和子公司。就印度而言,按照公司是否承担有限责任,印度公司分为承担有限责任的公司(limited companies)和承担无限责任的公司(unlimited companies)。而有限责任公司按照是否有股本(share capital)可以分为有股本的公司(company limited by shares)和担保有限责任公司(company limited by buarantee[1])。而对有股本的公司(company limited by shares)进一步划分又可以分为私人有限责任公司(private limited)和股份公司(public company)[2]。

可以参考图2-1来对各种性质的公司有一个更加直观的认识:

---

[1] 印度公司法除规定了可以有股本的公司,还规定了"担保有限责任公司"(company limited by guarantee),这种公司可不是现在中国常见的为借贷进行担保的"担保公司",这类公司并没有股本(share capital),股东承诺出资多少并承担多少的责任。担保有限责任公司成员(members)之所以不能称为"股东"(Shareholders)是因为担保有限责任公司没有股本,其责任仅仅在该公司清算的时候才会予以明晰,因为只有在清算这一具体的时间点上,各个成员所需要承担的责任才会最终确定。这类公司在印度实践中被采用的概率非常少,一般都是一些非营利性机构比如慈善组织、博物馆才会采取这样的公司形式,也就是这类公司的"特质"(ethos),即"非营利"(not-for-profit)。

[2] 股份公司(public company)又被经常翻译为"公众公司"或者"公开公司"。

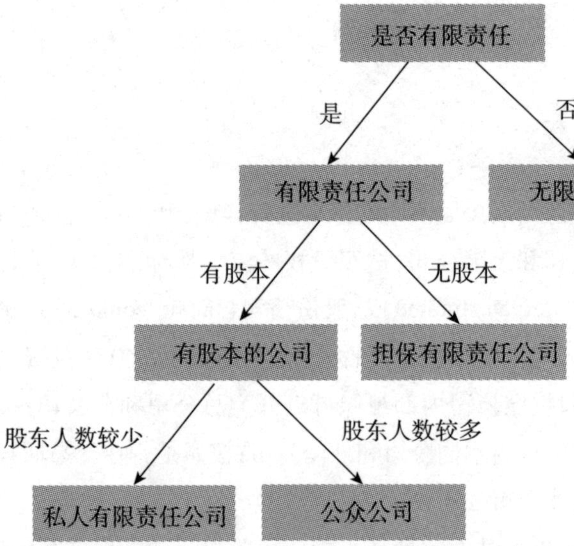

图2－1　各种公司的性质

就印度而言，印度《公司法》项下的“公司”指的是取得“Incorporation”地位的即经公司设立程序并在公司注册局（Registrar of Companies）这一公司注册主管机关有过登记的、具有独立法人资格的公司。印度《公司法》项下的公司有如下特征：

1. 公司是独立的法律实体（separate legal entity）。独立的法律实体指的是其存续独立于其成员（股东），即通过法律“拟制”，公司在法律上被视为一个独立的“人”（artificial person），即法人（legal person）。

2. 公司永续存在（perpetual succession）。公司永续存在的意思是，作为一个法人，公司不会像自然人那样会有“死亡”的那一天。公司的成员如自然人股东可能会因生老病死而更替，也可能旧的股东退出新的股东加入而产生变动，但是这样的更替和变动不会影响公司的持续存在（continuity）。但是这并不代表公司永远不会走到尽头。公司是依照法律程序而设立，其也当然可以依照法律程序而消亡，比如通过清算而将公司的法人资格归于消灭。

3. 公司拥有独立的财产。因公司是法律眼中的“人”（a legal person in the eyes of law），所以其可以用自己的名字来持有财产。作为公司法上的重要原则，无财产即无人格。公司独立的法律人格首先意味着财产的独立，虽然公司财产源于股东，但又区别于股东，股东无法自由支配公司的财产。股东一旦将资产向公司进行出资，其也就丧失了对这些资产的所有权，由此作为对价，换来公司的股东权。股东也不得通过退股的方式要求公司退还其出资，只能通过转让[3]股份或者等待公司清算后才可以拿回属于自己的那部分剩余财产。法律上将股东和公司在财产上进行强制隔绝意味着，公司债权人优于公司股东债权人，公司债权人当然优先于公司股东债权人以公司财产偿还债务，股东债权人只能作为劣后次序获得公司清算后的剩余财产（residual assets）进行受偿。另外，股东按照规定出资之后，其财产已经归于公司所有，其因而不得随意处断“他人”（公司）之财产。

4. 公司拥有独立应诉和承担责任的能力（capacity to sue and being sued）。因为公司是一个独立的法律实体，所以其可以以自己的名义（而非股东的名义）提起诉讼或者应诉。

5. 公司拥有印章（common seal）。因为公司是一个法律拟制的“人”，所以其自己不能签名（signature），所以需要用印章（common seal）来代替签名，加盖在相关的内外部法律文书上。虽然公司不能自己来完成加盖印章这个动作，但是公司的董事可以代为完成。

6. 公司的成员（members）承担有限责任。公司的成员（股东）承担有限责任这个特征一直以来是公司这一制度最大的优势。并且，这一特征在某种程度上与其独立法律人格相呼应。不论公司是否有股本，其成员的责任都是以其认缴的那部分为限。当然，从历史和公司法发展的眼光来看，公司制度和有限责任并非完全一一对应的，直到现在，印度乃至很多英美法系的国家都存在“无限公司”。但在现代社会的实践当中，公司股东仅仅以认购或者认缴的出资额为限对外承担责任已经成为全球各国公司法的公认原则。

二、有限责任及其否定（揭开公司面纱）

有限责任一直以来被视为是公司的核心。与无限责任相比，有限责任无疑在很大程度上是有巨大的优势的。无限责任的一大弊端就是极易产生所谓的出资

[3] 转让分为对内转让和对外转让。一般情况下，股东在对外转让的时候，其他股东拥有同等条件下的优先购买权。

反噬,也就是说,即使股东仅仅向某一无限责任公司出资非常少的资金,但因为无限责任的存在,并且考虑如果出资非常少无法获取公司的控制地位,也无法决定公司的投资决策,但最终如果因控股股东的投资决策失败导致巨额债务,仅仅进行了小额出资的股东也需要对此承担责任,从而使权利与责任产生严重的倒挂。无限责任的存在也不利于大型化和专业化公司的形成,其在很大程度上只能将资本限制在人合性较高,股东之间相互信任,不容易产生所谓的"道德风险"的小型化公司身上。同时,无限责任也限制了资本市场的形成。比如,现在非常火热的创投圈,因为有限责任的存在,投资人投资到高成长性但高风险的初创企业的资金,即使该初创企业没能熬过寒冬而消亡,投资人的损失也是限定的。试想如果没有有限责任,投资人不太会敢轻易投资,而对于需要资本的企业来说,获得的渠道无疑少了很多。

在资本趋利避害的自然应激反应下,如果责任在绝大多数的时点都是无法确定的,则对于股东来说,其将像一把悬在空中的"达摩克利斯之剑",这是资本所深恶痛绝的。无限责任的存在使投资中所秉承的分散风险的金科玉律"鸡蛋不要放在同一个篮子里"也就是"多元化投资"成了一个伪命题,因为投资越分散,风险越大,任何一笔小投资的失败都会导致股东全部身家处于巨大的风险之中,并且这种风险是一个"不定时"的炸弹。

而反观有限责任制度,其产生和发展被认为是人类文明史上的一个重大创举。哥伦比亚大学前校长巴特勒(Butler)在1911年说道:"有限责任公司是现代社会最伟大的发现,即使是蒸汽机和电力的发明,也无法与之媲美,因为假设没有有限责任公司,蒸汽机和电的重要性就会相应地萎缩[4]。"

有限责任的意义体现在其极大地降低了交易成本,在无限责任的情况下,小股东的风险与大股东等同,则新股东在加入公司时需要对具有决策和支配地位的大股东的能力、人品乃至行事方式等进行充分的了解。并且,有限责任也使融资成本极大的降低,投资者的责任上限是有预估的,其也必须要收集公司的所有信息(并且收集公司的所有信息也是不可能的),这大大促进了资本市场的形成和活跃。因为有限责任的存在,使多元化投资并分散风险成为可能,而以上也为公司

[4] Roger. E Meiners, James S. Mofsky and Robert D. Tollison, "Piercing the Veil of Limited Liability", *Delaware Journal of Corporate Law*, Vol. 4, 1979, p. 351.

向大型化、专业化以及国际化发展扫清了障碍。

曾经有过讨论将公司的无限责任变成了有限责任,会不会对债权人来说是不公平的呢?但反观实践中银行等债权人更愿意将资金借给有限责任的公司而非无限责任的合伙,这也从一个侧面说明的拥有有限责任的公司的高效。债权人省去了前期的调查成本以及后期的执行成本。当然,作为债权人的银行在某些大额借贷的情况下可能会要求公司背后的大股东乃至高管、董事提供个人担保、承担个人责任。因为公司贷款时把所有资产都抵押给资金出借人,若公司营业状况不佳而无力偿债,则公司的资产的价值也很可能大大缩水。

此外,公司作为法人(juristic person)或者说是拟制的人(artificial person),从成立之日起,在财产、行为能力以及义务方面与其股东相分离,也就是公司具有独立的人格。也就是说,因为法人人格独立以及有限责任的存在,导致了公司和站在其后面的股东乃至高级管理人员之间出现了一层“面纱”(veil)。因为公司以其全部资产独立地对债务和其法律行为承担责任,而公司的股东除以其出资额为限承担有限责任外,不承担额外的个人责任。而相对地,股东也不得以个人行为代替公司行为。因此,在面对公司时,不得随意揭开股东和公司之间的面纱或者否定公司的独立法人地位,直接让公司背后的股东承担责任。

但是,任何事物都有两面性。有限责任的弊端随着其发展也展露无遗。在公司有限责任制的美丽光环下也隐藏着对公司债权人保护力度的薄弱。公司股东极有可能为了自我利益而利用公司独立人格从事有损公司债权人的行为。这样,不仅使债权人的利益得不到有效保护,而且在一定程度上也损害了社会的经济利益。公司法人人格独立这一概念的发展演进是为了鼓励和促进贸易及商业,并不是为了鼓励公司实施违法行为或者欺骗民众(The concept of corporate entity was evolved to encourage and promote trade and commerce but not to commit illegalities or to defraud people)。

关于是否需要刺破公司面纱,有一个非常关键的考虑就是,是否既能够保护公司的独立法人格,从而使股东们继续享受有限责任和限定的个人风险,从而大胆地对公司投入资金,同时也要防止股东滥用公司的有限责任,从事不当活动,导致第三人、社会公众利益的受损。因此,现在各国公司法实践上的“刺破公司面纱”大都会权衡有限责任制度的利弊,尽可能做到矫枉而不过正。其中一大原则就是,既要保护公司的法人人格独立,从而使股东产生信赖利益,让其确信其对公司的债务不承担额外的个人风险的前提下，大胆地对公司进行投资。而与此同时，为了防止股东“大胆过度”，正如马克思在《资本论》中引用邓宁格（P. J. Dunning）所说的话，“资本在逃避混乱与纷扰，它的性质是胆怯的。这是极真确的，但还不是全面的真理。像自然惧怕真空一样，资本是惧怕没有利润或利润过于微小。一有适当的利润，资本就会胆壮起来。10% 会保障它在任何地方被使用；20% 会使它活泼起来；50% 的利润会引起积极的大胆；100% 会使人不顾一切人的法律；300% 就会使人不顾犯罪，甚至不惜冒绞首的危险了”。即司法介入进行公司法人人格否认和揭开公司面纱应该秉持纠正错误的同时不得矫枉过正这一原则。

揭破公司面纱的一般构成要件是：股东严重忽视公司形式，公司资本严重不足，公司独立实体地位事实上并不存在或不复存在，并且股东利用公司形式，逃避现存义务，将公司视为独立实体会许可欺诈或造成其他不公正的后果。

在母子公司之间，法院如果认定母子公司实际上是一个“单一经济实体”，就有可能揭破子公司的面纱，即使不存在欺诈或其他不法行为。为了逃避责任，企业所有者常常将企业化整为零，亦即将一个企业分解为几个独立的单元，分别成立若干不同的公司。如果姐妹公司实际上共同经营一项同一业务，在可以适用揭破公司面纱的情形出现时，法院就有可能将公司化零为整，亦即将这些不同的公司视为一个单个企业，并以其全部财产承担其中某个公司的债务。

在将公司视为独立实体是否会许可欺诈或造成其他不公正的后果时，法院并不将欺诈视为构成要件，但也不会仅仅因为将公司视为独立实体就会造成债权不能实现的后果而轻易揭破公司面纱。原告必须证明，被告从事了某些虽不足以构成欺诈，但严重不公平的行为，并导致了某些严重不公平的后果。

除经常因为债务问题导致公司面纱被揭开外，还可能存在其他的情形。比如以下在工程招投标领域，很多参与投标的母公司仅仅是一个空壳，其在投标时对于项目资质，一般是利用其具体做项目的子公司的业绩。印度司法实践中就存在不少这样的案例，即虽然母子公司分属不同的独立法人实体，但从同一经济实体（single economic entity）这一角度出发，法院会认定母子公司产生了混同，借用资质的行为有效。

就揭开公司面纱在印度法的发展和实践来看，1897 年英国法上 Saloman v. Saloman & Co. 这一案例中承认了公司具有独立的法人格，而这一判例也被印度法院所遵循。公司独立的法人人格作为原则，得到了司法的尊重（respected），仅在少数例外（exception）的情况下，印度法院才不会承认公司的独立法人格（disregard the legal personality）。

印度最高法院在塔塔工程机车公司诉比哈尔邦政府〔5〕一案中判定，法人公司在法律上被视为和自然人一样拥有独立的人格，公司也与公司的股东相区分。印度司法机关对于揭开公司面纱的运用的从限制适用到以审慎的态度积极适用的转变，离不开博帕尔毒气泄漏惨案（Bhopal Gas Leak Disaster）等印度经济社会发展中所遇到的一些标志性事件的推动。

20世纪下半叶，环境公害问题在发达国家得到广泛关注，环保组织力量日渐强大，民众对环境公害也谈虎色变。发达国家因此制定了越来越高的环境保护标准，导致很多企业的成本水涨船高，只能转向那些急需外资帮助其发展经济的发展中国家。这些发展中国家单纯重视经济增长，重视外资所能带来的现金技术、设备和经验，往往忽略安全和环境保护，把一些发达国家几乎不允许设立的产业转移到发展中国家。

1964年，印度农业“绿色革命”运动正如火如荼，中央政府多年为亿万饥民的危机所困扰，急于解决全国粮食短缺问题，而其成败很大程度上取决于国内有无足够的化肥和农药。因此，当时世界著名的美国联合碳化物公司提出的开办一座生产杀虫剂农药厂的建议，对印度政府来说正中下怀，求之不得。1969年，一家小规模的农药厂在博帕尔市近郊应运而生，试产3年双方都表示满意后，一座具备年产5000吨高效杀虫剂能力的大型农药厂正式落成。为节约成本，1980年以后，农药厂开始自行生产杀虫剂的化学原料——异氰酸酯。这种化学材料毒性极大，第二次世界大战时期德国纳粹曾经利用它们屠杀了大量的犹太人。

1984年12月3日凌晨，印度中央邦首府博帕尔市的美国联合碳化物属下的联合碳化物（印度）有限公司设于贫民区附近一所农药厂发生氰化物泄漏，引发了严重的后果。造成了2.5万人直接致死，55万人间接致死，另外有20多万人永久残废的人间惨剧。现在当地居民的患癌率及儿童夭折率，仍然因这场灾难而远高于其他印度城市。因这次事件，世界各国化学集团改变了拒绝与社区通报的态度，亦加强了安全措施。这次事件也导致了许多环保人士以及民众强烈反对将化

---

〔5〕 *Tata Engineering Locomotive Co. Ltd. v. State of Bihar*, 1965 AIR 40, 1964 SCR (6) 885.

工厂设于邻近民居的地区。因为这一事件，导致印度司法机更倾向于采用揭开公司面纱来对公司及责任人进行追责。

就严格意义上而言，公司具有两层面纱，第一层就是，股东对公司的债权人无须承担直接责任。而第二层面纱是，公司的高级管理人员或者员工因其职务行为而对外造成的后果被公司所吸收。这也就意味着，如果刺破公司面纱，则导致了两层的责任承担，第一层是股东对公司的债务承担个人责任；第二层的话，则是对于公司的管理人员、员工因为代理行为的过错、无效而导致的个人责任。第一种的刺破公司面纱比较好理解，而第二种针对董事、高管的责任承担对于印度而言有国情意义。印度家族企业众多，公司制企业中并非像西方国家一样实现了所有者和经营者的分离，很多公司的董事同时是公司的股东，乃至隶属于同一家族。在揭开公司面纱这一制度下，不仅股东不能躲在有限责任的盾牌（shield）后面，董事和高级管理人员也不得躲在盾牌后面胡作非为。针对董事、高级管理人员的责任承担的具体情形，简单而言主要是当其超越公司授予的代理权限而存在越权行为（ultra vires）和虚假陈述（misrepresentation）时。

就印度公司法立法而言，1956 年《公司法》以及 2013 年《公司法》都没有采用明文规定的方式对揭开公司面纱进行阐述，其采取的方式是散见在各个条文之中。印度法院也认为，没有必要将所有的需要揭开公司面纱的情形进行详细列举（enumerate），反而应该根据个案情况进行具体分析，实现个案正义。印度 1956 年《公司法》第 212 条，在对母子公司关系进行规制时，要求母公司在披露其财务信息时，同时要对各个子公司的财务状况进行披露，从而不会使交易相对人产生错误的认识。当然这一条并非直接要求母公司偿还子公司债务或者债务混同，也并非直接对公司法人人格的否定。其作用相当于揭开公司面纱的前置性要求，相当于“犹抱琵琶半遮面”，在没有直接揭开公司面纱从而对公司的运营做出干预的情况下，通过加大披露力度，避免母子公司采取关联交易、利益输送等行为而产生对包括税务机关在内的债权人的危害。而印度税法对于公司责任的承担规定得更为直接。对于税务上的责任，直接采取了揭开面纱为原则，也就是公司和股东同时承担责任，除非股东可以证明其没有从事相应的行为。

三、实践中较为常用的印度公司类型

商业实践当中，在印度主流的公司责任形式为有限责任制，并且主要是“有股本”的有限公司。而这类公司可以进一步细分为私人有限责任公司（private company）和股份公司（public company）。当然，还有一种翻译其实更为贴切，也就是将“private company”翻译成“非公开公司”或者“封闭公司”乃至“闭锁公司”；将“public company”翻译成“公开公司”或者“公众公司”，考虑到现在大量的翻译已经采用了“私人有限责任公司”和“股份公司”，所以笔者在此处也采取相同的译法。

对于私人有限责任公司，其实质上就是中国《公司法》和商业实践中最为常见的有限责任公司，其名称中含有的“private”（私人）的含义并非公司不是“公有制”，其意思是股东人数比较少，人合性比较高，股份不得随意向公众转让，所以名称中含有“private〔6〕”。

印度2013年《公司法》框架下的私人有限责任公司的主要特征是：

1. 股东人数：2个至200个（皆包含本数）；

2. 最少董事数：2个；

3. 最多董事数：15个〔7〕；

4. 最低注册资本：2013年《公司法》规定了为10万卢比，但是在2015年的实施细则中删掉了最低注册资本要求。不过，实践中为了便于股本的计算，大量企业还是按照10万卢比作为基准标杆来设立私人有限责任公司。

就法理的角度而言，公司法上要求设置最低的出资标准，目的在于对交易相对人、债权人的保护。但单纯这样的要求无法避免实践中抽逃出资、虚假出资等

---

〔6〕 并且按照印度2013年《公司法》的要求，公司的股东、董事必须要在明显的地方如公司的注册地址、营业地址、信笺等处标示出其类别是属于“私人有限责任公司”还是“公众公司”，如果是“私人有限责任公司”，则不得故意隐去其公司名称中的“private”字样，以免对交易对手方产生误导。

〔7〕 对于公司董事的上限，印度2013年《公司法》将其设定为15人。但公司法考虑到实践中有的公司可能会有特殊需求，因而也允许公司在通过特殊决议（special resolution）的情况下，突破董事最高人数为15人的限制。但是，每个公司最低都必须有两个董事的这一要求不得突破。

情形。因此,与其单纯地通过行政强制手段进行事前要求,不如通过动态的监管进行调整。也就是说,用一个静态的数字去限制公司动态的经营过程,实属多余。因此,从各国的立法情况而言,法定最低出资限制(statutory minimum capitalization)都呈现逐步放松乃至取消的趋势。

考虑到私人有限责任公司虽然组织较为灵活,因股东人数较少从而沟通成本较低、管理便利,但是对于融资的便利性上,因为其不得对外公开发行股份,所以其持股的社会化程度较低。在这种情况下,股份公司(public company)就应运而生,股份公司可以向社会公开发行股份筹资,股份可以依法转让,法律对公司股东人数只有最低限度,无最高额规定。股份公司是典型的"资合公司",相比于"人合性"较高的私人公司,一个人能否成为股份公司股东取决于他是否认购了公司股份,而不取决于他与其他股东的人身关系,因此,股份有限公司能够迅速、广泛、大量地集中资金。

印度2013年《公司法》框架下的股份公司的主要特征是:

1. 股东人数:7个以上;

2. 最少董事数:3个;

3. 最多董事数:15个〔8〕;

4. 注册资本:2013年《公司法》规定了为50万卢比,但是在2015年的实施细则中删掉了最低注册资本要求。

私人有限责任公司与股份公司相比,其有如下几个特点:第一,股东人数较少;第二,大部分的公司股东都积极参与公司的管理,而反观一些大型的股份公司,有股权的分散化和社会化,很多持股比例非常小的股东产生了所谓的"管理冷漠",对于公司的事项比较消极;第三,私人有限责任公司的股份虽然可以转让,但是没有一个外部市场进行自由转让,其转让反而是受到内部协议的约束,也就是通过限制股东"用脚投票"的权利,从而保持公司的人合性。另外,《公司法》对于股份公司的一些合规要求,并不适用于私人有限责任公司。

---

〔8〕 对于公司董事的上限,印度2013年《公司法》将其设定为15人。但公司法考虑到实践中有的公司可能会有特殊需求,因而也允许公司在通过特殊决议(special resolution)的情况下,突破董事最高人数为15人的限制。但是,每个公司最低都必须有两个董事的这一要求不得突破。

四、私人有限责任公司与股份公司之间的相互转化

上文中笔者提到实践中比较常见的公司类型为私人有限责任公司与股份公司,二者各有优点。以私人公司为例,其人合性较强,披露义务较之股份公司较低,但其股份流通性较弱,不得对公众发售股份。而股份公司股东较多,其作为一种向社会筹资的公司,资合性较强,相应的融资能力也较强,其股权的流动性也较大,对社会的影响也相对较大,因此,公司法对股份公司提出了更高的合规要求。印度目前九成以上的公司都是采用了私人有限责任公司这一公司组织形式,即使在那些股份公司中,许多也是经过较长时间的发展由私人公司转化而来。

商业实践中,经常会出现公司需要改变自己的类型而扩大规模或者说因为上市融资而必须由私人公司转化为股份公司,也有可能上市公司因认为自己股价被低估或者说不想履行特别高的上市公司合规义务而通过私有化进行退市的案例。在这些情况下,公司没有必要先行注销,再重新申请公司类型,而是可以通过直接变更登记的方式来获取新的公司身份。实践中主要存在私人有限责任公司转化为股份公司和股份公司转化为私人有限责任公司两种情况。

(一)私人有限责任公司转化为股份公司

印度2013年《公司法》第14条第1款〔9〕对私人有限责任公司转化为股份公司进行了规定。私人公司通过特殊决议并对其公司章程实施细则(articles of as-

---

〔9〕 14. (1) Subject to the provisions of this Act and the conditions contained in its memorandum, if any, a company may, by a special resolution, alter its articles including alterations having the effect of conversion of

(a) a private company into a public company; or

(b) a public company into a private company:

Provided that where a company being a private company alters its articles in such a manner that they no longer include the restrictions and limitations which are required to be included in the articles of a private company under this Act, the company shall, as from the date of such alteration, cease to be a private company:

sociation,AOA)进行修订之后既可将公司进行转化。实务当中,该种情况的公司类型转化需要履行以下程序:

• 公司需要组织董事会,董事会通过公司类型变更的决议之后召开股东会,股东会上需要通过特殊决议(special resolution);

• 通过决议之后,公司需要对现有的公司章程实施细则进行修订,删除其是私人有限责任公司等的表述,公司从决议通过并且修订完成之日起视为转化为股份公司;

• 在通过该决议之后,公司需要在15天内向公司注册局(Registrar of Companies)提交变更后的公司章程实施细则,并且在30天内将该董事会特殊决议报至公司注册局备案。

完成以上程序之后,公司还需要将其股东人数扩展到至少7人(含)或者以上,将董事人数扩展到至少3人(含)或者以上。值得注意的是,由私人有限责任公司向股份公司进行转化并不需要取得法庭(tribunal)的许可。一旦完成了由私人公司向股份公司的转化,2013年《公司法》所规定的针对股份公司的合规义务都将适用。

(二)股份公司转化为私人有限责任公司

上文中笔者提到私人有限责任公司可以转化为股份公司。相反地,股份公司在印度也被允许转化为私人有限责任公司。实践中因为股份公司的合规要求较高、股权较为分散而导致管理成本和决策成本较高等弊端,所以有些公司会决定将股份公司转化为私人公司。实务当中,该种情况的公司类型转化需要履行以下程序:

• 公司需要组织董事会,董事会通过公司类型变更的决议之后召开股东会,股东会上需要通过特殊决议(special resolution);

• 通过决议之后,公司需要对现有的公司章程实施细则进行修订,删除其是股份公司等的表述;

• 公司需要向国家公司法法庭申请变更许可。公司从获得法庭许可并且修订完成之日起视为转化为私人公司;

• 在获得法庭变更许可之后,公司需要在15天内向公司注册局(Registrar of Companies)提交变更后的公司章程实施细则,并且在30天内将该董事会特殊决议报至公司注册局备案。

完成以上程序之后，公司还需要将其股东人数压缩到 2 人以上 200 人以下。并且，公司需要删除其各种文件中其是股份公司的表述，并且要在其公司名称中加入“private”即私人公司的字样。一旦完成了由股份公司向私人公司的转化，《公司法》所规定的针对私人公司的合规义务和限制比如说最大股东数以及股份不得向公众发售等都将适用。

由上可以看出，股份公司转化为私人有限责任公司的步骤与私人有限责任公司转化为股份公司大致相同，唯一的区别就是前者需要征得国家公司法法庭的许可。毕竟股份公司牵扯到众多的社会各方利益，也就是说，从私人有限责任公司转化为股份公司是一个充实资本、引入更多股东、增加董事人数并且提升自身合规要求的过程，而相反地从股份公司转化为私人有限责任公司则相当于是一个“降级”的过程，为了避免对债权人、社会公众产生侵害，因此法院需要进行干预。

表 2－1　印度私人有限责任公司和股份公司异同对照

序号	私人有限责任公司	股份公司
1	基于 2013 年《公司法》注册成立，为独立的法人实体	基于 2013 年《公司法》注册成立，为独立的法人实体
2	最低股东数为 2 名	最低股东数为 3 名
3	最高股东数为 200 名	理论上无上限
4	股权转让受到一定程度的限制	股权可以自由转让
5	不得向社会公众募股	可以向社会公众募股
6	最低 2 名董事（包含一名居民董事）	最低 3 名董事（包含一名居民董事）
7	由私人有限责任公司转化为股份公司不需要法庭许可	由股份公司转化为私人有限责任公司需要法庭许可

续表

序号	私人有限责任公司	股份公司
8	股东会召开法定人数（quorum）为2名股东出席即可召开	股东会召开法定人数需要根据公司股东的数目[10]来具体决定，即在公司章程没有相反规定的情况下，如果截至召开股东会当日，公司股东少于1000人，则5名股东出席即可构成法定人数；若股东人数为1000人到5000人，则15名股东出席即可构成法定人数；若股东人数超过5000人，则30名股东出席即可构成法定人数

表2－2　印度公司制企业[11]和合伙制企业异同对照

序号	公司制企业	合伙制企业
1	根据公司法注册成立	由合伙各方合意成立，通过达成合伙协议（partnership agreement）而成立
2	需要在公司注册局处履行注册登记手续	将合伙企业进行登记并非印度法律的强行性要求。不经登记不影响合伙企业的成立
3	其是有别于其成员的独立的法人实体	合伙企业和其成员法律上是混同的
4	组成公司的股东最低人数是2名	组成合伙企业的最低合伙人数目为2名
5	公司股东人数上限为200名	合伙人数目上限为100名
6	股权转让受到一定程度的限制	对外转让合伙企业份额需要征得其他合伙人的同意

---

〔10〕 2013年公司法第103条第（1）款：

Unless the articles of the company provide for a larger number, — (a) in case of a public company, —

(i) five members personally present if the number of members as on the date of meeting is not more than one thousand;

(ii) fifteen members personally present if the number of members as on the date of meeting is more than one thousand but up to five thousand;

(iii) thirty members personally present if the number of members as on the date of the meeting exceeds five thousand;

(b) in the case of a private company, two members personally present, shall be the quorum for a meeting of the company。

〔11〕 这里以最广泛适用的私人有限责任公司作为范例进行比较。

续表

序号	公司制企业	合伙制企业
7	股东的责任有别于公司的责任。股东的财产也有别于公司的财产。股东以其认缴的出资额为限承担责任	合伙人承担合伙企业的无限责任,合伙企业的债务即是合伙人的个人债务
8	公司的基本权力和权限在公司章程中载明,而对公司章程进行修改需要履行《公司法》的诸多程序	合伙企业的基本权力和权限在合伙协议中载明,只要诸合伙人同意,对合伙协议进行修改相对简单
9	公司及其股东以及股东之间都不存在代理关系(principal – agent relationship)	合伙企业和合伙人个人之间存在代理关系
10	公司的账目信息等必须要满足《公司法》的合规义务,妥善保管并且进行相应的年度审计	合伙企业不用遵循此合规义务
11	公司具有永续存在(perpetual succession)的特点,上文已经对此特点进行了详细描述	合伙企业没有此特征,合伙人的死亡、丧失偿债能力等都有可能导致合伙企业的消灭
12	公司的成立、运转和消灭受到2013年《公司法》的规制	合伙企业的成立、运转和消灭受到1932年印度《合伙企业法》的规制

五、案例分析——“揭开公司面纱”在印度的司法审判运用

本章第二节已经对公司的“有限责任”这一普遍原则以及为了衡平公司、股东、债权人以及社会公众的利益所采取的“揭开公司面纱”的例外进行了阐述。最近印度发生的两个案例值得中国读者关注。这两个案例都是工程领域中对“揭开公司面纱”的适用。

2015年9月由安得拉高等法院审理的Prasad Sushee公司诉The Singareni Collieries公司一案中,Prasad Sushee(以下简称原告)与The Singareni Collieries公司(以下简称被告)参与一场招标,被告的价格为102.1亿印度卢比,该报价为最低报价因此中标,而原告的报价为106.2亿卢比,为倒数第二低的报价。

竞标失利之后,原告发现被告公司是以一家在乌干达注册的公司的资金、业绩等参与的投标,而被告公司成立于2014年,不满足招标文件中规定的年限、业

绩、资金等要求，所以诉请法院要求撤销被告的所中标，由原告代位作为最低报价方赢得该投标。

原告起诉之后，被告辩称，这家在乌干达注册、拥有相当资金和业绩的公司是其的全资子公司，其财务、管理都是由母公司直接指挥。并且在参加投标之前，母公司已经做出了一个特别决议，承认并允许以该子公司的经验参加投标。

原告认为，被告的母公司和子公司是独立的法人实体，因此被告采取的利用子公司的业绩资料等参与投标不适当。而被告在辩称时首先引用了“刺破公司面纱”(piercing the corporation’s veil)原则，即在特定的情况下，法律不顾公司法人的人格独立特性，追溯公司法律特性背后的实际情况，从而责令特定的公司股东直接承担公司的义务和责任。而原告认为这一原则应该被限缩使用，而且一般都是在被动的情况下如公司无法清偿债务，这个时候需要透过公司这一层“面纱”直接找其背后的股东追责，本案涉及投标主体资格这一公司法人格的积极适用，本案中若采用“刺破公司面纱”则有过度适用之嫌。

法院审理后认为原告的诉请不成立，并给出了以下分析理由：

1. 母公司和全资子公司确实是不同的法人实体，但是其可以被视为“同一经济实体”(single economic entity)，因为他们之间不仅存在互相输血的关系，在会计和财务处理上还可以合并报表，因此，视为同一个“经济实体”并无不妥；

2. 理性商人的考虑。法院认为，业绩和资历的认定，任何理性的商业人都不会只看其表而忽略实质。例如A是甲公司的工程师，掌握核心技术，他在任上的时候甲公司承接过一些工程，如果现在A离开了甲公司跳槽去了乙公司，这个时候甲公司是否可以宣称其有业务资质？甲公司因为之前做过很多这样的项目当然可以这样说，而乙公司呢？虽然之前其没有做过项目，但是其现也可以宣称其有业务资质，因为目前掌握核心技术的A工程师已经加盟乙公司。所以这里面就存在一个通过表象看实质的问题。同理，在本案中，业主需要的是实质意义上拥有经验并且还可以承接该工程的团队，那么被告采用其控制的子公司的业绩资历参与投标就无可厚非；

3. 公共利益的考量。法院认为，被告的报价是最低的(比原告的报价低4.1亿卢比)，并且工程已经开工，如果撤销其所中标，由原告接替，则报价会提高不说，工程也会延期，这样对公共利益是一个负的价值。

另外，法院还认定，原告在与被告一同参与投标的时候就对其利用子公司的业绩等参与投标知情，但是那时并未提出任何异议，反而是竞标失败才提出否认竞标结果的要求。因此，法院最终驳回了原告的诉请。

无独有偶，在印度最高法院（Supreme Court）审理的并且是牵涉中国央企的一个案例也值得读者参考。2017 年在印度最高法院审理的中国铁路机车车辆公司（以下简称中东集团）诉甘地讷格尔－艾哈迈达巴德地铁快线公司一案中，中车集团以其旗下的中国南车和中国北车的资历和经验参加了古吉拉特邦甘地讷格尔－艾哈迈达巴德地铁快线公司（以下简称 MEGA）组织的地铁项目招标，在提交投标文件后不久，中车集团发现 MEGA 在资格预审阶段就否决了其资格，从而禁止其继续参与后续的招投标流程。因为 MEGA 辩称中车集团是中国政府将两家独立的公司即中国南车和中国北车进行了合并（merger）的结果，但合并后这两个实体仍作为独立的子公司存在，因此子公司的资质、资历不得算成是中车集团这一母公司的资质资历。中车集团对 MEGA 的做法表示反对，本案随即由古吉拉特高等法院进行审理。因为古吉拉特高等法院支持 MEGA 的主张，所以本案被中车集团上诉至印度最高法院，最高法院审理后认为母子公司作为一个经济共同体，没有必要再将子公司以合资公司或者联合体（consortium）的方式再行联合进行投标，从而支持了中车集团的主张，认定母公司利用子公司的资质、资历进行投标的行为有效。

从实践的角度出发，除母公司"借用"子公司的资质统一参与一个项目的投标（如母公司 A 利用子公司 B 和 C 的资质进行投标）这种情况外，还存在归属于同一个母公司 A 的子公司 B 配合无关联方甲公司、归属于母公司 A 的子公司 C 配合无关联方乙公司就同一项目进行投标的可能。比如之前笔者经手过的一个中国集团公司将其旗下上海子公司和深圳子公司分别作为技术支持方配合两家跨国企业在印度进行投标，在这种情况下，即使取得了项目发包方即业主的承认（acknowledgement），仍存在一定的风险，因为"B＋甲"作为一方与"C＋乙"作为另外一方，而 B 与 C 虽然属于独立的法人实体，但从同一经济人的角度出发，在业务、决策上可能受制于母公司 A。那么采取上述方式进行投标，极有可能被认为是串标等不正当竞争行为，从而可能引发后续的一系列法律问题。

第三章 Chapter 3

公司设立

一、公司设立概述

公司在正式向公司注册局提交成立申请之前，都会经过必要的酝酿和筹划期。在这一阶段，相关人员会主要从商业角度进行思考，比如从事何种经营，选择收购旧有的公司还是成立一家新的公司，如果决定成立一家新的公司，是采用私人有限责任公司形式还是采取股份公司形式，公司注册股本额度等。这些问题相当于是为设立印度公司之前打地基的工作，只有在确定了这一些问题的答案之后，推进公司的注册才会事半功倍。

一般而言，公司成立可以划分为三个阶段：

1. 公司的发起设立阶段（promotion of a company）

2. 公司的注册登记阶段（registration and Incorporation of a company）

3. 公司开始运营阶段（commencement of business）

而对于第一阶段，起到至关重要角色的是发起人（promoter）。1956 年的印度《公司法》并没有对“发起人”这一概念进行详细的界定，而在 2013 年《公司法》当中，其对发起人的含义进行了阐述：“发起人指的是股东、董事或者其他直接或者间接掌管公司事务的人[1]。”在公司发起设立阶段，发起人承担着准备和签署公司各种法定文件、寻找股东和董事等事务，也就是说，公司的设立离不开发起人的辛勤服务。但这并不意味着为公司的设立提供服务的人都是发起人，比如律师和会计师虽然在公司设立过程中提供了大量的服务，但是其职业本身就是提供相应的专业服务。2013 年《公司法》中也明确指出仅仅履行其专业职务[2]（Who is acting merely in a professional capacity）的人不是发起人。实践中大量的发起人最终也会成为公司的股东。

对于第二阶段，主要是向包括公司注册局、税务局、劳动署在内的行政机关申请公司相关证照的过程。这一阶段主要是行政法律合规，按照相关政府部门的要求取得包括营业执照、税号、会计账号在内的证照，从而取得法人主体资格。

---

[1] 2013 年《公司法》第 2 条第 69 款。

[2] 2013 年《公司法》第 2 条第 69 款。

对于第三阶段，则是属于法人主体成立之后，正式开展业务所需要完成的步骤。与中国类似，如果希望开设一家实体工厂，那么首先必须设立一家公司〔3〕，之后再以该公司进行如工厂许可证、环评、安评、消防许可证、用水用电许可等证照。

一般而言，对于在印度设立商业存在（包含生产设施），需要取得诸多的许可。这些许可如表3－1所示〔4〕：

表3－1 在印度设立商业存在需取得的许可

项目	序号	牌照/许可
在印度设立商业实体	1	从印度公司注册局取得营业执照
	2	注册永久会计账号
	3	注册税收抵扣账号、货物与服务税登记
	4	基于1951年《工业发展和规制》法案申请工业许可证
建立生产设施	1	基于《工厂法》申请工厂牌照，具体需要基于所雇佣的工人人数
	2	基于《商铺和设施法案》（除了工厂之外的其他设施、办公场所等）申请相应的牌照
	3	消防局出具的验收同意书
	4	各邦污染防控署出具的同意书（基于1974年《水污染预防和控制法》以及1981年《空气污染预防和控制法》）
	5	警察局出具的同意书
	6	城镇建设和规划机构出具的建设许可
	7	各邦电力部门许可
制造和销售/出口相关产品组件	1	各邦污染防控署出具的同意书
	2	从外贸局取得进出口许可证

〔3〕 当然，开设工厂并不必须采用公司制，也可以采用合伙企业等其他企业形式，但实践中公司制是最为常用的形式。

〔4〕 请注意本表并非穷尽性的，一些牌照的申请与否取决于最终采用的商业架构。

二、发起人的义务和权利

前文中提到发起人是一个非常重要的角色，但是就法律上而言，其既不是公司的代理人（agent），也不是公司的托管人（trustee），因为在发起人履行其职责的时候，公司尚未成立，自然作为代理意义而言的本人（principal）或者受益人（beneficiary）也不存在。这时就会出现一种非常有意思的情况，即义务似乎无法谈起，因为义务是一方与另外一方或者多方之间的相关联系，而发起人的状况是只有发起人一方具有法律主体资格，而另一方（将要成立的公司）的主体资格尚不存在。那这时候的发起人是否像公司董事一样，对将成立的公司负有信义义务（fiduciary duty）？印度《公司法》给出了肯定的答复。发起人对将来的公司负有受信义务，是因为这个公司是发起人一手设立，使其从无到有的（bring into existence）。马德拉斯（Madras）[5]高等法院在1969年援引了*Lord Cairn in Erlanger v. New Sompbrero Phosphate Co.*（1878）这一案件中的精神："发起人无疑肩负着受信义务。他们用自己的双手创立和塑造了公司。他们有着控制公司何时设立以及以何种方式设立并开展正常的业务，并且受到何种监管。"[6]

一般而言，公司的发起人需要承担以下义务：

1. 发起人不得采用任何直接或者间接的方式，从公司谋取私利；

2. 发起人需要在公司设立阶段进行真实陈述[7]；

3. 发起人如果与将要设立的公司之间存在利益冲突（如其意欲出售办公室给

---

〔5〕 马德拉斯即今印度南部泰米尔纳德邦首府钦奈。

〔6〕 "The promoters stand undoubtedly in a fiduciary position. They have, in their hand, the creation and moulding of the company. They have the powers of defining how and when, and in what shape and under what supervision the company shall start into existence and begin to act as trading corporation." *See Lord Cairn in Erlanger v. New Sompbrero Phosphate Co.* (1878) LR3 App. Cas. 1218. AIR 1969 Madras 462.

〔7〕 印度2013年《公司法》第26条：26. (1) Every prospectus issued by or on behalf of a public company either with reference to its formation or subsequently, or by or on behalf of any person who is or has been engaged or interested in the formation of a public company, shall be dated and signed and shall—(a) state the following information, namely: ...

将要设立的公司),则发起人需要进行相关利益冲突的披露;

4. 在发起人设立的公司是股份公司的情况下,发起人需要保证招股说明书(prospectus)没有不实陈述。

为了保障发起人可以忠实履行其在公司发起设立阶段的受信义务,印度 2013 年《公司法》第 35 条规定,如果公司的招股说明书中包含了不实陈述或者片面陈述,而对投资者造成了损失,则发起人需要承担赔偿责任。第 34 条更是规定了刑事责任,即发起人在招股说明书中进行欺诈或者不实陈述的,将可能被判处 6 个月以上 10 年以下监禁,并且处罚金,罚金金额不少于虚假陈述的金额,最高为该金额的 3 倍。

说完了发起人的义务,自然不能不提其享有的权利。发起人为公司的设立奔波劳累,贡献诸多精力和心血,理应获得报酬。但值得注意的是,印度法下发起人并没有法律权利来向将要设立的公司要求报酬(promoters cannot claim remunerations from the company as a matter of legal right),即成文法并没有明确规定成立后的公司必须要补偿发起人相关费用,普通法或者判例也没有允许发起人有权向公司提出设立费用补偿请求权或者请求支付报酬(remunerations)的请求权。但印度法承认私人之间的意思自治(party autonomy),即如果发起人和公司之间订立有协议,约定了相关的报酬请求权,则法院可以支持该协议。因此,发起人需要注意一定要和公司之间订立相关的协议。但实践中大量发生的实际情况是,公司的发起人一般都是公司股东,为自己忙活自然不需要支付报酬,其一般看重的也是未来公司的盈利和业务开发。

如果公司的发起人并非是未来公司的股东,在印度法律框架下,其可以向未来的公司约定如下的报酬请求权:

1. 发起人可以获得公司支付的一笔价款;

2. 发起人可以获得公司给予的一部分股票;

3. 发起人可以获得以优惠价格购买公司股票的权利,比如在公司股价较高时,以平价(at par)认购股票;

4. 发起人可以就其替公司售出的股份获得相应的提成或者佣金(commission)。

当然,合理报酬并非一定要以金钱作为对价的方式来进行支付。除了上述的物质性的报酬,还可以多样化,比如发起人可以优先担任董事或者其他高级管理人员,发起人可以在未来公司增发新股的时候享有优先认购权等。

三、公司成立前签订的合同

出于经济效率的考量,公司在取得营业执照之前,一般都会先行进行一些准备事项,比如会先与房东签订办公室或者地址租赁协议,以提前锁定租金,也方便一旦下发营业执照就可以立即开始商业化运作。但值得注意的是,目前公司尚处在设立之中,并不具体完全的法人主体资格,就法律上而言,合同的成立需要一方的要约(offer)以及另外一方的承诺(acceptance),而设立中的公司尚无作出要约或者承诺的权利能力,其是无法对外签订合同的。因此,实践中一般采取的方式的是由发起人对外进行相关合同的签订。比如,为了获取必要的资金,发起人可能向银行进行借款并签订借款合同,可能会聘用相关的律师、会计师等专业人士准备文件,还可能和未来的投资人签订相关协议,确保他们在未来履行对公司投资的承诺等。由此可以看出,为了公司的利益,发起人在公司成立之前对外缔约是不可避免的,当然因公司的性质和业务范围不同,签订的合同会有所差别。这些在公司设立的过程中由发起人对外签署的合同,被称为公司成立之前的合同(pre – incorporation contracts)。

发起人在公司成立之前对外签订的合同效力如何,是实践中经常引发争议的问题,不仅涉及交易对手方之间的信赖利益保护,也关系着经济的发展和稳定。而合同签订后责任的承担问题,如究竟是由发起人承担个人责任还是由成立后的公司来承担责任,印度法律框架下对这一问题的解答反映了对公共利益以及经济效率的保护。因为如果法律要求由发起人个人来承担合同的责任,则可能引发发起人责任过大而导致发起人创设公司的积极性受到挫伤。而如果法律不加区别地让公司继受合同义务,即公司成立后要对发起人在公司成立之前签订的所有合同承担全部责任,则会导致发起人滥用其地位,损害公司和他人利益来谋取个人利益。而现今的印度法在权衡上述责任分担的利弊之后,倾向于尽可能地让发起人来承担责任,让公司承担责任作为例外(免除发起人个人责任为例外)。原因是因为,发起人所处的特殊地位使其对于公司是否成立、是否选择在公司成立前缔约等拥有最明确的认识,因此其应该承担最大的缔约风险。此外,虽然让发起人承担责任可能会挫伤其设立公司的积极性,但是如果不让发起人承担责任,善意的第三人可能会因为担心合同是否可以履行而拒绝与发起人签订此类合同,这对于经济效率也是很大的阻碍。

而第三方在要求设立后的企业进行责任承担时,对于这类公司成立之前签订的合同对于公司是否有约束力上,印度法律的倾向是,如果这些合同是为了将要成立的公司利益,则对成立后的公司有约束力(binding),这一点也体现在1963年印度《特殊救济法案》(*Specific Relief Act* 1963)中。该法案对于这一问题的阐释是:"有时候股份公司的发起人在公司成立之前会签订一些协议,如果这些协议包含在公司章程中所述的经营目的(subjects)之内,并且是为了公司的利益,则这些合同有效。"当然,如果发起人所签订的合同并非为了公司的利益,也并不属于公司章程中记载的公司目的之一,则这样的合同由发起人承担个人责任。当然,法院在认定责任的时候也会对合同签订的具体事实和情况(facts and circumstances)以及对合同遣词造句的理解(construction)进行考虑。

当然,印度法也对意思自治进行了充分的尊重。发起人为了规避和限制自身的责任,其可以在与第三方签订的合同当中约定,如果公司设立之后承认了该合同,则发起人不承担任何责任,或者如果公司设立之后在一段时间内不承认该合同,则逾期双方皆可撤销(rescind)该合同。

四、案例分析——中国公司设立印度子公司受阻案

公司的商号是一个公司有别于其他公司的显著属性之一,并且随着公司的发展和经营,其商号作为一种无形的资产,也具有相当重要的作用。并且,一些商号可以使消费者与交易对手方产生直接的信赖利益,所以,商号或者公司名称的重要性可见一斑。在印度注册公司首先要到Registrar of Companies(ROC,公司注册局)申请核准名称。公司注册局在经查明发现欲申请的公司名称不与现存的公司名称雷同或者相近的行业中的其他公司的名称相类似,并且不侵犯公司注册局备案已知的其他在先商标的权利的情况下,会审核通过该公司名称,并向该公司申请人发出名称核准通知函,该函有效期为发出之后60天之内,在该段时间内申请注册公司都是有效的。根据法律规定,可以被批准的用来公司注册的名字,必须

是同时具备独特性和可取得性两大属性。申请人一般可以提出 6 个名称为备选，按照优先级排列进行申请，最终的核准与否归公司注册局。

印度是一个市场碎片化非常严重的国家，所以因地制宜地选择当地的合作伙伴推进其商业计划是很多中国投资者经常选择的方式。很多中国投资者在大规模投资印度设厂之前，会首先选择相应的印度经销商或者渠道商，帮助其在印度拓展市场。当然这种合作有利于实现优势互补，在短时间内大幅度提高市场占有率。但是实践中，笔者发现，有一些中国投资者与其印度合作方之间，并没有对知识产权如商标、商号等作出相应的安排。

以笔者经手的一个案件为例，某中国品牌 ABC〔8〕在进入印度市场的时候，选择了当地的一家企业作为合作方，该印度企业在未经中国企业许可的情况下注册了一家商号名称与中国企业相同的印度公司即 ABC 印度私人有限责任公司（ABC India Private Limited），并且申请了相应的网址等，中国企业知晓这一情况之后，并未及时阻止，现在分析当时的原因是其认为印度企业这样做虽然没有取得权利人也就是中国企业的许可，但是客观上促进了中国企业在印度的业务，所以中国企业在知道这一情况之后也就睁一只眼闭一只眼，没有过多要求。

但是，随着时间推移，中国企业认为需要大举进军印度，这个时候他们要求印度企业将其成立的 ABC 印度私人有限责任公司以及网站都转给中国企业，印度企业予以拒绝。诚然，中国企业是合法的权利所有人，但是在印度，中国企业一开始明明知晓印度企业侵犯其权利，但是却未能及时阻止，而是放任其使用，则印度企业对于中国企业就拥有了法律上的抗辩事由〔9〕，也就是“在原有范围内继续使用”。中国企业当然可以提起诉讼要求印度企业停止诉讼，但是法院也会考虑当时中国企业的错误，并且最终的判决是否完全支持中国企业的主张也不得而知。而这些都是次要的，最重要的是，中国企业原本的投资计划和步调完全被打乱，其投资印度市场的第一步就受到了重挫，对于后续开展计划的信心和规模会产生巨

〔8〕 为了方便举例说明，这里的 ABC 仅仅是一个代号。

〔9〕 这里有点类似于英美法系财产法上的“adverse possession”，即逆权占有。即如果权利的法律所有人在自己的权利上“睡着了”，比如怠于行使自己的权利，则无权占有方通过持续地占用和占有行为并超过一定的法定时限后，原权利所有人的兴讼时限即终止，该占用者可以成为该财产的合法占有者，不必付出任何代价。当然这一概念多见于土地权属，笔者在此处仅仅是举这么一个例子来方便读者的理解。

大打击。因此,中国企业必须在进入印度市场和与印度伙伴合作之前,就要对于公司商号等知识产权问题作出详尽的界定和法律安排,避免为日后的争端埋下隐患。

第四章 Chapter 4

公司宪章性文件

一、公司宪章性文件概述

公司宪章性文件(charter documents)从实质意义上说,是指规范公司内部组织关系以及经营行为的基本自治规则;就形式意义上而言,则是指记载公司组织以及行动的基本自治规则的书面文件。公司组织和活动如何进行规范,需要公司法和公司宪章性文件有机结合的方式来进行管理。公司法意义上的宪章性文件,一般指的就是公司章程。但与大陆法系的中国不同,印度法上将公司章程这一宪章性的文件分为公司组织大纲(memorandum of association, MOA)以及公司章程实施细则(articles of association, AOA)。在中国,公司章程是一个单一的文件。其对应的是印度法上 MOA 和 AOA 这两者的结合[1]。

公司宪章性文件需要反映公司的业务范围、组织原则和内部管理等重要规定,因而其与公司法的强行性规定相比,是一个重要的具有“自治”性质的文件。其作为自我约束的行为规范,完全可以在公司法共性和一般性的基础上,根据自身商业目的、行业领域、资金和技术实力等进行差异化定制,从而体现公司成员的意志。公司法也承认并尊重公司宪章性文件的意思自治地位,在适用上,公司宪章性文件也具有优先性。当然,其优先适用和意思自治是基于一个前提,也就是不得突破公司法所给出的一般性原则和普适性要求的底线。换句话说,公司宪章性文件的自治性是相对的,是以不违反其他强行性法律规范作为前提的。

印度法上公司宪章性文件的重要性还体现在其对公司董事、高级管理人员等的规制。虽然董事、高级管理人员本身对于公司负有信义义务(fiduciary duties),即其在为公司处理事务的时候应当诚实信用,按照公司利益最大化的原则,来履行自己的职责,从而避免产生利益冲突(conflict of interest)等损害公司利益的行为。这时,公司宪章性文件中有关公司的机构以及其产生办法、职权与授权、议事规则等具体内容的规定对于董事、高级管理人员来说是其审慎处理公司事务的重要指引。

---

〔1〕 考虑到这一点,中国法上的公司章程应该翻译为“memorandum of association & articles of association”较为稳妥。

另外，作为公司最重要、最基础的法律文件，公司宪章性文件的意义还体现在其“公示性”或者所谓的“推定知情效力”（constructive notice）。因为公司需要将公司宪章性文件报给公司注册局，这个文件就进入了公共领域，交易相对人是可以获取的。并且普通法下有一个法律原则叫作“caveat emptor”，也就是买家需要当心，即作为进行商业活动的交易人，法律上会推定交易人是一个“sophisticated buyer”（老道的买家）或者至少是一个对交易具有必要认知的合理（reasonable）交易人，其自身有能力鉴别各种信息，并且已经阅读和理解了公司宪章性文件中的内容，同时判断风险并作出是否继续进行商业活动的决定。如果交易相对方不对公司的章程性文件有所了解，就径直地与公司进行交易，若交易的目的是公司宪章性文件所允许的范围之外的，那么交易相对人的利益损失自己也需要负相应的责任。因此，公司宪章性文件对于公司的交易相对人来说也是一个需要明察的文件。但是，这一原则有一个例外，即“indoor management（内部管理）”，因为诸如投票机制、法定人数、内部规定等，并不应该约束外部人（outsider），而是应该由公司高级职员（company officer）来遵守。也正如 Bray 法官在 *Dey v. Pullinger Eng. Co.* （1921）1 K. B. 77 这一案的判词中所说，“如果任何与公司打交道的人都必须把公司内部机制研究透彻并获知是否有差错，那么商业的车轮就不会转地那么顺畅了”。[2]

考虑到印度法上是将公司宪章性文件分成了 MOA 与 AOA 分别进行讨论，那笔者在下文中也将这两个文件分开进行描述。

二、公司组织大纲（memorandum of association，MOA）

公司组织大纲包含着公司存续的目的，也是在注册印度公司的时候需要向印度公司注册局（Registrar of Companies）提交的文件之一。公司组织大纲是规定公司对外事项的法律文件，该文件具有公示效力，也就是第三人可以获取任何公司的公司章程，从而作为下一步判断与该公司进行交易、合作等业务的依据。比如

[2] “The wheels of commerce would not go round smoothly if persons dealing with companies were compelled to investigating thoroughly the internal machinery of a company to see if something is wrong.”

一些股份公司，因为其股东较多，股本较大，很多小股东纯粹是投资于该公司意图获取长期分红，所以其必须要对该公司的营业范围等有一个大概的认识，从而结合自己的风险偏好进行投资。如果是第三方企业意欲与该公司合作，则其往往会首先看一下该公司的营业范围是否涵盖了双方意欲进行的事项。一般而言，公司的组织大纲包含公司的名称、资本、营业目的和范围、住所、公司类型等相关内容。

印度2013年《公司法》附表1中给出了公司组织大纲MOA的示范版本。当然，企业可以依据自身实际进行修改后采用。但公司法要求不论对该范本进行如何实质上的修改，最终报送给公司注册局的MOA文件在格式上与范本不能有太大的偏差。除此之外，公司法还要求公司股东在报送MOA给公司注册局之前对该文件进行签字，如果是私人有限责任公司，则至少要保证两个或以上的股东已经签字，如果是股份公司则这一数字是7个，并且签字的股东必须要是成年的、有独立定约能力（suiJuris）的股东。MOA这一文件也要按照印度《印花税法案》（*The Stamp Duty Act*）的要求正确粘贴印花税票。印度《公司法》除了这些琐碎的要求，甚至还提出在对MOA进行签字的时候，至少要有一个见证人对股东签字进行见证（attest）。

印度公司法按照公司类型不同在附表1中给出了A到E五种示范MOA文本，各种文本与公司类型的对应关系如下：

表4－1 印度公司法附表1中MOA范本以及适用对象〔3〕

序号	公司类型	MOA示范文本
1	有股本的有限责任公司（包含私人有限责任公司以及股份公司）	表A
2	担保有限责任公司（无股本）	表B
3	担保有限责任公司（有股本）	表C
4	无限公司（无股本）	表D
5	无限公司（有股本）	表E

很多中国投资者都会对印度《公司法》中这样零碎的合规要求提出疑问，认为

〔3〕 值得注意的是，因为实践中担保有限责任公司（company limited by guarantee）以及无限公司（unlimited company）在印度已经非常罕见，所以附表1中的表A这一对于有股本的有限责任公司适用的示范性文件的参考价值较大。

这样的繁文缛节大大阻碍效率和公司生产力的提高。但是从立法和法律合规以及运行的角度出发,印度《公司法》中进行这样的规定是有其合理性的。比如以“MOA 必须正确粘贴印花税票”这一要求为例,因为在印度,重大的法律文件都需要粘贴印花税票,否则在未来的法院程序当中不得作为证据使用[4]。所以事先的这些零碎的合规义务在未来发生争端时,将会发挥极为有益的作用。

一般而言,公司组织大纲(MOA)中包含如下条款:公司名称条款;公司注册地址条款;公司商业目的和经营范围条款;公司责任;股本以及股东认购签名条款。

对于公司名称条款,这里刊载的将是未来公司的商号。基于目前印度的法律,有一些名称是不得作为公司名称的。比如国际组织名称、有伤社会风化、恶意丑化某一族群等,都会在核名的时候遭到公司注册局的驳回。并且,印度公司注册局也禁止某一公司采取与他人相似或者雷同的名称作为商号。当然,如果某一公司可以从合法的名称持有人(如商标持有人)处获得准予使用该名称的许可,则其也是可以采用与别的公司雷同的名称。但实践中这样的企业一般都是关联企业。

另外,中国存在大量的国有企业,还有大量国资委直接管辖的中央企业。印度也是有大量国有企业的经济体。与中国的国企(state owned companies, SOE)相比,印度的国企一般被称为 PSU,即 public sector undertaking,这些企业名称中经常会包含“national(国家)”“state(邦)”等字样,印度法律规定如果某公司名称中含有类似指向性的名称,则都会被公司注册局驳回。

上文中提到的公司章程中的几大条款,其中最为关键的一条就是公司营业范围条款。笔者之前也强调公司组织大纲是一个具有公示性的文件,交易相对人和

---

[4] 印度的印花税一般分为“judicial stamp”和“non – judicial stamp”。对于第一种,所谓的“司法”印花税是向法庭缴纳的,用于支付诉讼费的一种印花税,对于这类费用支付,印度有专门的《印度法庭费用法》(*The Indian Court Fees Act*)进行专章规定;而对于第二种“非司法”印花税则指的是一般日常经济生活当中所需要向法律文件和权利凭证上粘贴的印花税税票。为何印花税在印度非常重要?原因第一是依法缴纳印花税的文件可以在以后发生争端或者诉讼的时候直接作为证据呈送法院。第二则是在对于一些重要的法律文件缴纳印花税的时候,政府会进行扫描和存档,作为备份,如果丢失,可以向政府部门寻找存档。而未能依法缴纳印花税的后果是,首先这些文件不得作为证据在法庭使用,如果想使用,则需要补缴印花税以及高额罚金;其次负有职权的政府官员可以直接没收未能依法缴纳印花税的法律文件。

潜在投资者都可以依据该文件对其下一步的商业决策提供参考。

在公司组织大纲中对公司营业范围进行明示是印度《公司法》的强行性要求，其首要原因就是对股东知情权的保护。在现代经济条件下，大多数公司的股东都无法直接对公司日常管理进行监管，而股东的风险偏好以及承担上限都要基于公司是否从事股东意欲进行的业务范围。其次，对公司的营业范围进行细化也是公司专业化经营的需要。虽然法律上不禁止企业从事几个毫无瓜葛的业务，比如既作为房屋中介提供中介服务，又进行电冰箱生产，又持有电厂进行发电。但是实践中绝大多数的企业为了自身风险分散、资金优化利用和集约化发展的考虑，都会选择几个关联度较大的业务作为自身的业务范围。并且拥有较为固定的营业范围也是对公司债权人的保护。

当然，印度《公司法》虽然要求公司按照其营业范围进行相关的商业运作，但是这并不代表公司在任何情况下都不得超越其MOA中刊载的营业范围进行相关的业务。如果公司从事的业务是“附带的”(incidental)，比如生产电视机的企业同时兼营电视机贸易和电视机的修理，则这样的业务即使没有刊载在公司组织大纲MOA中，也不会被视为非法。

三、公司章程实施细则(articles of association，AOA)

与MOA相比，AOA更多处理的是公司内部的管理、运行和规制等问题，比如股份如何分发、董事的权利义务、表决权的行使规则等具象内容。并且，AOA的效力位于MOA之下，居于“从属性”(subordinate)的地位，因此，AOA中的任何规定除了不得逾越公司法的法定要求，也不得超出MOA中关于公司营业范围、公司权力等的限制。一般而言，AOA中包含以下具体事项和管理细则：

1. 重要术语定义
2. 公司成立之前所订立的合同的处理
3. 公司股本以及股东权利
4. 配股程序
5. 催缴股本程序
6. 股份没收程序

7. 股份转让程序

8. 股份质押

9. 股本变动程序

10. 股息、分红以及储备金

11. 公司管理人员委任程序

12. 公司会议制度

13. 借款

14. 账目和审计

15. 公司印章

作为公司内部治理重要的文件,印度 2013 年《公司法》也给出了 AOA 的示范性文本。公司股东可以选择适合自己的示范性文本或者基于自身实际进行修改。

印度公司法按照公司类型不同在附表 1 中给出了 F 到 J 五种示范 AOA 文本,各种文本与公司类型的对应关系如下:

表 4-2 印度公司法附表 1 中 AOA 范本以及适用对象[5]

序号	公司类型	AOA 示范文本
1	有股本的有限责任公司(包含私人有限责任公司以及股份公司)	表 F
2	担保有限责任公司(有股本)	表 G
3	担保有限责任公司(无股本)	表 H
4	无限公司(有股本)	表 I
5	无限公司(无股本)	表 J

表 4-3 AOA 与 MOA 的对比

序号	公司组织大纲 MOA	公司章程实施细则 AOA
1	MOA 是公司的"最高宪章",居于最高地位	AOA 的效力层级位居 MOA 之下,并且其内容不得与 MOA 冲突

[5] 值得注意的是,因为实践中担保有限责任公司(company limited by guarantee)以及无限公司(unlimited company)在印度已经非常罕见,所以附表 1 中的表 A 这一对于有股本的有限责任公司适用的示范性文件的参考价值较大。

续表

序号	公司组织大纲 MOA	公司章程实施细则 AOA
2	MOA 对公司的目标（object）、权能（power）等进行界定和规制	AOA 主要是基于 MOA 所确定的公司目标以及权能，对公司如何实现上述目标和权能而制定的一系列的规范
3	MOA 是具有公示效力的文件，主要处理公司与公司外部主体之间的权利义务关系（external relationships）	AOA 主要刊载的是公司内部执行各项公司权能的时候所需要遵循的规范，是对公司内部进行管理（internal relationships）
4	MOA 修改较为烦琐	AOA 的修改较 MOA 而言相对简单
5	如果公司所进行的行为超越了 MOA 所记载的营业目标和范围，则该行为无效（void）	如果公司进行的行为超越了 AOA 的规定，其结果并不当然无效。如果公司进行追认则有效。但前提是该行为没有超出 MOA 中所规定的公司的营业目标和范围
6	MOA 一般文本较短	AOA 涉及大量的内部管理事项，文本较长

四、公司宪章性文件与股东协议的区别与联系

实践中，许多人经常会把公司宪章性文件和公司设立协议（或者发起人协议、在中国投资者与印度投资者合资的情况则是合资协议）混为一谈。公司设立协议作为规定发起人权利义务的重要文件，具有关键意义。后期的公司宪章性文件，需要基于设立协议的精神进行撰写，并且因为设立协议和未来的公司宪章性文件的共同目标就是为了公司设立成功，因而这些文件在公司名称、注册资本、股东构成、营业范围等是一致的，也就是说，公司宪章性文件需要反映和体现公司设立协议的精神。但是设立协议约定的内容要比宪章性文件的约定更为详细，还包括商业安排、退出机制、争议解决、通知方式等合同常用条款。这样安排的潜在原因是，设立协议是一个内部文件，而公司宪章性文件除了股东可以看到，外部的比如公司注册局乃至后期进行业务的对手方也有机会接触到，所以对于一些非常敏感的商业信息，放到设立协议这种内部资料中为宜。

虽然印度 2013 年《公司法》以及之前的诸个版本的《公司法》没有明确指出公

司宪章性文件属于何种性质,但是一般而言,其被认为具有合同的性质。但是该合同与一般的合同或者协议有较大的区别。比如,一般的合同具有高度的私密性(confidentiality),除了法律规定的[比如印度《专利法》(*The Patent Act*)要求专利许可合同需要在官方进行登记备案]少数情形之外,合同不需要对外进行公示。而公司宪章性文件则是具有公示公信效力的法律文件。另外,合同的相对性是合同的最重要特征之一,也就是权利和义务仅仅在订约各方之间,一般不得为第三人创设义务。而公司宪章性文件不仅可以约束创始股东,对于后来加入的、没有参与宪章性文件制定的股东也有约束力〔6〕。甚至,公司宪章性文件的效力还约束公司董事以及高级管理人员〔7〕。另外,合同的变更一般基于各方的共同合意,但公司宪章性文件的变更则是基于股权或者控制权,即使有少数异议股东不同意对其进行修改,其也必须接受其他大多数股东做出的修改后的宪章性文件,否则只能以转让股份等方式退出公司。

而与公司宪章性文件这一特殊法律文件相比,股东协议(shareholder agreement)或者发起人协议则是具有最一般意义的合同。因为公司宪章性文件是需要到官方进行备案并且公司之外的人也可以获取的公示性文件,所以诸如融资安排、优先购买权、风险投资者的优先退出权等条款以及一些与商业经营秘密相关的条款不适合放到公司宪章性文件中来,这时候股东协议这一法律安排就派上了用场。股东协议一般受《合同法》规制,其目的是用来规定如何组建公司以及股东之间的权利义务,只约束各个股东。当然,股东协议和公司宪章性文件也存在相当的交叉重叠部分。另外,公司宪章性文件是公司必备文件,公司的注册成立和存续都离不开有效的宪章性文件,而股东协议则是任意性文件。

五、公司宪章性文件的变更

公司宪章性文件的行文是基于公司设立时发起人、股东等出于商业考量以及

〔6〕 在公司成立后,不管以何种方式取得了公司的股份进而获得了股东身份,承认公司宪章性文件是必要的前提,也就是说,加入公司成为股东的行为本身就意味着对公司宪章性文件的认可。

〔7〕 比如在公司章程实施细则(AOA)中可以约定将股东会行使的权力授权给董事会行使。

未来公司所从事业务的预期而进行撰写的，因此在实践中不免会出现因现实情况的变动导致公司需要对 MOA 和 AOA 进行修改，从而使公司的运营和发展可以更加贴合商业实际的需要。

因为印度公司法将中国法意义上的公司章程分成为公司章程大纲（MOA）和公司章程实施细则（AOA），所以笔者在此处将结合印度 2013 年《公司法》中对于 MOA 和 AOA 进行修改的要求分别进行阐述。

印度 2013 年《公司法》第 13 条规定了公司章程大纲的修改，考虑到公司章程大纲是公司基石性的法律文件，所以公司法规定任何对于公司章程大纲的修订，都需要股东会通过特殊决议（special resolution），同时需要满足第 13 条以及公司法实施细则中规定的程序性要求。

公司章程大纲（MOA）中主要包含商号条款（name clause）、注册地址条款（registered office clause）、营业目的条款（objects clause）、责任承担条款（liability clause）以及资本金条款（capital clause）。

对于商号条款的修订，虽然公司有更名的自由，但是公司更名并非公司一方通过股东会的特殊决议就可以决定。公司更名的最终得以实现需要印度公司注册局的批准，从而防止公司的商号中含有与在先权利人冲突或者其他违法情形。当然，实践中还会出现，除了公司自身向公司注册局提出要求修改商号，还存在公司注册局依职权主动（suo moto）对公司的商号进行修改的情形，比如公司注册局通过某公司商号的形式审查，该公司注册成立之后，其他在先权利人提出异议并且该异议得到维持（sustain），则公司注册局可以主动要求公司修改商号，这时无须公司出具特殊决议。

对于公司注册地址的修订，笔者在本书第十章第四节“不遵循合规义务对公司商业运作的影响”中有详细论述，请读者前往对应章节参考。

对于公司营业目的条款的修订，因为公司的营业目的是吸引股东加入公司当中并尽心尽力为实现这一目标而努力的基石，如果公司修改营业目的，比如从生产手机的高科技公司改为生产布鞋的公司，则很多股东可能会拒绝，或者虽然最终大部分股东以生产布鞋的利润远远大于生产手机的利润而妥协，但仍可能有一些股东会坚持其“崇高”的初衷而不同意修改。因此，在这种情况下，为了衡平多数人的利益，并且保障少数人的权益，印度 2013 年《公司法》规定，对于公司营业目的条款的修订，除了要通过特殊决议，在公司为某一或者某些特定目的（object）

而筹资,但是筹措到的资金尚未使用完毕(unutilized)的情况下,异议股东(dissenting shareholders)享有退出权(right to exit)。

对于公司责任承担条款的规定,因为实践中有限责任是公司制度的主流,如果公司想要将公司从有限责任变为无限责任,这虽然对债权人有好处,但显然增加了股东的责任负担,因此需要股东的同意。而如果公司想减轻责任,比如从无限公司转为有限责任公司,或者通过减资的方式减少股东的责任承担上限,则需要债权人的同意。印度的公司实践中无限责任公司和有限责任公司之间的相互转化较少,因此笔者不再赘述,而对于公司通过减资减轻股东的责任,笔者将在后续相应章节中进行阐述。

对于资本金条款,其变动指的是增资、减资、股份合并(consolidation of shares)或者股份的拆分(sub - division of shares)和注销未发行的股份(cancellation of unissued shares)等。而公司资本金的变动是与公司的责任承担息息相关的,影响着公司股东和债权人的利益。考虑到公司经营是一个动态的过程,其不同阶段对于责任的承担也是一个不断变化着的动态事实,因此印度2013年《公司法》允许公司对资本金进行变动。但值得注意的是,修改公司章程大纲(MOA)中关于资本金的条款的前提是,公司章程实施细则(AOA)中需要有允许公司修改资本金的条款。并且,以下类型的股本变动因为不涉及减轻股东责任而对债权人利益产生不利影响,因此通过普通决议就可以完成:

1. 发行新股,增加股本;
2. 将现有股份进行合并或者拆分;
3. 注销未发行的股份。

而对于公司减资,因为注册资本金的减少直接影响到债权人的权益,所以其不仅仅需要特殊决议,并且其是一个需要司法介入的程序,公司不得自行为之。对于公司减资的阐述,请见本书第六章第十三节“减资”中的内容。

印度2013年《公司法》第14条主要针对公司章程实施细则(AOA)的变更和修改。该条规定修改权是法定权利(statutory right),即在任何情况下都不得被剥夺。因此,如果在撰写AOA时,里面若包含“公司章程实施细则不得修改”等表述,则之类的表述无效。与修改MOA类似,通过特殊决议即可修改AOA,但需要注意的是,修改不得与公司法相抵触、不得与MOA相抵触,也不得违反其他强行性法律规定。此外,修改权的行使也必须要采取真诚善意(in good faith)的方式。

六、案例分析——中资印度企业修改公司章程保护自身利益的案例

按照印度2013年《公司法》规定，私人有限责任公司(private limited)必须要有至少两名董事，而这两名董事中的一名必须是印度的“居民”(resident)。“居民”其实是税法概念，也就是在过去的一个年度内在印度连续居住满182天的人，由于连续居住时间较长，使其生活、工作重心在该地，该人也就成了当地的“税务居民”。这一概念并没有国籍的要求，但是印度的签证政策较严格，中国人想满足在注册公司前一年拥有“居民”身份这一条件还是比较困难的。所以实践中很多中国投资者在印度开设的公司都需要找印度当地人挂名，作为其公司的“居民董事”。

A公司是按照印度公司法注册成立的中国独资企业。其为了满足印度公司法中关于印度居民董事的要求，采取的办法是聘用一名印度籍人士作为挂名的、没有任何决策权的居民董事。但这样做可能产生“表见代理”(apprant agency)〔8〕的风险。表见代理指的是如果甲因言辞或者行动使第三人认为其已经授权另一人乙作为甲的代理人处理事务，则甲需要对乙以甲名义做出的行为负责，即使乙没有取得甲的任何授权。借用中国《合同法》第49条的表述，也就是行为人没有代理权、超越代理权或者代理权终止后以被代理人名义订立合同，相对人有理由相信行为人有代理权的，该代理行为有效。在A公司的案例中，如果该印度籍的挂名董事擅自对外缔约，则交易相对人是有理由认为该董事是享有相应的权限的，即使实际上该董事没有权限。

印度作为英国法国家之一，表见代理来源于“不容否认法理”(agency by estopoel)〔9〕，其根基在于自然公正法理(natural justice and equity)。Estoppel(禁止反言)这一原则也被印度法消化采纳，不仅在判例中有大量应用，其在印度成文法中

---

〔8〕 Pickering v. Busk (1812) 15 East. 38 as cited in F. M. B. Reynolds, *Bowstead and Reynolds on Agency*, 18th edn., Sweet and Maxwell, London, 2006, p. 306.

〔9〕 或者可以翻译成“禁止反言法理”。

也有体现。印度1872年《证据法》(*The Indian Evidence Act*, 1872)第115条[10]规定:“如果某人通过声明、行动乃至沉默等方式,有意造成或者容许第三人认为某事为真并且该第三人基于以上信赖采取了相应的行动,那么该人以及该人的代表人在其与第三人之间的诉讼或者程序中,都不得否认前事为真。”加尔各答高等法院(Calcutta High Court)在 *Ganges Mfg Co. v. Sourajmul* 一案中更是认定禁止反言原则不仅在《证据法》层面上适用,还适用于一般行为和商事行为,从而保障交易的稳定性和交易相对人的信赖利益。

表见代理当然并非真实的有权代理(actual authority),基于商业中“理性交易人”的假设,交易的一方有义务查看交易相对人是否有授权(power of attorney)。但以A公司为例,即使A公司内部约定该印度籍的董事仅仅是挂名的,但董事这一特殊的职位和头衔会使其具有虚假的表象(false appearance),容易让交易相对人相信其已经拥有公司的授权。

考虑上述风险,对该印度籍董事的法律层面和实施层面的规制就显得非常重要。公司宪章性文件作为公司最重要、最基础的并且是具有公示效力的法律文件,在其中对该挂名董事的限制性规定就十分重要。因此,A公司在公司宪章性文件中增加了对居民董事的界定以及权力限制,比如其没有召集董事会的权力、无权管理公司大小事项、无权使用公司公章(common Seal)等限制。

除了在公司宪章性文件中加入限制性条款之外,A公司还与该印度籍的挂名董事签订了“限权协议”(restrictive covenants agreement),在协议中对双方的权利义务以及因挂名董事超越职权擅自行动而给公司带来的损失责任赔偿等进行了规制。通过以上的方式,最大限度地保障了A公司的权益。当然,找印度籍人士挂名居民董事只是权宜之计,最稳妥的办法就是为A公司自身的中国籍雇员申请劳动签证,之后其在印度满足居民身份之后,用中国董事替换该印度挂名的居民董事。

---

[10] “When one person has, by his declaration, act or omission, intentionally caused or permitted another person to believe a thing to be true and to act upon such belief, neither he nor his representative shall be allowed, in any suit or proceeding between himself and such person or his representative, to deny the truth of that thing”.

第五章
Chapter 5

招股说明书（prospectus）

一、招股说明书概述

公司的存续和运转离不开资金。而筹集资金的方式除了股东出资,很大一部分则是来自外界,如从金融机构借款或者通过增发股份的方式吸引新的股东加入。当然,举债获得资金和通过增资扩股获得资金都各有利弊,在公司举债过多、债股比[1]较高的时候,继续通过借贷的方式可能较为困难或者成本较高,并且举债还要还本付息,大多数时候还要提供担保。而通过对外发行股份、引入新的股东,虽然不需要归还本金、支付利息[2],但会稀释一定的控制权(股权)[3]。

对于私人有限责任公司,因为其人合性和较为封闭的性质,所以其不能向不特定的社会公众募集资金。而股份公司则没有这一限制,其可以通过向不特定的社会公众出售股份或者发行债券[4]的方式来募集资金,而招股说明书(prospectus)正是向社会公众募股时候的一个关键性文件。

由于外界公众和投资者并不知晓公司的内部安排、运营管理等情况,所以招股说明书就成为投资者了解公司基本面、消除信息不对称的最重要的资料。一般而言,一份完整的招股说明书通常包含以下几方面内容:

1. 本次发行概况;
2. 风险因素及对策;
3. 发行人基本资料;
4. 发行人股本;
5. 发起人股东的基本情况;
6. 公司内部的组织结构;
7. 业务和技术;
8. 关联交易;
9. 董事、监事、高级管理人员;

---

〔1〕 关于债股比,请参见本书第十一章“公司融资”中相关内容。

〔2〕 当然,股东有权参与分配获得股息(dividend)。

〔3〕 这里仅仅讨论有投票权的普通股,不包含对外募集的股份是优先股的情况。

〔4〕 如果募集的是债券,则 prospectus 对应的是“债券募集说明书”。

10. 公司治理结构；

11. 财务会计信息；

12. 公司发展战略与规划；

13. 募股资金运用；

14. 发行定价及股利分配政策；

15. 诉讼情况等。

通过这些内容，投资者可以基本了解一家公司的情况并作出是否投资于该公司的决定。

其中，公司的风险因素、公司发起人、股权结构等部分是招股说明书中最重要的内容之一。公司的风险因素是公司对自身的风险进行的全面自我评价，并提出相应对策。这里既牵涉宏观的经济形势、产业政策，也牵涉具体的市场竞争、技术进步、关联交易等。而公司的发起人背景和信息、股权架构等则关乎公司自身的实力、未来股权运作等。

而公司的业务介绍则是关于公司盈利能力，从行业方面看则包含公司所处的行业的基本情况、影响行业发展的有利和不利因素，从而使投资者对于公司所处的行业背景、是否具有高成长性等有所了解。从公司方面看，则包含该公司面临的行业环境如行业竞争状况、主要竞争对手评价、公司自身的竞争优势和劣势等。通过对公司业务这部分的信息，投资者可以获得对公司较为全面和深入的了解，从而做出对投资价值的基本判断。

招股说明书中还有一个非常重要的部分就是公司的财务报表，里面包含的财务会计指标和数据是了解公司经营生产状况最直观、最具说服力的信息。通过分析公司近年来的财务指标、综合公司的现金流以及公司管理层对公司财务状况的自我评价，投资者可以真正判断该公司的内在价值。

当然，招股说明书中还包含大量的有价值信息，这些信息都将辅助投资者对公司是否值得投资做出相应的判断。因为投资者将在很大程度上依赖招股说明书中的信息，因此刊登在其上的信息是否完全、如实地反映公司情况就非常重要，印度 2013 年《公司法》中对于招股说明书的不实陈述也作出了相应的规定，笔者将在下文中进行讨论。除通过招股说明书进行公开募股外，实践中公众公司还可以采取除向公众募股之外的其他方式来获取融资，比如包括定向增发（private placement）、供股（rights issue）等在内的股权融资以及债务融资。对于定向增发、供股等内容的讨论,将在本书第六章中讨论。

二、招股说明书的定义和分类

招股说明书本质上相当于一个向公众发出的让其来购买公司股份或者债券的邀请(invitation)。印度2013年《公司法》上对招股说明书且采取了"实质大于形式"的定义方式,即不管文件名称为何,只要该文件的意图是吸引公众对于公司股份的认购,则该文件都会被认定为招股说明书。

因此,实践中存在一些以"通知"(notice)、"广告"[5](Advertisement)等为名但因为实质意在向公众发出股份募集邀请,法院也认定为其在本质上属于招股说明书。

印度2013年《公司法》给出了招股说明书的四种形式:

1. 以"招股说明书"为名向公众发出的文件,并且意在邀请公众购买其股份;
2. 虽没有以"招股说明书"为名,但其本质上等同于招股说明书;
3. 储架招股说明书(shelf prospectus);
4. 红鲱鱼招股说明书(red herring prospectus)。

上文中已经对第一种和第二种进行了讨论,而储架招股说明书和红鲱鱼招股说明书则是因商业实践需求而产生的两种招股书。"储架招股说明书",顾名思义就是把招股说明书放在了"储物架"(shelf)上,没用的时候"束之高阁",如果有需要,则可以立即将其拿下来使用而无须准备新的招股说明书。

在商业实践中,经常存在公司在进行股份发售的时候,处于商业考虑(比如不同时期可能发售价格会因市场供需关系而产生变动)会在一定时期内分成几次来对外进行募集。从公司第一次对外发售之日起,在之后的一年内,公司后续对同一类别股份的发售不需要准备新的招股说明书。基于这一制度,公司发行股份的手续大为简化,成本也大为降低。

---

[5] *Pramatha Nath Sanyal v. Kali K. Dutt*, *AIR* 1925 *Calcutta* 714,在本案中,公司所采取的方式是在报纸上登报称"公司仍有部分股份可以对外出售,股份出售的具体信息可以在申请时获取(Some shares are still available for sale according to the terms of the company which may be obtained on application)",但这一广告仍被法院认定为是招股说明书。

但考虑到招股说明书的对象是不特定的社会公众,在允许公司将股份分批次对外募集的情况下,第一次募集和第二次募集这个时间内,公司自身乃至外部市场情况都会有较大变化,所以法律虽然允许公司仍然使用之前的招股说明书以简化发行手续、降低发生成本和增加发行的灵活性,但法律同时要求公司对招股说明书中的信息负责,以避免误导投资者。所以,印度法律采取了要求公司准备一个简便的“信息备忘录”(information memorandum)的方式,对两次发行之间的时间空当所发生的重大事项进行补齐和披露,以保障投资者的利益。

一般而言,信息备忘录中需要包含以下信息:

1. 公司对财产新设立的押记〔6〕(charge);

2. 两次发行空挡期之间公司财务状况的变化说明;

3. 其他可能影响到投资者投资判断的信息。

三、红鲱鱼招股说明书

红鲱鱼(red herring)在英文语境下通常代表误导或者混淆真正目标的诱饵或者障眼法。因为鲱鱼肉本来为白色,但是在经腌制和晾干后则会变成红色,并且其气味很浓,在之前英国猎狐运动盛行的年代,反对猎狐的人都会用腌制后的红鲱鱼在狐狸出没的地方走来走去,从而利用其浓厚的气味来掩盖狐狸的气味,使猎犬无法发现目标。久而久之,红鲱鱼在英文中的意思就变成了混淆目标的障眼法。

但就投资和公司融资领域而言,红鲱鱼招股说明书却和上述典故没有任何关系。红鲱鱼招股说明书本质上是一个初步的(preliminary)招股说明书,一般在正式的招股说明书发布之前,先发给机构投资者等,透露一些初步的信息,但其一般不包含股份的数量和价格区间。在其起源地美国,惯例是将这种不含报价信息的招股说明书用红字打印,以示其与正式的招股说明书之区别,所以久而久之其也就得名“红鲱鱼”招股说明书。

上文中讨论的储架招股说明书和红鲱鱼招股说明书虽然都是便宜从事的制

〔6〕 对于押记(charge)的定义,在本书第十一章中有详细论述。

度安排,但法律要求其也要保证所记载信息的真实性。对于红鲱鱼招股说明书这一初步的说明书,法律还要求其在发布正式的招股说明书发布时,如果正式文本和之前的红鲱鱼文本有差异,则需要对这些差异之处加以强调,以避免投资者做出错误的或者有失其本意的决断。

四、招股说明书的主要内容和格式〔7〕

如本章第一节中所述,招股说明书是指专门表达募集股份的意思并载明有关信息的书面文件。公众公司向社会公开募集股份,必须公告招股说明书,以便社会公众知道公司募集股份的意图并了解相关信息,从而做出相应的判断。在另一方面,招股说明书中会将大量的公司信息向社会公众进行披露,使其真实的运营、管理情况得以为社会公众所知悉,从而保护广大投资者的利益,防止发起人或者公司以不正当手段进行募股。以下是印度证监会(Securities and Exchange Board of India , SEBI)给出的招股说明书范本文件中的目录:

第一部分——一般信息

第二部分——风险因素

第三部分——简介:

1. 行业综述
2. 公司业务综述
3. 财务报表综述
4. 本次发行信息
5. 一般信息
6. 股权架构
7. 本次发行目的
8. 定价基础

第四部分——公司介绍:

---

〔7〕 读者可以登录印度证监会的官方网站获取印度已经上市或者拟上市公司的招股说明书,更多信息请点击:http://www.sebi.gov.in/filings/public-issues.html。

1. 行业介绍

2. 业务介绍

3. 主要行业法律、法规、政策

4. 公司历史以及相关事项

5. 公司管理层

6. 公司发起人

7. 公司的集团公司及成员

8. 关联交易

9. 红利分配政策

第五部分:财务报表:

1. 管理层就公司财务状况和运营状况的讨论意见

2. 公司负债情况

第六部分——法律及其他信息:

1. 未决诉讼情况及动态

2. 政府许可、证照

3. 其他法定信息披露

第七部分——发行信息:

1. 本次发行的条款

2. 发行结构

3. 发行程序

第八部分——公司章程实施细则(AOA)主要内容披露

第九部分——其他相关信息(如大额合同、订单等)披露

五、不实陈述的责任

招股说明书是公众进行投资判断的最重要的信息来源。因此,法律对于招股说明书信息的真实有效性提出了非常高的要求,也对于不实陈述(misrepresentation)规定了严厉的惩罚。当然,这里所说的不实陈述还包括故意遗漏(omit)某些关键信息如报喜不报忧。印度2013年《公司法》中规定了不实陈述的民事和刑事

责任。

2013 年《公司法》第 35 条主要针对不实陈述的民事责任(civil liability)进行了阐述。不实陈述的公司本身、其董事[8]、在招股说明书中发表支持意见的专家如会计师、审计师等都将负有民事责任,其需要对投资者因采信含有不实陈述的招股说明书中的信息而导致的损失进行赔偿,一般以投资者所受的损失为限。在司法实践中,印度法院判决往往是基于"可证明的实际损害原则",即赔偿金数额不得过高和过于不合理(extravagant and unconscionable)。最终法院所判决的数额是基于实际损害,并且在受损失方可以证明的在合理范围内的金额(provable and reasonable amount)。但是《公司法》第 35 条第 3 款又规定,如果招股说明书本身就意在欺诈[9]投资者,则公司董事、股东将承担无限的个人责任。通过这一严苛的法律要求,来警示公司不得铤而走险。就不实陈述的赔偿性责任与罚金而言,因招股说明书作为一种要约邀请(invitation),意在后续与投资者之间订立合同,投资者在支付金钱对价的同时,公司转让股权给投资者。而对于合同,违约金是民商事交易中非常常见的违约救济方式,目前大陆法系和英美法系两大法系都对其进行了规定,其源头也可以追溯到千年之前。约定违约金属于当事人意思自治的产物。当事人是否约定违约金及是约定具体违约金额还是约定违约金计算方法法律原则上不加以禁止。大陆法系国家国家均认为违约是一种不道德的行为,是应该受到谴责的,故承认惩罚性违约金。作为大陆法系国家,中国法上的违约金兼有赔偿性和惩罚性的双重属性,赔偿性体现了违约金的基本功能,惩罚性体现了违约金的特殊功能。为稳定社会秩序,防范金融风险,违约金要受到公平原则和诚实信用原则的限制。因此,确定违约金时,既要权衡双方对违约金的约定体现惩罚性质,又要通盘考虑违约所造成损失彰显赔偿功能。惩罚性违约金和赔偿性违约金的区别首先在于造成实际损害并非支付惩罚性违约金的前提条件,

---

〔8〕 印度的商业实践中有不少董事是挂名董事(具体可以参考本书关于董事这一章的具体阐述),如果一个董事对于该招股说明书的发布并不知情,并在获悉该招股说明书发布后立即在公开渠道声明该招股说明书的发布未经其同意,则可以豁免该董事的责任。

〔9〕 "不实表述"和"故意欺诈"其实是有很大差别的。在不实表述的情况下,表述人自身可能非常自信地认为其发布的信息是真实有效的,但其实其发布的信息与事实存在差异。在故意欺诈的情况下,则是该表述人故意将虚假信息进行发布,意在欺诈投资者。两者的主观状态存在非常大的差异。

而赔偿性违约金的支付则需要未违约的一方证明自己遭受了实际的损失。其次，惩罚性违约金的数额往往高于违约造成的实际损失，而赔偿性违约金则一般与未违约方所受到的实际损失相当。

从中国《合同法》第114条[10]前两款规定可以看出，中国合同法首先允许缔约双方自由约定违约金，其次，合同法允许法院对当事人约定过高或过低的违约金进行干预。《合同法》第114条第2款规定："约定的违约金低于造成的损失的，当事人可以请求人民法院或者仲裁机构予以增加；约定的违约金过分高于造成的损失的，当事人可以请求人民法院或者仲裁机构予以适当减少。"

中国《合同法》第114条第3款规定："当事人就迟延履行约定违约金的，违约方支付违约金后，还应当履行债务。"此处的"迟延履行约定违约金"，在当事人支付违约金后，仍不免除其继续履行的责任，故应理解为惩罚性违约金。而反观印度，其属于英美法系国家，在对于违约金补偿性质这一点上，印度与中国是一样的，但是在是否可以约定具有惩罚性质的违约金这一点上，印度立法和司法实践中与中国的情况截然相反，即约定具有惩罚性质的违约金无效，即使进行了约定，未来在发生违约之后也得不到法院的支持。印度的这一做法与英国、美国等其他英美法系国家的做法也保持了一致。

印度的法院考虑到以下几种原因而不认可惩罚性质的违约金，首先是公共政策(public policy)。在订立合同时，虽然订约双方都本着"平等合作"的意识，但是现实中大多数情况下缔约双方的地位不一定平等，这样就存在一方可能利用优势，约定巨额违约金，从而获得额外的不正当利益。这样就极有可能产生一批专门投机取巧靠违约金吃饭的人。这样，违约方有可能在很大程度上恶化财产状况，本来由违约的不幸更加雪上加霜，使其丧失正当的市场竞争机会。若国家不予干预，随当事人自由约定违约金，合同行为有可能变成一种赌博行为，无异于鼓励当事人依靠不正当手段取得一定的利益收入，有可能促使一方为了自己的利益故意促使违约。其次主要是考虑到缔约双方主体地位平等。"罚金"系行政概念，

---

〔10〕 第114条规定，当事人可以约定一方违约时应当根据违约情况向对方支付一定数额的违约金，也可以约定因违约产生的损失赔偿额的计算方法。

约定的违约金低于造成的损失的，当事人可以请求人民法院或者仲裁机构予以增加；约定的违约金过分高于造成的损失的，当事人可以请求人民法院或者仲裁机构予以适当减少。

当事人就迟延履行约定违约金的，违约方支付违约金后，还应当履行债务。

只有行政隶属关系即缔约双方地位不平等时才可用“罚金”。一般民事关系系平等主体间的权利义务关系,合同双方法律地位平等,因此,法律不允许当事人之间实施“处罚”。

除上文中提到的民事责任外,考虑到虚假陈述对于资本市场的稳定性、对于不特定公众利益有巨大影响,所以有必要通过刑事处罚这种最严厉的方式来避免发行公司进行虚假陈述。

刑事处罚一般为自由刑(监禁)或者罚金或者并处自由刑与罚金。印度2013年《公司法》中第34条对于发布不实陈述的,要求处6个月以上10年以下监禁,并且在发行人主观上是故意欺诈的情况下,并处欺诈金额3倍以下的罚金。

六、投资者救济

印度1872年《合同法》(*The Indian Contract Act* 1872)第17条及第19条[11]规定,如果合同签订的一方是受到另外一方的虚假或者不实陈述而与之签订的合同,则合同的效力取决于无辜一方是认可该合同还是将该合同撤销。也就是说,对于含有虚假陈述的合同,无辜一方可以选择撤销(rescind)合同。但该权利的行使必须要经过法院程序,也就是无辜一方需要向法院提起诉讼,法院认定之后作出相应的判决。如果认定合同撤销,则无辜的投资者需要将所购买的股权退还给公司并且从股东名册和公司注册局的股东登记簿上除名,而公司则需要将当时投资者购买股份所支付的对价(consideration)返还给投资者。

另外,该撤销权的行使也受到一定的限制。首先要求发行公司的不实陈述是实质性的(material)并且使投资者受到了影响(influence),从而引致(induce)其作出了购买公司股份的行动。因此,如果投资者明知发行人公司的信息有误,或者其作出购买公司股份的决定并非受到招股说明书的影响,则法院很可能会认定投资者并不享有撤销权。其次投资者是从公开市场(open market)买入的公司的股

〔11〕 印度1872年《合同法》第17条中规定了何为“fraud”(欺诈),并在第19条“Voidability of agreement without free consent”(非因自由意志签订的合同可撤销)中规定受到欺诈的一方拥有权利选择是否撤销合同。

份。这种情况下法院一般也不会允许投资者享有撤销权,原因主要是考虑到招股说明书的作用是邀请外界公众来购买其股份,一旦购买交易完成,则招股说明书的作用即寿终正寝。之后股份在公开市场的继续转让与招股说明书没有实质性的联系,因此在这种情况下法院也不会支持投资者主张招股说明书的瑕疵来要求撤销股份购买合同。

在普通法下,有一个叫作"caveat emptor",也就是"买者当心"的原则,因为"王婆卖瓜"肯定会自卖自夸,所以这也要求买方必须要对卖方披露的信息有自行甄别的能力。对于一些明显不合乎寻常的情形,如果投资者未能尽到注意义务,则很有可能在日后的诉求中得不到法院的支持。比如,按照《公司法》规定,公司秘书仅仅是公司的职员,其不能像董事一样对外代表公司进行招股说明书的陈述等。如果某人相信公司秘书的表述而购买了公司的股份,则其要求撤销合同的请求很可能得不到法庭的支持。

印度司法实践中还有一种情况就是出于权利衡平的考虑,如果投资者在得知发行方公司有不实表述,但是在其知晓这一情况后未能及时要求法院撤销合同,则如果过去较长时间之后再行向法院要求撤销,则法院可能以其有不合理的延误(unreasonable delay)为由而拒绝撤销合同。这一方面是为了保护市场交易的稳定性,另一方面从司法资源的角度出发,法律只保护"很傻很天真的人",但是不保护"太傻太天真的人",如果一个人自己都怠于行使自己的权利,则法律也没有对其进行保护的紧迫性(urgency)。

谈到投资者救济就不得不提一下向法院提起救济诉讼的主体资格问题。印度司法实践中允许投资者因招股说明书不实陈述而提起集体诉讼(class action),但是对于提起诉讼的主体资格上,其禁止无利害关系方提起诉讼。这除了秉承印度司法一贯以来的禁止"帮诉"的态度〔12〕,第二点也是最重要的原因如上文中所

---

〔12〕 比如,到目前为止印度都禁止律师进行"风险代理"(contingency fees),印度法上认为风险代理的约定实质上是"赌博性"合同(wagering contract),因而无效。在1907年Ganga Ram诉Devi Das一案中,法院判决风险代理有违公共政策(public policy)以及违反律师执业操守(professional ethics)而无效。印度作为承袭英国普通法法系衣钵的国家,以往的案例(precedent)对于后续的类似案例都有约束力,从而导致到目前为止风险代理在印度为非法。同时,"帮诉"性的风险代理有影响司法公正、造成司法腐败之嫌。律师风险代理,只有赢或达到预期效果才能得到胜诉酬金。因此,站在律师立场来看,是只许胜,不许败的。然而案件赢输除取决于法律规定和争议的客观事实外,不

说的,只有在投资者做出购买股份的决定是受到招股说明书的影响(influence)而陷入错误判断,其才得以向法院申请救济,无利益相关的第三方并未受到不实陈述的欺骗,因此其没有资格提起集体诉讼。

七、案例分析——撒哈拉印度房地产集团公司及其他诉印度证券管理委员会案

2012年印度最高法院审理的"撒哈拉公司案"(*Sahara India Real Estate Corporation Ltd. &Others vs. SEBI*)是印度证券法和公司法上的一个标志性(landmark)案件。该案中对于定向增发(private placement)和公开募股(public offering)进行了界定。

撒哈拉集团是印度本土的著名财团(conglomerate),业务横跨房地产、娱乐、健康等诸多领域。在2008年4月25日到2011年4月13日这段时间,撒哈拉集团旗下的两家公司印度房地产公司(Sahara India Real Estate Corporation Ltd.,SIRECL)和撒哈拉房地产投资公司(Sahara Housing & Investment Corporation Ltd., SHICL)发行了任意可全部转换债券(optionally fully convertible debentures),即一种附有期权性质的,可在未来将债券转换为股权的一种金融工具。撒哈拉集团从约300万印度普通民众手里募集了约2400亿卢比的资金,并且该公司将此募集称为"定向增发"(private placement),因此没有履行按照印度公司法和证券法项下的关于"公开发行"(public offering)所需要的各项义务。

早在2010年12月,印度证券管理委员会(SEBI)就要求撒哈拉集团停止此活动,并且得到了阿拉哈巴德高等法院(Allahabad High Court)的支持。考虑到案件的重大性,2011年4月阿拉哈巴德高等法院将本案入禀印度最高法院,而最高法

容忽视的是案件裁决权在于法官,单凭律师的法律理论和办案经验技巧在目前形势下很难左右法官的意志和案件的判决结果。自然而然,精明的律师们势必将全部精力和心思放在法官身上,有些律师通过请客送礼,行贿等方法、手段拉拢法官,与法官结成经济利益共同体,开门见山直接许诺将胜诉酬金与法官分成。结果扰乱正常的司法秩序,影响司法公正。同时,也造成了法律服务市场的恶性竞争,律师为胜诉,不择手段,不惜成本和代价,最终后果是司法腐败,律师业务受损。

院则认同继续由印度证券管理委员会对本案进行深入的调查。2011 年 6 月,印度证券管理委员会要求撒哈拉集团返还其所募集的资金给各自的投资者。7 月,不服的撒哈拉集团要求最高法院介入,最高法院要求印度证券上诉法庭(Securities Appellate Tribunal)对本案作出裁断。10 月,证券上诉法庭作出裁决,支持证券管理委员会的结论。撒哈拉集团仍表示不服,并上诉至印度最高法院,一年之后的 2012 年 8 月 31 日,印度最高法院作出裁决,要求撒哈拉集团在三个月内将其从 300 万投资者手中募集的 2400 亿卢比退还给各自的投资人,并且向投资者支付 15% 的利息。判决作出之后,该公司并未还钱,最高法院将三个月的还款期延长到两年。但这段时间过去之后公司仍未还款。无奈之下最高法院只得将该公司年近七旬的董事长投入大狱,后来该人通过保释的方法申请暂时出狱,而后又被监狱收押。这件案子已经过去五年,虽然法律上的权利界定已经完结,但撒哈拉公司仍未退还完毕之前募集的钱款及罚息,也就是说该案到目前为止都未尘埃落定。

案件的主要争议是对于定向增发(private placement)和公开募集(public offering)的理解和界定。印度证券管理委员会认为撒哈拉集团发行的该金融工具一开始是具有债券的性质,但是因为投资者有权转股,所以其也具有股票的性质。故而按照印度 1956 年《公司法》第 2 条第 19A 款以及 1956 年《证券合同(管制)法》[*The Securities Contract* (*Regulation*) *Act*, 1956]之规定,该金融产品属于混合(hybrid)性质,其中属于股票的特性使得印度证券管理委员会认为其对于此次产品的发行具有管辖权。如果按照印度证券管理委员会的认定,本次金融产品的发行属于公开募集,则撒哈拉公司需要按照 2000 年《印度证券管理委员会信息披露和投资者保护指引》(*The SEBI Disclosure and Investor Protection Guidelines*, 2000)、2009 年《印度证券管理委员会资本增发和披露要求管理规定》(*The SEBI Issue of Capital and Disclosure Requirements Regulations*, 2009)等进行严格的证券法合规。而撒哈拉公司则不认为其发债的行为受到印度证券管理委员会的严格束缚。

并且,撒哈拉公司辩称其充其量是违反了公司法项下的义务,而印度证券管理委员会是对公司法事项无管辖权(jurisdiction)的。而印度证券管理委员会根据印度 1956 年《公司法》第 55 条第 A 款[13] 认为公司法已经对证券管理委员会进

---

〔13〕 "to provide that the Securities and Exchange Board of India be entrusted with powers with regard to all matters relating to public issues and transfers including power to prosecute defaulting companies and their directors."

行了充分的授权(vest)。撒哈拉公司声称其不是上市公司(listed company),印度证券管理委员会对其进行监管是否有滥用职权之嫌?法院认定,不管是否是上市公司,印度证券管理委员会的主要目的是市场秩序维护和投资者保护,所以只要是涉及对投资者利益保护的问题,其就拥有无上的权力(myriad powers)。撒哈拉集团借定向增发之名行公开募集之实,从无数散户手中募集资金,并且没有履行严格的信息披露和法律程序,有危害投资者利益的行为,印度证券管理委员会当然有权介入调查。

在Toubro信息科技及其他诉印度证券管理委员会一案(*Toubro Infotech and Industries Limited and Another vs. SEBI*)中印度证券上诉法庭认定,对于50位及50位以上投资者出发的认购邀请不得被视为是定向增发(an invitation to subscription made to 50 or more persons ceases to be a private placement)。也就是根据该判例,定向增发需要限制在49位[14]投资人以内。但实践中出现的问题是,如果以某些时间间隔(interval)连续向多组投资人进行增发,每组不超过49人,但最终的加总(aggregate)远超49人,这种情况下如何判定?撒哈拉集团曾利用此辩称,其是以众多间隔向大量的投资者进行的定向增发。但后来法庭认定间隔需要合理(reasonable interval),而撒哈拉集团募集对象的人数之多,远超合理的可能范围,并且,债券的本质是债权凭证,如果将债权债务关系内容一致的债券发行切分成很多期,则各期应当被视为同一次发行,因为其本质上是同一债券。

此外,最高法院认定,虽然撒哈拉集团声称是定向增发而非公开募集,但却通过信息备忘录(information memorandum)的方式引起(elicit)公众认购的兴趣,而信息备忘录是被用于公开募集。从此可以推断撒哈拉集团的意图是公开募集,只是为了避免履行公开募集所需要的繁杂手续和法律合规而进行的法律规避(bypass),这也就是法谚所云"Acta Exterior Indicant Interiora Secreta"(External Action Reveals Inner Secrets,外部行为揭示了内部的秘密),因而最高法院支持了印度证券委员会及证券上诉法庭的结论。

---

〔14〕 印度2013年《公司法》第42条第2款根据之前的判例精神,直接写明了定向增发的受众最多不得超过50人。

第六章 Chapter 6

印度公司股本（share capital）与股份（shares）

一、印度公司的股本与资本制度

公司的本质特征之一就是其拥有可以由其支配的财产进行相应的商业活动。在创立公司之时,这部分财产一般都是通过向股东筹集获得。公司从股东处获得的这部分款项就是公司的股本(share capital)。因为股东向公司的出资来换取股权的行为可以视为是股东和公司之间的交易,因而作为交易的对价(consideration),公司需要向股东进行配股,即股东可以获得公司的股份(shares),当然,除了股份以及对应的英文"share"这一表述,还存在所谓的股票(stock)。一般意义上而言,股票(stock)是由公司签发的证明股东持有公司股份(share)的权属证明书。

股东将不同形态的对价如房产、现金、知识产权等向公司进行出资,这是资本化(capitalize)的过程。而资本化之后因为股票可以转让、抵押等市场流转,所以公司的资产可以进一步的进行证券化(securitize)。通过资本化和证券化的过程,可以将无法切分、混合的各种财产进行打包,形成股份这一份额性的所有权,与此同时,也克服了这些财产的形态、时空、地域限制。

股本作为联结股东和公司的纽带,股东的出资是否真实、足额,不仅关系公司的利益,还关系未来公司的运营和对外责任承担。因此,需要设置相应的出资制度进行规制。从而避免虚假出资、确保足额出资的同时,也要保证公司融资的灵活性和对债权人的保护,而现有的资本制度主要是中国法上的法定资本制和英美法上的授权资本制。以中国为例,采取的法定资本制并且秉持资本法定、资本维持和资本不变的"资本三原则",目的就是使法定注册资本和实缴资本之间保持一致。而采取了"授权资本制"的印度法上虽然没有规定"资本三原则",但为了避免股东、高管掏空公司,从而影响交易和社会稳定,对债权人造成损害,也有相应的方式比如限制分红、严格的减资程序等进行规制。

中国在2013年修订公司法之后的公司资本制度仍然是法定资本制,有些读者认为现在中国《公司法》允许认缴,是否就意味着现在中国公司的资本制度是授权资本制?其实这种看法是有失偏颇的。法定资本制是大陆法系的代表国家法国创立,后来被诸多大陆法系国家如中国借鉴采用。法定资本制是指公司在设立时,必须要通过特定章程对注册公司的资本总额加以记录,发起人要一次性全部东募足或者认缴,该资本制强调股东或者股东会对于增资的绝对主动权。一旦公司成立,公司资本如果发生变动,必须由股东大会或者股东会集体决议,其他替代方式均是无效决策。而授权资本制是由英美法系国家首创。法定资本制和授权资本制的核心区别并不是公司资本是一次缴纳还是分次缴纳,而在于一次发行还是多次发行。目前中国公司法规定的资本制度是一次发行的,即首先要确定公司的注册资本,之后全体股东需要一次性实缴或者认缴这些注册资本,不得空置。而授权资本制中的"授权"指的是股东会授权,一般由股东会授权给董事会。法定资本制下的中国公司,公司的法定股本是100万股,股东必须要一次性认购这100万股的股本,但是何时实缴到位可以由股东约定。但是授权资本制下的印度,公司的法定股本是100万股,股东可以先行认购其中的50万股,剩余50万股什么时候发行,由董事会择机确定。一言以蔽之,法定资本制下资本的发行权利是掌握在股东会手中,授权资本制下资本的发行权力掌握在董事会手中。

印度之所以规定由董事会掌握发行资本的权力,除了继承了英国法上的传统,在印度的具体国情之下也有现实的考虑。在目前印度的商业实践当中,家族企业(family business)居多,这些子承父业,兄弟相依的家族企业不像西方如美国的大多数企业都有非常分明的所有权和管理权分离的架构,其管理者比如公司董事、高管等也一般都是企业的所有者,也就是产生了所有权的和管理权上的混同。股东之间本身就是"血浓于水"的亲缘关系,即使产生董事、高管中饱私囊等"道德风险",这一问题也属于"人民内部矛盾",可以在其企业内部的股东之间解决。由董事会来掌握这一权力的风险性非常低,另外,股本的上限还掌握在股东会手里,所以授权资本制在印度而言并无对抗性风险。

法定资本制和授权资本制孰优孰劣无法轻率下以定论,但各国采取不同的资本制度无非是在公司融资的便利性、监管以及债权人、投资人保护乃至交易的便利性之间进行衡平的结果。印度目前采用的授权资本制最大的优势是通过董事会而无需每次都要经过股东会,在融资的时候可以发挥最大的便利性和灵活性。也就是说,随着社会经济以及法律规制的发展,对于公司股本的要求,更多地由事前规制向事中以及动态性的规制进行转换。毕竟公司的经营是处在一个动态的过程当中,随着揭开公司面纱、董事及高管对于公司资产所负有的信义义务以及随着征信和评级制度的发展,交易相对人获取公司的信息的途径进一步多样化和低成本化。"资本三原则"主要是针对公司的历史投资,其并不能直接使债权人高枕无忧而不去关心公司的动态经营变化。因此,设定一个静态的责任限额往往会流于形式。

二、出资限制和出资方式

在中国,根据2014年3月1日施行的新《公司法》和《注册资本登记制度改革方案》,围绕公司设立制度进行的重大调整,将大幅度降低公司的设立门槛。在这次公司法的修改中,中国取消公司最低注册资本限制,而此前有限责任公司最低注册资本为3万元。修订之后,除一些特定领域的行业[1],一般的公司无论多少钱均可注册,有媒体将其解读为"一元钱也可开公司"。而无独有偶,印度2013年《公司法》也修改了1956年《公司法》中对于公司最低出资限额,取消了之前的私人有限责任公司必须要有10万卢比的最低出资额限制。这个政策的意义在于,不要让注册公司成为创业的拦路虎,将行政干预和繁文缛节(red tape)简化到最低。这也显示了新兴的经济体对于激发经济体内部最基础的构成单元即公司的活力上所做的努力。

与中国公司法类似,印度公司法除了允许现金出资之外,还允许以实物(contribution in kinds)和以无形资产(intangible properties)如知识产权进行出资。中国投资者的知识产权在经过评估(valuation)之后,可以代替现金出资从而从公司获得相应的股份。

印度公司法并未禁止以无形资产如专利、技术等的出资。而无形资产的出资上限和方式,大部分中国投资者并不明确,对于具体的规定更是很难获取。

实践中,确实有大量的印度公司用无形资产出资到公司中去,但是在出资的时候需要经过一个必要的无形资产评估(valuation)阶段。而众所周知,无形资产的评估不是科学,而是一门艺术,不同的评估师、不同的评估方式得到的估价可能截然不同。

而理论上,公司的出资可以100%都由无形资产构成,但是如何找到一个愿意这样出具评估意见的评估师,并且更为关键的是,其评估意见得到公司注册局的

[1] 比如受到特别法规制的金融、保险和证券行业。

通过,是一个很大的难题。因为专利权、技术等经常存在更新换代的可能,从而导致估价存在加大的出入,并且技术、专利的具体价值还存在“萝卜咸菜各有所爱”的问题,即对于企业而言,其认为该专利、技术的价值非常大,而对于评估结果的认定机构如公司注册局来说,其很可能认为该无形资产无法达到该价值或者根本无价值。

当然,实践中很少出现一个公司全部以无形资产出资的情况,除非投资者有意为之,比如出于特殊的商业目的,在某一“避税天堂”(tax heaven)设立一个实体专门持有所有的无形资产,从而向其他企业实体收取专利权使用费或者技术使用费。中国投资者在对印度公司出资之前,一定要结合自身的商业目的来进行考虑,而且还要考虑公司日常运营和资产配置的效率乃至公司资产的变现效率,避免后期陷入被动和低效的局面。

三、股本的分类

按照目前印度公司法的定义以及印度的商业实践,股本(capital)一般可被分为以下5种类型〔2〕:

1. 授权股本(authorized capital)也经常被称为“注册资本”(registered capital),授权股本是股东会授权给董事会发行公司资本的上限,该数额刊载在公司组织大纲(MOA)中,在该资本额度内,董事会可以自由决定每次发行(issue)的时间、额度和方式。除非增资或者减资,则这一资本数额一般是不能变动的。并且,在增资和减资上,印度的做法与中国较为相似,即增资相对容易,但是减资流程较为烦琐〔3〕,并且需要充分翔实的理由。关于增资与减资的具体操作,我们将在后续章节进行详细讨论。关于增资,请参考本章第十二节“增发”(further issue)的内容。关于减资,请参考本章第十三节“减资”中的内容。

2. 发行股本(issued capital)指的是公司授权股本中已经对外发行的那部分。

---

〔2〕 另外,承袭英国公司法的做法,还有所谓的“准股本(quasi - capital)”,主要包括股份溢价(share premium)、股本赎回公积金(capital redemption reserve)以及准备金(reserve fund)。

〔3〕 因为公司的注册资本与公司的责任承担直接相关。如果公司可以随意减资那就意味着其可以随意减轻自身责任。

因为公司可能根据自身对资金的需求情况分几次对外进行配股,印度《公司法》也没有强制要求公司必须一次性将其法定股本对外进行配股。

3. 认购股本(subscribed capital)指的是公司对外发行的股本中被认购的那部分股本。公司对外发售的股本可能全部被认购完毕,也可能因为投资者并不看好公司而导致不能全部被认购。

4. 已催缴资本(called – up capital)又被称为待缴资本或者未实收资本,指的是股东已经认购(subscribe)但是尚未实缴的那部分资本。对于这部分,公司有权催收。

5. 实缴资本(paid – up capital)指的是股东认购的、并且已经是实际出资的那部分股本。有的股东非常自觉,不用经过公司的催缴(call)就主动实际出资,而实践中也会出现股东因为各种原因无法及时对自己认购的股本进行实缴的情况。

对于以上的这几个股本概念,可以通过一个例子来进行更加直观的理解。某印度公司在其公司组织大纲(MOA)中约定其股本为 100 万印度卢比,并且按照每股面值 10 卢比将股本分割成 10 万股(shares)。在这种情况下,MOA 中提到的 100 万卢比即是该公司的"授权股本"(authorized capital),公司对该数额的变动(增资或者减资)都需要履行相应的法定程序。

之后该公司考虑到自身的经营实际,认为 80 万卢比即可以支撑其进行相关业务的需求[4],该公司就对外发售了 80 万的股本,但最终发现仅有 50 万的股本被认购。在这种情况下,80 万卢比即为发行股本(issued capital),而 50 万卢比即为认购股本(subscribed capital)。

针对该 50 万认购股本,公司决定进行分批次催缴(call),第一次公司要求股东就其认购的股本缴纳 50%,剩余的再分两次,以每次 25% 的方式进行催缴。在这种情况下,50 万卢比股本的 50% 即 25 万卢比就是已催缴股本(called – up capital)。

对于 25 万卢比的已催缴股本,有些股东们因为财务紧张,所以没有完成全额缴纳,最终只有 20 万卢比的股本得到了缴纳。因此,公司的实缴资本(paid – up capital)仅有 20 万卢比。

---

〔4〕 有些情况下公司之所以不将所有的资本都发行完毕是因为融资都是有成本的。通过借贷的方式获取融资会有利息,而通过发行股份的方式对外融资一方面会流失股权和公司控制权,另一方面股东新增会希望公司对其出资进行分红。所以这也是为何实践中印度公司会"看菜下饭",根据自身需要来确定所需要发行的股本数额的原因。

由本范例可以看出,公司资本的关系是授权股本≥发行股本≥认购股本≥已催缴资本≥实缴资本。

四、股本公示

公司的法定股本是公司进行业务、对外承担责任的重要义务承担来源。当然,需要注意的是,公司的法定资本额度与其清偿能力并没有必然的关系,因为公司的经营是一个动态的过程,其清偿能力是随着经营乃至整个市场、行业环境的变化而不断发生变动。换句话说,将公司的偿债能力完全寄托于公司资本实际上是一种虚幻。但就一般意义上而言,公司的法定股本规模越高,公司承担责任的上限也就越高。其对于公司债权人、交易相对人而言,公司的法定股本是其对公司财产能力(financial capacity)的一种最直观的认识和评价[5],也不能单纯地称之为其是一种"心理安慰"。不过,在印度公司法项下,因为有印花税(stamp duty)的存在,而该税种基本上是基于法定资本的额度进行征收,并且需要在向公司注册局提交注册申请的时候就要缴纳,中国法上也采取了类似的做法。这导致股东在设立公司的时候会综合考虑,不会单纯地为了给交易相对方一种"资本雄厚"的印象而拉高注册资本。毕竟商业交易中已经逐步实现了从"资本信用"到"资产信用"的转变,不能单纯地迷信一个冷冰冰的静态数字。

就印度现行法律制度而言,因为印度2013年《公司法》已经取消了最低注册资本(minimum capital requirement)要求,因此,将股本对外进行公示,方便交易相对人进行审慎的商业判断和合理的预期分析就成了非常必要的事情。2013年《公司法》第60条规定,公司必须要将其认购股本(subscribed capital)以及实缴股本(paid - up capital)对外进行展示,这一要求是印度《公司法》的强行性要求,违反这一要求将直接导致罚金的惩罚责任。具体而言,2013年《公司法》要求公司以明显的(conspicuous)和突出强调(prominent)的方式对公司已经认缴和实缴的股本进行声明(statement),比如在印有公司抬头的信笺上或者以登报声明的方式进行展示。当然,交易对手方在与公司进行交易的时候,一般会通过尽职调查(due dil-

[5] Marilyn J. Ward Ford, *Connecticut Corporation Law and Practice* (2005 Supplement), pp. 2 - 34.

igence)的方式对公司的股权架构、股份发行情况以及财产状况等进行核实,除了可以从公司注册局的官方档案中调取相关资料,还可以要求公司披露相关的信息。

在2013年《公司法》之前,印度对于最低注册股本的要求,一部分原因是基于习惯比如沿袭英国法的传统,另一部分原因是基于一种信念(belief),即没有任何资本的皮包公司或者"仅有一张纸(注册证书)"的"公司"不应该存在。但随着现代商业交易实践的日新月异和规制重点的转向,仍保留最低注册资本并不能带来太大价值,作为法律演化的残留条款(vestigial provision),其退出历史舞台也是必然。与中国相对比,2013年12月28日,全国人大常委会通过了《公司法》修正决议案,对公司法中相应的资本与登记制度进行了修订,在公司设立阶段废除了注册资本最低法定限额和实缴制,成为中国公司资本制度改革的重大举措。这比起1993年中国《公司法》中对于公司资本制度最低资本限额和缴纳制度的严格标准是一个长足的进步。

那么相关的一个问题就是股东可以在一开始没有出资到位,是否就意味着对交易相对人的欺诈呢?其实不然,因为公司的股东一时没有出资到位可能是出于真诚(genuine)的原因,在合理时限之内和公司进行催缴之时进行补齐即可。并且,审慎的交易方在与公司进行交易时,本身出于理性商业人的考虑,会要求公司进行披露乃至做出陈述和承诺(representation and warranties),此时公司不得隐瞒或者欺骗,否则交易对手方可以诉请法院采取诸如揭开公司面纱等途径获得保护。也就是说,只要交易相对人有充分地获取信息的途径,并且在交易的某一时点公司将其现有的股本规模以及情况进行了披露,则出资不到位并非对交易相对人的欺诈。

五、股份(share)

中国《公司法》中,对于有限责任公司,其股本并不能划分为等额股份,股东对有限责任公司出资之后,获得的并不是股份,而是出资证明书[6]。因中国的有限

---

[6] 《中华人民共和国公司法》(2013年修正)第32条规定有限责任公司成立后,应当向股东签发出资证明书。出资证明书应当载明下列事项:(1)公司名称;(2)公司成立日期;(3)公司注册资本;(4)股东的姓名或者名称、缴纳的出资额和出资日期;(5)出资证明书的编号和核发日期。出资证明书由公司盖章。

责任公司不能将股本划分为等额股份,其当然也不能采用普通股、优先股等的进一步分类。而印度2013年《公司法》中,除了股份公司可以将股本划分为等额股份,与中国有限责任公司相对应的私人有限责任公司也可以将股本划分为等额股份,并且其可以对股份进行普通股、优先股等的灵活安排。

印度2013年《公司法》中承认以下类别的股份:

(1)普通股[7](ordinary share);

(2)优先股(preference share)。

普通股(ordinary share)又被经常称为权益股(equity share),之所以被称为"权益"股份,是因为其可以主张对公司的经营管理权以及对盈利和财产的分配权。普通股是公司资本的基础,也是股份中最基本、发行量最大并且最为重要的股份形式。其股息并不固定,一般与公司的业务表现相关,并且公司也可以自行决定是否分发股息。

印度2013年《公司法》中第43条对于优先股作出了规定,印度法下的优先股指的是与普通股相比,拥有"固定股息"和"清算优先权"(liquidation preference)的那部分股份。固定股息指的是在公司存续期间,不管公司经营状况如何,优先股股东都可以获得一笔固定的股息收入,从而使优先股在一定程度上拥有债的性质。但其劣势在于,优先股权利范围比普通股小,一般没有选举权、被选举权和表决权,但是涉及自身利益时可以参与表决,也就是说,优先股拥有有限的投票权,当然,这里的劣势是针对优先股的认购者而言的。从发行人的角度来说,优先股发行不稀释(dilute)现有权益持有者(也就是普通股股东)的投票权,因此其经常被作为公司的融资工具,不过,对于发行人也就是公司而言,优先股的劣势在于其融资成本较高。虽然其具有债券的性质,但是优先股又与债券、贷款等有着显著的区别,因为优先股股东分取收益和公司资产的权利只能在公司满足了债权人的要求之后才能行使。优先股股东不能要求退股,但可以依照优先股股票上所附的赎回条款,由公司予以赎回,实践中大多数优先股都附有赎回条款。不过,当公司破产清算时,优先股股东的地位不及债权人。剩余财产先分给债权人,再分给优先股股东,最后分给普通股股东。

---

[7] 当然,如果翻开印度2013年《公司法》还会发现其他的股份名称,比如sweat equity share或者bonus share,但是这些都可以算作普通股的进一步分类,笔者将在下文进行详述。

清算优先权(liquidation preference)指的是在公司因解散、破产等原因而面临清算的时候,对于剩余资产,优先股股东可以优先于普通股股东获得受偿。

优先股和普通股的区别,可以参考表6-1。

表6-1 普通股和优先股的区别

序号	普通股	优先股
1	股息并不固定,与公司盈利水平挂钩	股息固定,不管公司是否有盈利
2	股息的获取劣后于优先股	股息的获得优先于普通股
3	在公司解散、破产等而进行清算程序的时候,对于剩余资产,劣后于优先股股东获得受偿	在公司解散、破产等而进行清算程序的时候,对于剩余资产,优先于普通股股东获得受偿
4	在当年度没有盈利可以支付股息的情况下,股息不可以累积到以后年度进行获取	在当年度没有盈利可以支付股息的情况下,累积优先股的股息可以累积到以后年度进行获取
5	普通股股东享有公司的经营参与权,有权参与股东大会,并有建议权、表决权和选举权	优先股股东一般不享有公司的经营参与权,一般仅对与其优先股权利相关的事项才有表决权
6	普通股股东享有在公司增发时候的优先认股权	优先股股东一般不享有增发时候的优先认股权
7	普通股股份一般不可被公司赎回,仅存在少数情况比如公司减资而回购股份之后注销	优先股股份可以被公司赎回

在印度2013年《公司法》下,优先股又被细分为以下几种:

1. 累积优先股和非累积优先股(cumulative and non - cumulative preference shares)

2. 参与优先股和非参与优先股(participating and non - participating preference shares)

3. 可转换优先股和不可转换优先股(convertible and non - convertible shares)

4. 可赎回优先股和不可赎回优先股(redeemable preference shares and non - redeemable preference shares)

累积优先股票指的是股息可以向后续年度递延和累积的那些优先股。因为优先股具有固定股息的特点,不管有没有盈利都可以获取固定的股息。但是实践中,如果公司确实没有盈利,其自然无力支付股息,如果优先股是累积优先股,则其可以将该年度的股息累积到有盈利的年度一并支付。印度2013年《公司法》中默认优先股本身就是“可累积”的,即除非在公司章程中明确规定优先股是不可累积的,则优先股的股息在当年没有得到支付的情况下都是可以累积的。

参与优先股是指除了按规定分得本期固定股息外,还有权与普通股股东一起参与本期剩余盈利分配的优先股。一般的优先股只按固定的股息率计算并获取股息,但有些公司在公司章程中规定,若公司在某些年度里有较多的盈利,则按顺序分派了优先股股息及普通股股利之后,优先股股东还可再次参加超额盈余(surplus profit)的分配。这种附加条件是对优先股投资者的一种优惠,使他们有机会获得高于固定股息的收益。需要值得注意的是,印度2013年《公司法》中默认所有的优先股都是“非参与优先股”,除非在公司章程中明确表示该部分股份为“参与优先股”,则一般情况下的优先股不得对超额盈余主张分配权利。

可转换优先股指的是允许优先股持有人在特定条件下把其所有的优先股转换成为一定数额的普通股或者其他类别优先股的那类优先股。可转换优先股实际上是给了股份持有者一个选择余地和改变资产种类的机会。比如,投资者认购该种股票后,在公司盈利较少时,可以不行使转换请求权,而继续持有优先股票以保证获取固定股息;而当公司盈利较高时,可行使转换请求权,转换成普通股票以分享丰厚的盈利。印度2013年《公司法》中默认所有的优先股都是不可转换优先股,如果公司想要设置可转换优先股,则要在公司章程中对于转换的期限、条件、内容、手续等进行明确的规定。

可赎回优先股指的是在发行后一定时期可按特定的赎买价格由发行公司收回的优先股票。而发行后根据规定不能赎回的优先股票,则被称为不可赎回优先股票。公司将款项支付给可赎回优先股股东并将这部分优先股进行回购的过程被称为“赎回”(redemption)。印度2013年《公司法》除了默认所有优先股都是可赎回优先股之外,还在第55条中明令禁止任何公司都不得发行不可赎回优先股。当然,上文中我们提到股份很多时候被股东认购之后,股东并未及时全额缴足。因此印度2013年《公司法》规定只有那些被全部实缴(fully paid)的优先股才可以被赎回,从而避免公司利益受损。而且其还对用以赎回这部分优先股的款项作出了明确要求,规定只能是将用于支付股息的那部分盈利以及为了赎回优先股这一目的而增发股份,获取认购资金之后可以用这部分资金来进行赎回优先股的操作。

印度2013年《公司法》明令禁止公司通过出售资产的方式获取资金并用这部分资金来赎回优先股的行为。目前,在印度发行优先股最长的赎回期限为20年[8]。

很多中国读者可能不理解为何印度公司法上会对优先股规定有最长赎回期限这一规定。其实原因不难理解,优先股作为一种灵活的融资工具,并且在一定程度上具有债的性质,如果超过20年都不进行赎回,那就相当于以发行优先股为名,实质上是发行了长期"债券",因为市场上大部分的债券年限也不超过20年,若如是,则进一步模糊了"股权"和"债权"的界限,可能会导致一些法律争议。因此法律如果对可赎回优先股进行深入细分,其可以划分为两种类型,即强制赎回和任意赎回。强制赎回优先股指的是这类股份在发行时就规定公司享有合适赎回的选择权,一旦公司决定按规定条件赎回,股东就只能按照公司要求缴回股票。而任意赎回指的是股东享有是否要求公司赎回的选择权,若股东在规定的期限内不愿继续持有该股票,公司不得拒绝按赎回条款购回。

在实践中,大部分可赎回股票属于第一种,赎回的主动权掌握在公司手中。股份公司赎回优先股票的目的一般是为了减少股息负担。所以,往往是在能够以股息较低的股票取代已发行的优先股票时予以赎回。赎回的价格是事先规定的,通常高于股票面值,其目的在于补偿股东因股票被赎回而可能遭受的损失,保护股票持有者的利益,同时也可以规范股份公司的赎回行为。

印度2013年《公司法》对于要求公司在赎回可赎回优先股之后的30日内必须要向公司注册局进行报告。

六、股份发行

股份发行是指公司按照法定的程序对外发行股份的行为。因为印度公司法上私人有限责任公司和公众(股份)公司都可以将股本划分为等额股份,所以与中国相比,印度公司法上的股份发行不仅包括公众(股份)公司对外发行股份,还包

[8] 印度2013年《公司法》也给出了超出20年的特例,该特例针对那些耗资巨大并且旷日持久的基础设施建设项目。2013年《公司法》在附表中对哪些是适格的基础设施建设项目以及赎回比例等做了相应的规定。之前1956年印度《公司法》则采取了"一刀切"的方式,即任何优先股的赎回期限都不得超过20年。2013年《公司法》考虑到印度的发展实际,对这一年限问题做了宽松化处理。

含了私人有限责任公司从股东处获得出资并向其分配股份的行为。

公司的股份一般都会有一个票面价格(par value),因为公司股本将被划分为等额股份,所以票面价格表示每一单位股份所代表的资本额。票面价格可以是与股份相关的任意数字,但是为了计算方便,一般都是采取整数,在印度公司商事实践中,一般为10卢比、100卢比等不等的面额,公司可以自行确定。而发行价格则是公司发行股份时向投资者收取的价格。一般情况下,股份的发行价格与票面面额通常是不相等的,因为发行价格的制定要考虑多种因素,如发行人的业绩增长性、股份的股利分配、市场利率以及证券市场的供求关系等。根据发行价格和票面价格的关系,可以将股份发行分为三种,即平价发行、溢价发行和折价发行(issue at par, at premium and at discount)。

平价发行(at par)也称为等额发行或依照面额发行,是指发行人以票面金额作为发行价格。平价发行方式较为简单易行,但其主要缺陷是发行人筹集资金量较少。而溢价发行(at premium)则指的是高于股份的票面价格进行发行,从而可使得公司用较少的股份筹集到较多的资金的同时,降低筹资成本。这两种发行模式都是印度2013年《公司法》所允许的。但是印度2013年《公司法》严禁折价发行(at discount),并且对违反该强行性要求的公司规定了罚金以及对责任人判处徒刑的处罚[9],这也是很多国家公司法的惯常做法。折价发行指的是按股份的票面价格打一定折扣后发行,其必然结果就是导致所谓的"掺水股份"(watered shares)或者说价值被稀释的股份。根据资本维持原则,公司在存续期间,必须维持与其资本总额相当的财产。如果允许公司折价发行股票,那么公司实收股本总额就会低于其注册资本,导致公司注册资本不实,违反了资本维持原则,从而导致债权人的利益受损。另外,如果采用折价发行,也会导致既有股东利益受到稀释。但禁止折价发行对于那些急需筹措资金但是业绩表现不佳、只能折价发行的企业来说,无疑是阻塞了其资金的筹措渠道。值得注意的是,印度1956年《公司法》中曾经在一定范围内允许公司采取折价发行,当时的要求是折价发行的股份不得超过公司股本的10%,并且在发行时要得到印度政府的批准。但2013年《公司法》则对折价发行采取了断然拒绝的态度。

---

[9] 印度2013年《公司法》第53条规定,对于违反公司法规定采取折价发行的公司,将会被处以10万卢比以上50万卢比以下的罚金;对于公司责任人,将处以最高6个月的监禁或者10万卢比以上50万卢比以下的罚金或者并处罚金和监禁。

但是印度公司法实践中对禁止折价发行存在一个例外,也就是针对公司的员工进行所谓的“汗水股份”(sweat equity shares)的发放。顾名思义,sweat 是汗水,equity 是股本或者资产。两者组合而成的 sweat equity 指的是人力资产。因为对公司而言,那些掌握着专门技术(know - how)的员工以及具有特殊管理技能的董事对于公司的发展至关重要,为了吸引人才,公司很可能通过向其发行股份的方式将其与公司的发展绑定在一起,也就是通过股权的激励措施来激发人力资本,使其效用最大化。印度 2013 年《公司法》规定对于向员工发行“汗水股份”的时候,可以折价发行。

“汗水股份”其本质上也是普通股(equity share),其享有与其他平价或者溢价发行的普通股相同的权利。公司若要发行该类股份,需要在年度股东会(Annual General Meeting, AGM)或者临时股东会(Extraordinary General Meeting, EGM)上通过特殊决议,并且,届时公司还要满足已经营业满一年的要求,从而避免公司刚成立就折价向董事、员工发行股票,不利于公司发展的情形。

七、配股(share allotment)

如前一章中对“招股说明书”的介绍,招股说明书可以视为是一种“要约邀请”(Invitation)。公司通过发布融资需求来吸引外界投资者认购,投资者若感兴趣,则会对公司发出股权认购的申请(application),该申请在法律上将被视为正式的要约(offer),一旦公司接受(accept),则将在公司和投资者之间形成合同关系。而普通法上存在所谓的“对价”(consideration)概念,可以简单理解为一手交钱一手交货。在公司配股这种情况下,则是投资者向公司支付相应的金钱对价,而公司则需要通过签发股权证书(share certificate,下文有讨论)的方式将股份分配给投资者,并且在股东名册和公司注册局上都要增加投资者的姓名,即登记为公司的股东,就法律意义上而言,这一过程被称为“配股”。

因为股份认购行为和配股行为本质上属于合同,所以要满足合同有效的所有要件,并且也不能包含导致合同无效的任何事项〔10〕。除此之外,还要满足《公司

〔10〕 印度法上合同有效的要件比如双方意思表示明确,对价已经给付。而无效的事由包括欺诈、胁迫等。

法》这一特别法上对于配股的法律要求。印度2013年《公司法》中对于配股有四个较大原则,分别是:

1. 配股决议需要由有权主体做出。根据公司章程的自治性规定,配股的权力既可以由股东会行使,也可以由董事会行使。

2. 配股公司与认购方之间必须要有充分的意思交互(duly communicated),也就是说认购者需要对于公司的股份、公司的性质和发展等有着清醒的认识,从而避免因不明就里而认购的情形。

3. 配股中的要约和承诺需要在合理的时间间隔(reasonable time)内完成。出于维护交易的稳定性和实现资金的最大化利用,必须要求股权认购在一个合理的时间内完成,不得悬而未决,搁置非常长的时间。但何者为合理的时间间隔,公司法中并没有给出硬性的规定,而是将这一权力赋予了法院,基于具体的案件事实进行判定。

4. 配股的协议需要得到完全遵守,不得进行部分或者全部变更。因为按照普通法上对于合同订立的理解,如果A向B发出了要约,而B对其中价款作出了实质性修改后发还与A并表示承诺,法理上其已经不是承诺而是向A作出了一个新要约,A当然有权利拒绝。实践中曾经发生过某甲认购乙公司股份,双方达成的约定中规定某甲付款之后,乙公司在交付股份的同时还将委任某甲为公司的董事。后来乙公司虽然交付了股份,但未选某甲作为公司的董事。在这种情况下,某甲有权撤销股份的认购。

另外,印度2013年《公司法》第39条还规定了最低认购标准(minimum subscription)这一法律合规要求。因为公司进行配股的目的是募集资金,从而进行诸如增大产能、充实营运资本等目的。如果公司意在募集100万卢比,但是最终只有两个人认购了总共10卢比,如果公司为这么一点额度再去完成各种手续和合规义务,不免成本过于浩大。所以印度公司法上要求,在进行配股(allot)之前,需要满足最低的认购额度,举一个不太恰当的例子,类似于私人运营的大巴车,定期往返于孟买和德里,该车有40个座位,经过核算跑一趟不亏本至少要卖出20张票。但是如果今天天气恶劣,40个座位的大巴车只有1张票卖出去,那么对于营运人从商业角度出发,最理性的办法就是取消掉当天的班次。当然,这样做是否道德我们暂不考虑,但从公司作为一个商主体并且效用最大化的角度出发,这样无疑是最有利的。实践中对于何者为最低认购标准,因为不同公司的理解不一样,风险和损失承受能力也不一样,所以这个可以作为公司发挥自身意定能力的条款。

当然,考虑到中国投资者在与印度公司进行配股业务时候,其外资身份也使在实务中需要注意印度外汇管理法和商业实践的要求以及一些风险点。比如笔者之前曾经经手过中国投资者向一家印度公司认购其增发股份的案例。股份增发其实本质上就是股权的买卖。

作为公司的卖家,其肯定担心买方是否是诚心实意地进行交易。而买方则关心起投资标的比如公司是否有重大的法律、财务问题,从而避免其资金打水漂。这就导致了卖方希望买家支付定金,而买家担心钱款一旦进入卖方的账户,万一交易生变或者取消,则是比较难以取回。根据笔者的经验,最为稳妥的方式就是,开设一个托管账户(escrow account),买方将一部分款项放到该托管账户中。一般在印度大型的商业银行都可以进行此类业务。该账户的受益人(beneficiary)是卖方,里面的钱款以冻结的方式存入(一般托管账户是无利息即"non - interest bearing"账户)。在开设托管账户并且支付一部分款项之后,买方向卖方展现了其有充分的诚意来推进项目,买方的律师和财务顾问可以进场进行相应的法律尽职调查(legal due diligence)和财务尽职调查(financial due diligence)。只有当托管银行接收到买方的通知说交易没有问题,可以放款的时候,中介银行才会向受益人也就是卖方放款,这时候卖方进行股权转让,买方将剩余款项直接支付到卖方的账户。

这种模式,举个直观的例子,如果股权认购款项是1000卢比,那可以首先开设一个托管账户,内有200卢比。付款之后可以开始法律和财务尽职调查,没有问题之后进行股权转让,在这个时点支付剩余的800卢比(也就是说最终的对价1000卢比=托管账户的200卢比+普通账户支付的800卢比)。

除了这一个托管账户之外,实务中还存在第二个托管账户,假设卖方和买方完成股权转让之后,卖方可能有些信息没有披露或者有些债务当时没有被发现,因为再详细的法律尽职调查和财务尽职调查也无法100%地还原卖方公司的全貌。一旦一些问题在交易完成后暴露,这时因为买卖双方已经对股权完成了交割并且在官方登记机构进行了过户,买方作为继受人需要对其购买了股权的公司的这些问题承担责任。当然买方可以向卖方主张责任,但大家都清楚的是,司法裁决耗时过长,并且最终结果在一开始也并不明朗。那么为了避免这种情况,可以要求卖方开具以买方为受益人的托管账户。这个账户其实是股权完成过户之后开立，是第二个托管账户。

对于第二个托管账户，笔者可以举一个例子来进行说明。在工程总包类的项目中，因为标的额一般较大，业主担心工程施工方不按照合同履约，那一般的操作模式是要求工程施工方找银行开具以业主为受益人的履约保函（performance guarantee），而工程结束之后，为了担保工程在一段时期内质量也是 OK 的，还需要开立以业主为受益人的质量担保保函（quality guarantee）。而上述的第二个托管账户类似于刚才所述的质量担保保函，两个保函的目的都是为了保护买方的利益。

八、超额认购的情形

上文第八节中笔者讨论了“最低认购标准”（minimum subscription）这一法律合规要求。正如马太效应[11]所展现的，实践中，坏的公司标的门可罗雀，好的公司标的则可能是越发的门庭若市。既然存在一些公司对外募股时无人认购或者认购不满的情形，那在商业实践中也自然存在超额认购的情形。

配股程序起始于公司对外发布招股说明书，之后有兴趣的投资者将向公司发出认购申请。如果公司可以对外发售的股份被投资者全额认购，则皆大欢喜。但现实中往往存在的现象是，好的公司在配股时投资者趋之若鹜，但是表现一般的公司在对外配股的时候投资者冷冷清清。如果认购不足，则公司仅仅对收到的申请进行配售即可，处理方式比较简单。

但对于超额认购（over－subscribe）的情形的处理则值得讨论。一般这种情况下，解决方案是公司可以按照比例进行配股，比如公司有 100 股可以对外发售，但最终收集到的认购申请为 A 投资人申请认购 100 份，B 投资人申请认购 100 份，总计共 200 份，则在配股的时候将按照 50% 的额度对投资者进行配售即 A 获得 50 股 B 获得 50 股。或者投资者之间或者投资者可以和公司进行协商，有些人撤

〔11〕 马太效应（Matthew Effect），是指好的越好，坏的越坏，多的越多，少的越少的一种现象。即两极分化现象。来自圣经《新约·马太福音》中的一则寓言。

回申请。当然,法律上而言,如果出现超额认购的情况,因为投资者之前的要约是针对"足额认购",若最终公司股份不足,则在该种情况下公司所提议的按照比例减少对每个申请人的配股方案将被视为一个"反要约"(counter offer)而非"承诺"(acceptance),因此投资人也可以选择撤回自己的申请,从而终止申请程序。

在配股完成之后,按照印度2013年《公司法》的要求,需要填报相应的信息表并报送至印度公司注册局备案。

九、股权证书(share certificate)

股权证书(share certificate)是由公司出具给股东的,证明持有人是公司股东并且拥有与其拥有的股份数额和比例相符的权益和责任的证书。印度2013年《公司法》中并没有要求股权证书采用统一的格式,只要求上面加盖公司印章、董事签名、标有股份数额、股份面值、实缴金额、发行日期、持股人信息等。但是为了方便公司尤其是没有能力进行周密法律合规的中小型企业,印度2013年《公司法》在附件中给出了股权证书的范本即SH.1表格,供公司直接下载使用。这一范本请参考下文。

FORM NO. SH. 1

Share Certificate

[Pursuant to sub - section (3) of section 46 of the Companies Act, 2013 and rule 5(2) of*the Companies (Share Capital and Debentures) Rules2014*]

.................*Limited/Private Limited*

.................(*Corporate Identification Number*)

(Incorporated under...the Companies Act, 2013)

Registered Office:..

This is to certify that the person(s) named in this Certificate is/are the Registered Holder(s) of the within mentioned share(s) bearing the distinctive number(s) herein specified in the above named Company subject to the Memorandum and Articles of Association of the Company and the amount endorsed herein has been paid up on each such share.

EQUITY SHARES EACH OF RUPEES..................(*Nominal value*)
AMOUNT PAID - UP PER SHARE RUPEES.................

Register Folio No: *Certificate No*:
Name(s) of the Holder(s):
No. of shares held:................................ ....
(*in words*) (*in figures*)
Distinctive No. (*s*): *From*.......................... *To*......... (*Both inclusive*)

Given under the common seal of the Company this......... *day of*...... 20......
(1) *Director*:
(2) *Director*:
(3) *Secretary/ any other authorized person*:
Note: No transfer of the Share(s) comprised in the Certificate can be registered unless accompanied by this Certificate.

需要注意的是,对股东资格有法律意义上的记载有两个,即公司登记和在官方机构即印度公司注册局的登记。公司登记即公司向股东发出的股权证书,对公司及股东有约束力。而在公司注册局的登记则是具有公示性的,对公司及公司的债权人以及其他利害关系人都有约束力。换句话说,公司颁发股权证书并将股东姓名登记在内部花名册上属于设权登记,而在公司注册局处的登记是对抗登记,即公司内部的股东名册即可证明股东和公司之间的投资关系,但如果股权证书的登记与公司注册局登记处的登记信息不一致,则以公司注册局处的信息为准。所以这也要求股东在实践中支付对价从公司处或者其他股东处获得相应股权之后,一定要注意是否完成在股东花名册以及公司注册局备案,免得仅仅作为名义股东而不享有真正的权利。

十、股息

投资者投资于公司从而获得股东(成员)的身份,很大程度上是为了分享公司成长所带来的利润(profit)。而自然地,公司需要向股东进行利润的分配(distribution),而分配最常见的模式是通过股息(dividend)。

说到股息,不得不提印度近代的一则轶事。1872 年(清同治十一年),印度国大党创始人和印度国民经济学派的创始人腊纳德在浦那发起了提倡国货运动,到 20 世纪 80 年代发展成了以倡导印度国货和抵制英国货为宗旨的声势浩大的“司瓦德西”运动(Swadeshi)。在这场运动的推动下,印度第一家现代钢铁厂塔塔钢铁公司于 1907 年(清光绪三十三年)8 月仅用了三周时间便向印度的投资者们募集了 163 万英镑的资本金和 40 万英镑的债券,从而得以成功设立,股东们还忍受了钢铁公司开张前 12 年不分红的待遇,为印度民族钢铁工业兴起而做出了暂时性的牺牲。

股东们对于自己的事业可以废寝忘食,做出暂时性的牺牲,一旦公司渡过难关,则公司可以加倍回报股东。但上文中我们讨论过,公司除了有股东的投资从而构成的股权资本(equity),还往往有债务融资(debt)。那在公司向股东支付股息的时候,公司的债权人有充分的理由会担心,公司的股东或者董事是不是借分配之名,行侵吞(strip)、转移公司资产之实。比如说,一旦公司发生清算,则首先需要将公司资产偿还债权人(creditors)。如果在此之前,公司的股东、董事就合谋(collude),通过“蚂蚁搬家”、过度支付等方式将公司的财产进行了非法分配,从而导致债权人乃至其他利益相关者(stakeholders)权益受到损害,要知道,公司债权人在监控公司违约行为方面存在很大障碍。这是因为公司债权人身处公司外部,要判断公司是否有违约行为或正在准备实施相关行为是很困难的,有时甚至是不可能的。因此,通过相应法律机制的设计来避免这一结果是立法和执法的时候重点考虑的价值导向之一。

在印度的商业实践中有两点值得中国企业和投资者关切。首先,绝大多数的印度公司都是私人公司,即使是现存的股份公司也往往是由私人公司转换而来;其次,大部分印度公司都是家族控制。所以,对于在公司形态中占主要地位的私人公司而言,派发股利是非常不寻常的(unusual),因为这相当于在公司被同一个利益共同体控制的情况下,将钱从其左边的钱袋挪到了其右边的钱袋。同时,在股东和董事是同一拨人的情况下,给董事发放报酬(remuneration)完全可以取代给股东发放股息。但是,如果股东并非同一家族,并且在股东人数远远多于董事数的情况下,若公司盈利颇丰,给董事的报酬又很高,在此时如若还不进行利润分配，则可能会引起公司内部的关系紧张。这一点在中国投资者采取对印度企业注资或者与印度合作伙伴进行合资的时候需要引起充分的考虑。

另外一点是，对于机构投资者（institutional investor）而言，其对于分派股息有着更高的利益诉求，因为其投资企业的初衷就是获取报酬。目前机构投资者已经成为了各国资本市场的主要力量之一，其指的是以专业人士通过其所拥有的知识和能够利用的资金在资本市场上进行的非个人化、职业化、社会化投资的团体或者机构。机构投资者与个人投资者相比，其最大的优势是有实力、有精力作为制衡公司决策的力量出现，因为个人投资者资金规模一般较小，获取公司信息的渠道有限，成本较高。很多情况下会导致其对公司事务只能是爱莫能助。也就是说可能出现“所有者缺位”的弊端，而机构投资者的加入正好能够填补这个空缺。随着印度经济的发展，印度的股票市场也日渐活跃起来，机构投资者也作为一支重要的力量在印度诸多企业的股东名单中崭露头角。这对中国投资者的意义是，中国企业和投资者可以参考某意向印度企业的股东中是否有其他机构投资者，来作为自身是否投资的一个决策参考。

公司作为一个以营利为目的的商业组织，其拥有固有的权力来分配股息，即其并不需要在公司章程中进行明确。但如何分配股息，除了遵循公司法的具体规定，也可以在公司章程中进行明确和细化。为了保证可以顺利地进行股息的分配，完善地保有公司的账簿以及进行相应的审计行为也就成了应有之义。

印度 2013 年《公司法》在第 8 章中对股息的相关问题进行了专章规定，其规定了股息的分配来源、分配方式以及时限等问题。按照印度公司法上定义，股息（dividend）分为一般股息（dividend）和中期股息（interim dividend）。中期股息指的是公司董事会决定的、在公司两次年度股东会（AGM）之间进行分派的股息。另外这两者最大的区别是，在印度 2013 年《公司法》框架下，一般股息必须要先经过董事会提议，之后在年度股东会上通过之后才得以分派，而对于中期股息，其分派则完全由董事会说了算（具体见表 6 - 2）。

表 6-2 一般股息与中期股息的比较

项目	一般股息	中期股息
分派时间	一般在公司的年度股东会上进行宣布(declare)并分派	在公司两次年度股东会(AGM)之间进行分派
决定主体	董事会决定是否分派股息以及股息率,之后提交年度股东会通过	由董事会直接行使
是否可以撤回(revocation)	不可以。公司宣布分派股息之后,股息就成为公司的债务。如果公司没有派息,则股东可以在做出分派股息声明的三年内向法院要求强制执行。除非做出股息分派的决定非法或者出现经济情况的重大变化,则公司不得撤回已决定分派的股息〔12〕	中期股息并不被视为是公司向股东负有的债务,只要在分派股息之前,董事可以随时撤回该分派股息的决定

印度公司法上规定了董事会有分发股息的建议权(right to propose)。在董事会提出进行派发股息的建议之后,公司才可以在年度股东会(AGM)上继续讨论并通过决议,之后得以分配股息。如果公司董事会没有分配股息的建议,则股东会不得自行通过决议来分派股息。除此之外,股息分派的数额等具体信息也完全由董事会来决定,股东会不得对这一数额进行增加。

需要值得注意的是,因为公司董事由股东委派,所以实践中董事对于股息这一问题上的态度基本上是来源于股东的授意。因而实践中股东会和董事会较少就股息问题产生争端。

股息分配的具体问题可以参见表 6-3。

〔12〕 如果股东自愿放弃股息,则对于股东自愿放弃的这部分,公司可以撤回。

表 6-3　股票分配的具体问题

股息分配的具体问题	
分配基础	仅应以公司的利润(profit)为基础进行股息分配〔13〕
分配方式	以金钱的方式支付或者送股(bonus shares)〔14〕
分配对象	针对股东名册上的股东〔15〕
分配时间	在作出股息分配的决定之后,公司需要在 30 天之内向股东进行分配〔16〕
是否需要在分配股息之前将部分利润转至储备金(reserve)	印度 1956 年《公司法》强制要求公司在分配股息之前,将部分利润转至公司的储备金。而在 2013 年《公司法》下,公司可以自由决定是否转入以及转入的比例

不过,根据笔者的经验,实践中还需要注意的一点是因投资人与公司之间投资协议的约定导致的不能分配股息或者需要取得投资人同意之后才可以分配股息。目前很多中国风投资本投资印度的创业企业(start-ups),而投资人与该创业企业之间签订的协议中经常会有投资保护条款(protective provisions),比如,在取得投资人(视情况约定按照人头或者持股比例)多数同意之前,不得分发中期股息、一般股息(The Company shall not make any distribution of profits amongst the shareholders by way of interim or final dividend or otherwise without prior written consent of the Investors' majority),投资于印度公司的中国投资者可以注意这一点并利用其作为对自身利益的保护。

十一、公司股本变动

在上文中我们讨论到,授权股本(authorized capital)也经常被称为"注册资本"(registered capital),该数额刊载在公司组织大纲(MOA)这一宪章性文件中,除非增资或者减资,则这一资本数额一般是不能变动的。

〔13〕 印度 2013 年《公司法》第 123 条第 1 款。

〔14〕 印度 2013 年《公司法》第 123 条第 5 款。

〔15〕 印度 2013 年《公司法》第 123 条第 5 款。

〔16〕 印度 2013 年《公司法》第 127 条。

实践中不少投资者在设立公司的时候,都会对公司首次设立时候的股本进行思考,结合多种因素来确定一个合理的数额。一般除了结合商业实际需要,还需要考虑相关的税负。印度公司法规定对公司的注册资本征收印花税。因为印度为联邦制国家,地方各邦有权对印花税税率进行界定,但是总体来说相差不会太大。据公司成立的地方邦不同,所适用的印花税率也有所不同。以安得拉邦(Andhra Pradesh)为例,其对注册资本收取印花税一览表如表6-4所示:

表6-4　对注册资本收取印花税一览

序号	注册资本(卢比)	需缴纳印花税(卢比)
1	100,000	670
2	1,000,000	2020
3	5,000,000	8020
4	10,000,000	15,520
5	50,000,000	75,520
6	100,000,000	150,520
7	300,000,000	450,520
8	400,000,000	500,520
9	500,000,000	500,520

除了印花税之外,还需要缴纳一些其他的如填报表格、手续费、工本费等相关行政性的政府收费(governmental charges),但是这一部分作为杂费(miscellaneous expenses)所占的比例并不大。

为何会出现股本的增减变化?无非有以下几种情况。在公司扩大业务而需要融资时,通过增发股份的方式扩大股本非常容易理解。但是何时会出现减资的情形?实践中有这么几种情形时,公司一般会做出减少资本的决定。首先是公司持有大量的冗余资产。比如公司进行业务所需要的资本数量远远小于公司现有的资本数量,将这部分资金沉淀在公司当中,不但无法帮助公司,这部分资金的机会成本也会非常高。因此,公司可以做出减资的决定,将资金退还给股东,从而使其可以得到更好的利用。当然,如果公司有大量的冗余资金,除了采取减资的方式,也可以采取分红的方式[17]。其实,在公司严重亏损的情况下,公司的实际资

〔17〕 但若采取分红的方式,公司的已发行股份(issued shares)不会有变动,而通过减资,与公司减资相对应的那部分已发行股份将被注销,从而导致已发行股份的减少。当然,实务中采取何种方式,具体取决于实现成本,比如税负、程序复杂性等。

产大大低于公司的法定股本。如果在这种情况下不进行减资，则公司就是“挂羊头卖狗肉”，空有光鲜的外表，内部实则糟粕一片，这样对于第三人的信赖利益以及债权人的保护都是不利的，因此需要取消(write off)这部分股本，使公司的实际资产不要严重背离公司的法定股本。实践中减资经常通过股份回购完成，但股份回购不仅仅可以用于减资，还可以用于公司战略经营的目的，比如通常股东在完成对公司的投资之后，收回投资的途径无非是转让其所持有的公司股权和公司清算(公司分红也可以视为是缓慢地收回投资)。转让股权需要寻找下家来接盘，在公司表现良好的时候下家容易寻找，而公司经营状态不好的时候往往只能通过公司消灭程序即公司清算来寻求投资回收，而此时往往公司法人资格在消灭的同时，公司的资产也所剩无几，股东投资回收的目的往往会落空。而减资则可以实现保持公司法人主体资格继续存在的同时，一定程度上回收投资。甚至修正税基(tax base)和公司重组(reconstruction)也是减资的动因之一。

上文中我们提到，公司股本可以被分为已发行(issued capital)和未发行股本(non - issued capital)。相应地，减资也可以分为已发行股本的减少以及未发行股份的减少。但因为未发行股本的减少不会影响债权人的权益，所以严格意义上的减资仅仅指的是减少已发行股本，从而影响债权人的利益。

十二、增发(further issue)

公司的股本增加可以通过两种方式实现。第一种即增发，也就是公司发行新股，通过募集新的投资人加入而增加公司的资本；第二种则是债券转换，即将公司发行在外的可转换债券(convertible debentures)转换为公司的股份，从而增加股本。而实践中最常见的方式即是通过增发的方式来扩大公司的股本。

而增资时候的股份认购对象，一般可以分为三类：

1. 公司的现有股东

2. 公司的员工

3. 外部投资者

公司的现有股东因为已经持有公司股份，所以其在公司增发股份的时候，为了避免股权被稀释，会享有所谓的“优先认股权”(pre - emptive right)。因为老股东享有优先认股权,所以增发在这种情况下也被称为“right issue”,即“供股”。而优先认股权的法理依据,一般认为有如下几点:

1. 公司股权比例与公司的经营决策权、红利发放以及各种股东特权捆绑在一起,在公司增发股份时,维持原有的格局可以达成利益的均衡;

2. 公司的发展壮大老股东立下了功劳,所以与外界意欲认购的投资者相比,其应当享有这样的优先认购特权;

3. 作为股东平等原则的延伸,维持原有的比例性利益是股东平等原则的应有之义。

印度 2013 年《公司法》第 62 条对于增发时候的程序提出了以下要求:

1. 通知。对于公司的现有的股东,公司在增发之前必须要提前给予充分的通知。目前法律要求通知期不短于 15 天,不长于 30 天。通知中还需要包含增发的股份数额和价格。

2. 确保通知送达每位现有股东。法律要求在正式增发前 3 天,认股通知必须要送达(service)到公司现有的所有股东。

如果公司的现有股东在法定的公示期之内没有提交认购申请,则自动意味着其放弃了优先认股权。

除了对于公司现有的股东进行增发之外,公司还可以通过对员工进行配股,从而增强其公司主人翁意识,起到积极的激励作用。印度 2013 年《公司法》第 62 条第 1 款中允许公司设置员工持股计划或者期权计划(employee's stock option)。期权作为一种吸引新员工和留住老员工的“发明”,对员工的激励起到了重大作用。期权指的是员工可以在未来的时点以一定的行权价格(strike price 或者 exercise Price)并且一般是一个很低的价格在一段时间里买入公司普通股的权利。另外,在西方国家还经常有类似于期权安排的“黄金降落伞”(golden parachute)制度。黄金降落伞是指一旦因为公司被并购或收购而导致董事、总裁等高级管理人员被解雇,公司将提供丰厚的补偿费(如解职费、股票期权收入和额外津贴等)。在竞争激烈的市场经济条件下,企业收购与兼并是常见的事,被收购或兼并企业的高层管理者(如高层主管、高层经营者、执行董事等)一般很难在新企业中继续占据高层实权地位,其中不少人往往被迫辞职。为对付这种可能的风险,很多西方国家尤其是美国的不少企业都制定有“黄金降落伞”的制度。根据这一安排,当企业被收购或兼并时,原来的一些企业高层经营管理者便可以安全脱出并且获得高额的补偿。

在目前印度的商业实践当中，员工持股、期权计划以及黄金降落伞计划都非常少见。其原因主要是，印度家族企业（family business）居多，不像西方如美国的大多数企业都有着非常分明的所有权和管理权分离的架构，这些印度企业的管理者比如公司董事、高管等也一般都是企业的所有者，即不少印度企业的所有权和管理权是混在一起的。而上述的员工持股、期权计划以及黄金降落伞制度是在管理权和所有权分离的条件下为了激励没有企业所有权的职业经理人的一种措施，因此在印度，一般情况下企业也就没有必要实施这一措施。

除了以上讨论的，增发时由公司现有股东和员工认购，公司外部的投资者也可以认购，当然外部投资者的认购相对于公司现有股东来说属于劣后等级，因为外部的投资者不享有优先认股权。在向外部投资者募集的情况下，公司需要在股东会上做出特殊决议，允许向外部投资者发售股份。

而另外一种增发的情形则是“定向增发”（private placement）。在第五章中，笔者提到过通过招股说明书（prospectus）来公开募集资金。而定向增发则是向有限的几个投资者进行非公开的资本募集。在 Toubro 信息科技及其他诉印度证券管理委员会一案（Toubro Infotech and Industries Limited and Another vs. SEBI）中印度证券上诉法庭认定，对于 50 位及 50 位以上投资者发出的认购邀请不得被视为是定向增发（“an invitation to subscription made to 50 or more persons ceases to be a private placement”）。根据该判例，定向增发需要限制在 49 位投资人以内。

这一判例的精神随后被以成文法的形式写入了印度 2013 年《公司法》，其第 42 条第 2 款规定，一次发行不得超过 50 人，并且，一个财政年度〔18〕（fiscal year）内多次进行定向增发的，对象加总（aggregation）不得超过 200 人。定向增发有其优势，比如不需要承销商（underwriter），发行所需要承担的合规义务也较小，从而公司可以与投资者就交易架构和交易相关敏感信息进行更为灵活的操作以及设

〔18〕 财政年度（financial year）一般而言指的是国家以法律规定为总结财政收支和预算执行过程的年度起讫时间，该国内的商业和其他单位也以此为基准进行相应的财务安排乃至纳税安排。财政年度这一个概念其实是三个概念的复合体，因为从财政角度来看，其被称为“财政年度”；从预算角度看，称为“预算年度”；从会计角度来看，称为“会计年度”。在世界范围内，不同的国家在财政年度的起止时间上并不相同。值得中国投资者注意的一点是，印度的财政年度是每年的 4 月 1 日到次年的 3 月 31 日。

计。当然,因为定向增发是在小范围内进行发行,不得对公众进行"拉客"(solicit),所以相比于公开发行,一般而言募集的资金较少。不过,虽然定向增发合规义务较小,但是法律要求其要向针对的投资者出具书面形式的定向增发报价书(private placement offer letter)。比起1956年《公司法》,2013年的《公司法》对于定向增发的规定要严格(Stringent)很多,并且,现在公司事务部还没有针对中小企业(SMEs)做出相应的豁免(exemptions),这也可能是因为之前印度司法实践中出现的诸如撒哈拉公司案(参见本书第五章案例"撒哈拉印度房地产集团公司及其他诉印度证券管理委员会案")这样社会影响极大的案例之后,立法者和监管者转向了更加严格的合规要求所致。

十三、减资

从上文我们可以注意到,公司股本的减少直接影响到债权人的利益。为了对债权人利益的保护,印度2013年《公司法》规定减资为法院程序(court procedures),即企业不得自行完成减资,必须要有法院的许可。当然,这一操作在实践中也受到了相当的非议,因为《公司法》对于减资问题上的操作是"一刀切",即只要公司减资都要经过法院程序。这种烦琐的程序对于中小企业而言成本较高,也不利于其快速实现商业目的。

目前一些印度学者以及实务界人士都在积极主张针对不同的公司,按照其行业、规模等,采取更为灵活变通的方式来进行减资。

印度2013年《公司法》第66条针对印度公司的减资程序进行了界定:

1. 减资的前提要件。《公司法》要求仅仅在公司章程实施细则(AOA)中对于减资有允许性规定的情况下,公司才可以提起减资的相应申请。这个前提条件必须要获得满足。当然,如果公司现有的AOA中并未规定允许减资的条款,则首先需要对AOA进行修改。

2. 程序性要件。公司必须要做出减资的股东会特殊决议,之后需要报请法院,由法院做出准许与否的决定。而法院在接到公司的减资申请之后,需要立即通知以下主体:

a. 印度公司事务部(ministry of corporate affairs)

b. 公司注册局(registrar of companies)

c. 公司债权人(creditors)

d. 印度证券交易委员会(securities and exchange board of India, SEBI)

法院在向上述主体发出通知之后,将留出 3 个月的时间作为公示期,供债权人或者政府机关提出包括反对意见在内的各种意见和要求。若超期没有意见提供给法院,法院将认定没有反对意见。若债权人、政府机关等对于公司的减资申请提出了反对意见或者其他诉求,则法院则会要求公司对债权人进行清偿或者对债务提供担保或者要求公司从债权人处取得同意减资的声明,否则法院将不予通过减资申请。

当然,除了公司法的具体程序需要遵循,公司在减资时还需要遵循会计准则、评估指引等具体财务性要求。

而减资后最为重要的一个问题就是股东责任的承担问题。公司注册资本是公司对外公示的债务担保能力,交易相对人正是基于对这种债务承担能力的信任而与公司进行交易,公司注册资本的减少必然削弱公司偿债能力,从而直接影响债权人利益。因此在减资的情况下法律要求公司以尽可能多的方式对外界进行公告,对债权人进行披露。

在法院作出允许公司减少公司注册资本的决定之后,公司股东对于公司所承担的责任也相应地减少。因为在有限责任公司这一制度下,公司股东以其认购的股份为限承担责任,如果某一股东认购了公司 10 万卢比的股份,则其责任上限为 10 万卢比。经过减资之后,其相应的股份份额所代表的股本也减少,比如减少到 6 万卢比,则该股东仅以该 6 万卢比为限承担责任。

但在某些情况下,虽然法院允许公司进行减资,但是股东的责任仍然是以之前认购的额度。比如善意地遗漏债权人或者恶意地隐藏债权等。善意地遗漏债权人指的是某些对公司拥有债权的债权人在法院征求债权人意见时被忽略或者其主张被遗漏,而该债权人对于公司的减资计划持有反对态度。在这种情况下,公司虽然已经减资,但是公司和股东还需要以其之前的股本额度为限对该债权人负责。而对于恶意地隐藏债权,除了与之前讨论的善意地遗漏债权人这种情况一样,需要继续以原来股本对债权人负责之外,债权人还可以以欺诈而提起民事乃至刑事救济。

十四、股份的权利负担(encumbrance):股权没收(forfeiture)和留置(lien)

印度法上的权利负担(encumbrance)指的是指财产上的负担,比如抵押(mortgage)、质押(pledge)、留置(lien)或者押记(charge)等,也就是阻碍权利的正常处分的其他负担。对于公司股权来说,笔者在上文中谈到,有时候股东认缴股本(subscribed capital)不等于其最终的实缴股本(paid - up capital),也就是有时候其在占有公司股份的同时,没有完成其完整的出资义务。

在这种情况下,公司可以向股东采取催缴(call)的方式来要求其缴纳剩余的未出资部分。但是往往有些股东会怠于缴纳。在此时,公司采取的救济方式有两种,要么是通过法院途径,要求股东履行其出资义务,但是这种方式费时费力,会产生大量的司法救济成本。要么公司还可以采取没收(forfeit)违约股东(defaulting shareholder)所持有的股份的方式,强制其缴纳尚未缴足的股本。

按照印度2013年《公司法》的规定,公司如果想要行使没收股份(forfeiture of shares)的权利,必须要首先在公司章程实施细则(AOA)中进行规定。基于AOA的授权公司才可以对那些违约的股东行使股份没收权。如果公司之前没有在AOA中刊载相应的条款,则必须要首先对AOA进行修改之后才可以行使该权利。此外,为了保证违约股东的权益,印度2013年《公司法》对股份没收的程序提出了一定的标准要求。比如,2013年《公司法》要求公司在股东未缴足其股本的情况下,首先需要进行催缴(call),并且只有在14天催缴期股东仍然无动于衷的情况下,才可以发出没收通知(forfeiture notice),该通知中需要载明对股东的警告,即如果其在收到通知后的合理期限内不能缴足股本以及滞纳产生的利息,其股份将面临被公司没收的风险。同时,该通知书还要载明股东欠缴的具体金额。

如果股东在收到没收通知后经过合理的时间仍然无动于衷,则公司可以召开董事会来正式做出没收该股东股份的决议。该欠缴股东的股份从该决议通过之日起被没收。

股份被没收之后,其就属于公司的财产。公司可以进行相应的处断,既可以将该股份注销(cancel),也可以将其卖出。实践中印度较为流行的做法是将其再次卖出,从而筹集资金。但是值得注意的是,将从股东处没收的股份卖出的行为,不属于"配股"(allotment),因此其他股东一般不具有优先认购权。如果有投资者购买了这些股份,则其加入公司成为公司的股东,其需要对该股份上缴纳相应的足额的股本承担责任。对于股份被没收的股东,如果其全部股份被没收,则其将丧失公司的股东地位,其名称也将从公司的股东登记簿以及公司注册局上的登记簿中移除。但丧失股东地位并不意味着其可以逃脱对之前的责任承担。

另外,股东是否可以主动要求公司来没收其股份?印度 2013 年《公司法》上对此持否认态度。因为如果允许股东行使"被没收"的权利,则相当于变相地让其退出公司,从而逃避其责任承担。

除了股份没收这一种权利负担,印度公司实践中还有一种股权上的权利负担即对股权的留置(lien),其指的是在股东对公司负有未尝债务(比如未能缴纳其认购的股本)的情况下,公司通过行使留置权,限制股东将股权进行转让(transfer),从而迫使股东及时偿付该款项。

留置权并非公司固有的(inherent)的权利,公司必须要在其公司章程实施细则(AOA)中明确规定公司对未能缴纳相应款项的股东拥有留置权,比如可以在 AOA 中设置"The shareholders shall not dispose their shares before their debts to the company are fully paid, the company shall have the lien on the shares for its debts"这样的条款,即"股东在足额清偿其对公司所负债务之前,不得处分期股权,公司对这部分股权拥有留置权",通过这样的约定,使公司可以行使留置权。

当然,在实务当中公司的留置权经常和其他权利人的权利产生冲突。比如公司之外其他债权人的质押权(pedge)。假设股东甲向乙借款,甲将其持有的公司股份质押给乙作为担保。随后公司要求甲履行其未尝债务,并要求行使对其股份的留置权。因为甲在先对乙设立了质押权,所以在先的权利导致公司无法行使其留置权。虽然印度公司实践上有些公司会在其 AOA 中声明公司的留置权是"first and paramount(第一位并且优于其他权利的)",但是如刚才例子所述,这样的声明并不能代表其可以得到完全认可。

十五、案例分析——2016 年某中资印度公司股权增持案

本案例是笔者在 2016 年经手的一个典型性案例,里面涉及了供股、定向增发、资金托管等诸多方面,可以比较清晰地阐述相应的风险点和业务流程。

ABC India Limited 是一个大型的、按照印度 1956 年《公司法》于 2000 年左右成立的股份有限责任公司(public limited),股东包括中国公司甲以及其他几个印度股东。中国公司甲之所以在一开始选择以合资的方式进入印度,是考虑到印度合资伙伴有着较强的分销渠道和当地政府采购资源。公司成立时候的股东持股结构(shareholding pattern)中,中方股东甲持股比例约 58%。虽然这一股权比例已经构成了简单多数(simple majority),但是距离印度公司法上规定的特殊决议需要的绝对多数 75% 这一比例仍有一定差距。同时 ABC India Limited 公司董事会共有 6 个席位,其中印度籍的董事占到了 3 个。2016 年年初,中方股东甲公司希望全面掌握 ABC India Limited 公司的控制权,并且通过增加董事会中中方的席位来获取公司的日常经营管理权。并且,2016 年年初的时机对于中国公司甲来说比较有利,ABC India Limited 的几个印度股东因其他投资导致自身资金较为紧张,无力对 ABC India Limited 倾注更多的力量和资金进行管理。印度股东们希望中国公司甲可以在获取对 ABC India Limited 的控制权的同时,追加对该合资公司的注资,从而进一步扩大 ABC India Limited 在印度市场的份额。

本案中,对于日常管理权的控制即董事会的控制的实现方式较为简单,中国公司甲计划将董事会的席位从 3 个增加到 5 个,则需要做的就是增选更多的中方董事替换现有的印度董事即可。而这一提议得到了 ABC India Limited 公司印度股东们的一致同意。

对于扩大中国公司甲在 ABC India Limited 中的控制,则有以下几个问题需要中国公司考虑:

1. 公司甲扩大在 ABC India Limited 中的占股比例。虽然印度股东们一致同意甲公司将其现有的股份比例从 58% 提升到 75%,但采取哪一种方式可以快速实现股权的增持值得中国股东甲考虑。

2. ABC India Limited 中印度籍股东的财务状况堪忧,其中有一位印度股东负

有较大额度的银行贷款，并且已经接收到印度某银行向其发送的催款通知。中国股东甲担心款项从中国汇出去进入 ABC India Limited 账户时，可能被印度股东挪用用来还贷，因此中国股东甲希望设计一个保护机制。

3. 外汇合规以及公司法合规问题。增持股份所需要的款项需要从中国汇出，而印度公司法规定配股(share allotment)时款项必须到位，考虑到中国日渐严格的外汇审核，如果时间量处理不好，极易引起印度法项下的违法事项(non - compliance)。

对于以上第一个问题，为实现公司甲的持股比例增持，实践中有两种方案。一种是所谓的"rights issue"也就是"供股"，另一种也就是所谓的"定向增发"(private placement)。供股指的是公司的现有股东因为已经持有公司股份，所以其在公司增发股份的时候，为了避免股权被稀释，会享有所谓的"优先认股权"(preemptive right)。因为老股东享有优先认股权，所以享有增发时首先认购的权利(right)被称为"rights issue"。而定向增发是指公司向符合条件的少数特定投资者非公开发行股份的行为，其并不一定向老股东发售股份。供股与定向增发在实务上很大的一个区别是，定向增发需要对增发的这部分股份进行定价估值(valuation)，如果定向增发的公司是上市公司，则一般都是以其股价为基础进行折算，而如果是非上市公司，则需要引入复杂的估值模型。并且，印度《外汇管理法》规定，如果定向增发的认购人是外国投资者，则认购价格需要遵循印度央行的定价指引(pricing guidelines)，而往往按照该定价指引规定的价格属于比较高的、带有溢价(premium)的认购价格。反观供股则不存在估值这一费时费力的步骤，唯一需要关注的点是，因为在供股时公司所有的老股东都有权认购，所以为了实现中国股东甲的增持，甲需要与其他印度籍股东协商一致，印度籍股东放弃供股时候的优先认股权，由中国股东甲全额认购。最终中国公司甲采取了供股这一方案，ABC India Limited 将增发 1 亿股普通股，每股面值 10 卢比，由中国股东甲全额认购。

对于以上第二个问题，为了保障中国股东甲的认股资金不会被挪用或者被银行申请法院强制执行，采取的方案是将款项汇入印度的一个托管账户(escrow account)中，而印度的银行大多都可以提供这样的服务，中国股东可以选择一家实力较强的大型银行作为资金托管人(escrow agent)。在完成所有的手续(包括认购协议、修改公司章程及完成董事会改选以及在公司注册局进行变更登记)，以及中国股东甲向托管银行发出指示之前，托管银行不会从托管账户中将款项划拨(release)给 ABC India Limited,从而保障了中国股东甲的资金安全。

对于以上第三个问题则是中国企业进行海外业务较为常见的问题。中国企业在走出去的过程中,在一定程度上会遇到中国政府的审批或者备案等。从 2014 年以来,中国政府已经大幅度地进行了对外投资领域的“简政放权”,比如境外直接投资项目的主要监管机构相继修订了相关的境外投资管理办法,将投资管理从核准制变为核准制与备案制相结合。

当然,目前印度不属于中国政府列出的敏感地区,笔者在实践中发现,经常出现问题的环节并非是商务部或者发改委拒绝投资项目,而是跨境投资和交易,中国投资者如何把款项从中国汇到印度的问题。而在这一阶段面临的主要问题很大程度上是来源于中国的外汇管理局(State Administration of Foreign Exchange, SAFE)的一些审核。对于一些海外投资项目,外汇管理局出于保护国家外汇资源的考虑,需要核验该海外投资项目是确有其事还是虚构的项目,从而将资产、外汇等转移出中国。

能否拿到外汇管理局的放行对于印度投资项目的运转至关重要。比如,根据印度公司法规定,企业实体设立之后,认购股本的款项必须要在 60 日之内到账,否则即构成公司法项下的违约。

因此,如果涉及的外汇款项巨大,中国外汇管理局以及银行等程序可能就需要花费数月的时间。这就建议中国投资者在巨量投资款项需要出海的情况下,需要尽早与外汇管理局沟通,及时完成相关材料的准备,避免因外汇管理局程序导致印度法项下的违规或者合同的违约而产生相关的责任。

当然,中国企业可以考虑通过离岸主体对印度进行投资,如果采用的是海外平台作为投资主体,并且账上有外汇〔19〕,或者可以通过境外获得低成本的融资,这样的话,中国外汇管理局的审批、备案等几乎用不上。但不管如何,在中国政府目前对海外投资的交易真实性以及海外资产的重视程度与日俱增的大背景下,中国投资者需要提前做好这方面的功课,避免后期被动。

此外,还有一个非常重要的问题就是,因为中国股东甲意图的实现与其他股

〔19〕 “并且账上有外汇”这一点非常重要。很多中国企业看到别的投资者通过第三地投资印度,自己也效仿,其实这一点真的是“因人而异”,如果投资者自身在离岸地并没有资金,那多一层架构就多了一层运营和保有成本,也会增加该离岸地的合规要求。因此中国投资者一定要基于自身实际并结合专业人士的意见进行个案分析。

东是否及时、高效地配合并且包含外部律师等顾问在内的各方需要步调一致地快速完成各项程序息息相关。为了达到此目的，笔者的团队撰写了相应的路线图(roadmap)，各方可以明晰地知晓每一步的时间节点、主要内容、责任人等信息，从而可以充分做好应对，表6－5是该路线表的主要内容，在使读者一窥本次业务全貌的同时供读者参考。

表6－5　路线

项目	工作描述	责任人	指示性时间节点
1	审阅现有文件并编制第一稿修订的股东合资协议(JVA)草稿，重新起草ABC India Limited的公司章程以及一份各方同印度一家银行的第三方托管协议(如汇丰或者花旗银行)。 注意：在JVA修订和重起章程中，律所将尝试移除所有根据现有股东合资协议和公司章程给予其他股东的所有合约权利，以便中国股东甲在认购新股后实现对ABC India Limited的全部控制。这些将包括从股东合资协议以及公司章程中移除所有否决权、董事和和股东会的法定人数、提名董事的权利、检查权等。 修改后的JVA和章程中，其他股东将只有根据法律规定的不能通过合同剥夺的权利，例如在其股份上的投票权，因为公司压迫需要司法干预的权利等。 第三方托管协议将提供一个第三方托管机制来确保中国股东甲支付的认购金额将汇到一个独立的第三方托管账户，除非股份发行和重新起草的章程程序完成并且有关文件已经交付给甲	律所	5个工作日
2	中国股东甲审阅JVA修订和重新起草的章程以及第三方托管协议，并给予意见	中国股东甲	2个工作日
3	基于中国股东甲的意见，完成JVA、公司章程和第三方托管协议的修订	律所	2个工作日
4	将完成的合资协议修订稿、公司章程和第三方托管协议传阅给其他ABC India Limited公司的股东供他们审阅和提意见/确认	律所/中国股东甲	1个工作日
5	各股东之间就修订后的合资协议、公司章程和起草的第三方托管协议进行讨论	所有股东	5个工作日
6	任命第三方托管银行并同该行讨论以便完成第三方托管协议的定稿	律所/第三方托管银行	5个工作日

续表

项目	工作描述	责任人	指示性时间节点
7	在完成各方之间的讨论之后,将合资协议、公司章程和第三方托管协议定稿	律所	2个工作日
8	各方签署第三方托管协议,第三方托管银行开设一个托管账户	所有股东	2个工作日
9	ABC India Limited公司组织召开董事会,讨论增加公司的法定股本(authorized capital)的事项,同时提请召开临时股东会(EGM),建议临时股东会批准增加法定股本的方案	所有股东	2个工作日
10	ABC India Limited公司召开一次临时股东会来批准增加其法定股本	所有股东	2个工作日
11	ABC India Limited公司给股东发出供股函来增发并就增加法定股本向公司注册局递交必需的材料	ABC India Limited公司	1个工作日
12	中国股东甲全额认购所有增发股份,而非按照现有的股权比例结构(pro – rata)进行认购	中国股东甲	4个工作日(其中的三天是根据印度法规定的法定间隔期)
13	其他股东拒绝按比例分配的供股,并出具拒绝函给ABC India Limited公司	其他股东	4个工作日(其中的三天是根据印度法规定的法定间隔期)
14	ABC India Limited公司召开董事会来记录中国股东甲有条件接收所有增发的股份,批准起草的JVA修订,同意接纳章程的修订	所有股东	2个工作日
15	ABC India Limited公司,中国股东甲和所有其他股东签署JVA修订	所有股东	1个工作日
16	在印度开设一个第三方托管账户	ABC India Limited公司	5个工作日(从签署第三方托管协议之日起)
17	中国股东甲将股份认购金汇至第三方托管账户	中国股东甲	3个工作日

续表

项目	工作描述	责任人	指示性时间节点
18	在配股当日需要同时进行下述活动： 1. ABC India Limited 公司股东通过决议批准修订的章程； 2. 其他股东任命的董事向 ABC India Limited 公司董事会递交辞呈； 3. ABC India Limited 公司董事会通过决议来(i)向中国股东甲进行配股；(ii)在董事会中任命中国股东追加的董事，并且移除其他股东任命的董事；(iii)更改银行的授权签字人来移除其他股东的任命人；(iv)采取所有其他 JVA 修订中可能同意的行动； 4. 将完成上述行动的证据将递交给第三方托管银行，第三方托管中介与中国股东甲确认后将款项划拨至 ABC India Limited 公司的账户。	各方/律所	当日
19	ABC India Limited 公司和中国股东甲完成发行后的手续，例如，按照印度 1999 年《外汇管理法》（*The Foeign Exchange Management Act 1999*）的要求向印度央行－印度储备银行（Reserve Bank of India，RBI）进行申报	ABC India Limited 公司/中国股东甲	自发行股份之日起 10 天

第七章 Chapter 7

公司成员与股东

一、公司成员概述

非常有意思的是，印度2013年《公司法》并没有对何者是“shareholder”（股东）作出定义，反而有专门一条对“member”（成员）作出了定义。印度2013年《公司法》第2条第55款规定以下为公司的“成员”：

1. 在公司组织大纲上签名的；

2. 同意成为公司成员并且名字出现在公司成员登记簿上的；

3. 持有公司股份的人。

为何印度《公司法》上会出现“成员”以及“股东”的区分？因为之前笔者在第二章提到，印度的公司除了有股本的几种公司类型，还允许设立不具有股本的公司，比如担保有限责任公司（company limited by guarantee）。对于这类公司，因为其本身没有“股本”，所以“股东”这一称谓不仅不妥，也没有实际意义。因此，采用“成员”比较贴切。

并且，股份认购和真正配股之间也有一个时间差，即使某人在公司章程上签字，其也不会立即领到公司的股份，所以在这段时间他的身份是“成员”而非“股东”。同理，在股份转让的情况下，虽然股份已经被转让给其他人，转让人会丧失股东身份，但是其成员身份在公司对登记簿以及章程做出修改之前，一直都会被保持。印度2013年《公司法》中鉴于商业实际，“成员”（member）和“股东”（shareholder）这两个词是可以互换使用的（interchangeable）。

印度《公司法》并没有对公司成员需要具有的资格提出非常具体的要求，比如2013年《公司法》第2条第31款规定，以下的“人”（persons）可以组成公司：

1. 自然人（individual）；

2. 印地未分家家庭（hindi undivided family, HUF[1]）；

3. 公司（company）；

4. 合伙（firm）；

5. 人的集合（association of persons）；

---

[1] “印地未分家家庭”类似于共同共有的概念。

6. 有权机关(authority);

7. 上述概念之外的法律拟制的人(artificial juridical person)。

从以上可以看出,股东(成员)的定义非常宽泛,公司法并没有对股东的年龄、专利资格(如必须通过会计师考试、律师考试等)、社会地位作出规定。那就会出现一个疑问,未成年人(Minor)是否可以成为公司的股东(成员)?针对这一问题,《合同法》将适用。因为在《合同法》看来,投资者出资认购公司的股份,其出资是换取公司进行配股的对价(consideration),因此其本质上是一种合同行为,即投资者向公司出资,从而换取公司的股份以及成员(股东)身份,双方订立了认股合同,理应受到《合同法》的规制。所以,股东的资格必须要满足拥有完全的缔约能力这一资格。

毫无疑问,未成年人的订约能力是有欠缺的,但这并不代表未成年人不能成为公司的股东(成员)。因为一般情况下,未成年人都是有监护人(legal gurdain)的,未成年人可以作为公司股份的真正受益所有人(beneficial owner)而存在。也就是说,印度并不禁止未成年人成为公司的股东。

不过,未成年人成为公司的股东,商业实践中也存在种种问题。因为股东需要经常做出公司相关的决策,比如对外进行订约或者放弃(waive)相关的权利(如放弃股息获得权)。所以,如果是未成年人签约,则合同的执行性(Enforceability)可能会在产生争议(dispute)时成为麻烦。除了订约之外,公司的股东还需要经常性地(routinely)对公司内部事项和决议等进行投票(cast vote),如果未成年股东在成年之后对于其之前的投票有相反的意思表示,可能也会导致不利的后果。

当然,解决的方式的一种可以是公司在自己的宪章性文件中写明,公司股东必须是成年人。或者另外一种折中的方式是,在未成年人是股东的情况下,其享有的股权没有投票权,从而避免对未来业务和公司治理方面的一些影响。

公司是一个“法人”,并且拥有独立的缔约以及责任承担能力。但是拥有完整的缔约能力并不表示公司就可以自然地成为另外一个公司的成员(如持有其他公司的股份从而变成其他公司的股东),因为公司的行为要受到其宪章性文件即公司章程(AOA 及 MOA)的规制。所以只有在其章程中允许该公司对外进行投资而成为另外一家公司的成员时,该公司才可以进行相应的行为,否则,超越公司章程而做出的对外投资行为无效。

对于不具有法人资格的企业实体形式比如合伙企业(partnership firms),印度

《公司法》目前不允许其以该合伙企业的名义持有公司的股份。但是合伙企业的成员可以采用其个人名义持有公司的股份。

就取得成员(股东)身份的方式而言,除了设立公司时候这种自然而然地获取成员(股东)身份,还有通过股份的自由转让(transfer of shares)以及股份的法定转让(transmission of shares)等途径。印度《公司法》上的股份转让按照触发的原因不同,分为投资者、股东等基于自身自由判断而进行的股份转让(transfer of shares)以及因法院判决、继承等非因股东自由意志而导致的股份转让(transmission of shares)。

二、成员的权利和责任

成员的责任与公司的具体形式紧密相关。在目前的印度《公司法》框架下,规定了具有有限责任的公司形式以及无限责任的公司实体形式。还规定了没有股本,采用“担保”(guarantee)这种方式设立的有限责任公司形式。所以,成员的责任要具体到其所在的公司的具体实体形式。

表7-1　公司组织形式与责任类型

公司组织形式	责任类型
无限责任公司(unlimited company)	成员(股东)对该公司存续期间的债务承担无限连带责任,即股东必须以出资财产和出资财产以外的其他财产作为清偿公司债务的保证,当公司的全部财产不足以清偿公司债务时,债权人有权就其未受偿部分要求公司股东以其个人财产清偿,而且股东间的责任是连带的,对于那些偿还公司债务超过自己应承担份额的股东,有权向本公司的其他股东追偿
无股本的担保有限责任公司(company limited by guarantee)	对于这类没有股本的公司,其有限责任的承担是基于成员在创立公司时候对公司的责任承担保证(guarantee)责任,这类的保证声明一般记载在公司的章程中。因为这类公司没有“股本”,所以其投资者只能被称为“成员”,而非“股东”。对于无股本的担保有限责任公司的责任承担,其成员是在公司清算或者解散的时候,才需要按照其在公司章程中约定的责任份额来进行承担

续表

公司组织形式	责任类型
有股本的有限责任公司（company limited by shares）	对于这类公司，股东以其认购的公司股份数额对外承担责任，假设股东对于自己认购的股份仅仅完成了部分缴纳，则其对尚未缴足的部分需要承担责任。当然，这时候该股东的责任承担不仅是对外的，也是对公司本身，因为其未能足额缴纳其认购的公司股本，则其对公司而言是债务人。在股本已经向公司足额出资的情况下，其对公司没有负债，而公司在对外承担责任的场合下，该股东仅需要以其出资额为限承担责任即可，其他的财产不会受到影响

三、股东（成员）权利以及变动

上文第六章第六部分中已经有论述，公司股本可以划分为普通股和优先股。对于公司来说，控制权的维持与股权融资之间总存在一种紧张关系。每一次股权融资都会造成对控股股东股权的稀释，随着融资次数的增加，控股股东股权比例会下降到担心失去控制权的程度。如果允许公司根据自身情况安排不同的股权结构，如发行无投票权股份如优先股或超级投票权股份，控制权与股权融资的这种紧张关系就可以得到缓解。

实践中经常会有中国企业问到在筹划其印度公司股权的时候，是否有的股份（share）可以享有更多的投票权，也就是“同股不同权”。

对于股份投票权的立法，大致存在两种模式。一种模式是投票权法定化，即法律规定股份公司只能发行两种股份：每股一票的普通股和无投票权优先股；公司不得发行每股有多数投票权的股份。另一种模式是股份种类自由化，即法律对公司发行股份的种类不作强制规定，公司可以根据具体情况，通过股东大会决议或公司章程规定，发行任何种类投票权的股份。

一些国家的法律允许公司发行的股份可以是“一股多权”（multiple votes）或者“多股一权”（fractional votes）[2]。在印度法下，“同股同权”或者说“一股一权”是基准法则。因为同股同权是股东平等原则在表决权方面的体现，即每一个股份只能享有和行使一个表决权，否则，对于同一类别的股权股东享有的权利不一，则

〔2〕 参见施天涛：《公司法论》，法律出版社2006年版，第189页。

涉嫌对某些股东的歧视待遇。诚然,有的股票当然可以享有更多的投票权,但一旦这样安排,享有更多投票权的那部分股票就已经实质上和那些享有一般投票权的股票属于不同种类(class)的股票了。

对于享有不同投票权的股权安排,印度承袭了英国公司法中的安排。英国公司法允许公司根据市场和自身情况发行各种类别的股票,这些不同种类的股票在盈余分配、剩余财产分配、投票权等方面存在的差别可以由公司自己决定,印度公司法也是采取了类似的安排。

在现行印度公司法的架构下,不但股份公司(public company)可以将其权益总额划分为等额股份(share),私人公司的股本也可被划分为等额股份并且可以进一步划分为普通股(ordinary shares)和优先股(preference shares)。对于普通股这一大类,又可以划分成不同的种类(class),假设投资者想设计某普通股的投票权是另外一股东持有的股份的投票权的3倍,则自动地,该普通股被划分成了两种不同的类别,即一种是基准投票权权重,另一种是3倍投票权权重。

因为投票权直接关系着公司大政方针的决策以及日常运营管理权力的处分,所以股权问题一直是投资者最为关注的问题之一。股东投票权在公司治理理论中具有极高的地位。按古典经济学的理论,如果使企业能够高效率地创造财富,必须将财产收益和控制捆绑在一起,因为只有这样,自利的本性才能刺激人们高效率地经营企业。公司制企业这一形式出现后,作为所有人的股东虽然不直接控制企业财产,但通过投票选任和罢免董事,仍可以间接控制企业财产。也就是说,投票权是把公司收益和控制捆绑在一起的唯一形式。但是,每个公司的股权架构及其设置都是需要进行个案分析的,法律给出了多种可能性安排,但从来没有说必须要照搬某一种安排。笔者在实务中见到了许多中国与印度合资伙伴在设立合资公司的时候,因为初期没有考虑股权配置问题而在后期具体运作的时候导致僵局乃至内斗的案例,笔者希望中国投资者可以引以为戒,最好在设立公司之初就要在专业人士的指导下按照其个案特点以及商业目标进行相关的股权设置。

四、股东权利变动的实施程序

如上文所述,创始股东和现有股东在通过转让股权融资时都想以最小的控制权流失作为代价来获得最多的融资，因此，实践中这些股东经常采取设置一类(class)股份，拥有较少的投票权等机制来避免其对公司的控制权过度稀释的目的。而按照印度2013年《公司法》，创设新的类别股需要遵循以下步骤：

1. 公司的章程(MOA和AOA)中允许创设不同类别的股份。如果章程中没有类似规定，则先必须对章程进行修改。

2. 如果是创设新的类别股，则需要现有股东持有的股份数中3/4或者3/4以上对创设新的类别股持赞成态度。如果是变更某一类别股东的股份权利，则还需要征得该受影响的类别股东持有的股份数中3/4或者3/4以上的同意票。举个例子来说，如果A公司目前只有普通股，现在想创设一类不具有投票权的优先股，则需要得到A公司现有的已发行股份中3/4或者3/4以上的同意票才可以创设，并且该A公司的章程中需要允许公司创设新的类别股。之后随着A公司生产经营的需要，其希望出售一部分旧的股份来对外融资，但是希望这类对外转让的股份的投票权只有之前已发行的普通股的投票权的1/3，则在此情况下，购买这部分只有较低投票权的股东中持有股份数在3/4或者3/4以上的同意才得以发行。

五、股东退出之股份转让(share transfer)

公司制企业形式的一大好处就是股份转让较之其他企业形式如合伙制企业更加方便灵活。在印度，作为资合性较强的股份公司股份转让[3]最为灵活，可以自由转让，对于实践中最常见的私人有限责任公司，其人合性较强，印度2013年《公司法》允许公司在章程中对股份的转让进行一定条件的限制，从而保障私人公司的人合性。但《公司法》不允许禁止股东转让其股权的条款。意思也就是，即使公司可以在章程中设置各种条款对股权转让施加各种限制，但是最终各种限制不得剥夺股东转让其股权从而退出公司的权利。但是，股权的转让必须真实彻底，意思也就是不得约定仅转让股权上的部分权利比如转让投票权但是保留分红权等。

但股份的转让在实践中往往与其他部门法交织在一起。比如说，如果印度公

〔3〕 参见印度2013年《公司法》第58条第2款。

司的股东向一个中国投资者转让其持有的公司股份，则这里面除了要满足印度2013年《公司法》对于股份转让的要求，因为股份受让人是一个外资投资者，所以转让还需要符合印度1999年《外汇管理法》(*Foreign Exchange Management Act*)以及印度外汇主管机关印度储备银行(Reserve Bank of India，RBI)对于外汇管理的规定，此外还要满足印度中央政府每年刊发的《统合外商投资政策[4]》(*Consolidated FDI Circular*)中关于该行业是否可以向外商转让股权的规定。在股权转让这一方式下，又存在合资公司中中国股东转让股权以及中国投资者的印度全资子公司转让股权以及中国投资者将其收购的印度公司的股权进行转让这三种情形。笔者将在下文进行分类详述。

在印度，如果是外国投资者想要转让其持有的股权，则需要依照印度2000年颁布的《外汇管理法案(非印度居民转让或者发行有价证券实施细则)》[5]进行相应的合规性操作。

1. 假设中国投资者在印度设立的是一家全资子公司，要进行股权的转让

如果中国投资者在印度通过全资子公司的方式开展业务，之后，中国投资者希望转让该子公司的股份给第三人，基于印度目前的法律是可行的。若证券的出售满足了具体指引的规定以及所得税部门出具了相应的清税证明，则授权银行会允许非居民股东转让其股份。

但是具体在实务操作中，中国投资者转让其印度全资子公司的股权这种情况，因为中国投资者作为一个"非印度居民"，其对外转让股权可以向印度居民转让(如印度的一家企业)，也可以向非印度居民转让(如将股份转让给中国国内的一家投资者)。

基于目前印度的法律框架，股份所有者在居民、非居民之间的转让关系的法

---

[4] 印度商业和工业部制定外商直接投资政策，该政策会根据印度政府的计划和目标随时增补。印度的外商投资政策属于所谓的"sunset policy"(日落政策)，意即存在一定的有效期。目前印度统合外资政策的有限期是一年，所以投资者在进入印度市场的时候，一定要基于印度官方发布的最新的统合外资政策进行研究，另外，印度商工部也会不定期发布一些通告，作为对于年度统合外商投资政策的有效补充。所以投资者需要密切关注印度外商投资领域有关本行业的最新动态，避免因所依仗的法律文件的时效性问题而影响投资计划。

[5] Foreign Exchange Management (Transfer or issue of security by a person residentoutside India) Regulations，2000. 法案具体文本可见印度储备银行官方网站：https://rbi. org. in/Scripts/BS_FemaNotifications. aspx? Id = 174。

律安排如表 7－2 所示：

表 7－2　股份所有者在居民、非居民之间的转让关系

序号	种类	是否需要许可	是否需要遵循定价指引
1	非居民向非居民（non resident to non resident）进行股权转让	不需要	不需要
2	非居民向居民（non resident to resident）进行股权转让	需要参考印度的统合外资政策（consolidated FDI policy）以及具体行业的外资政策中的指引	需要
3	居民向非居民（resident to non resident）进行股权转让	视情况进行审批	需要
4	居民向居民（resident to resident）进行股权转让	不需要	不需要

因此，作为非居民企业的中国投资者，如果想转让其持有的印度公司的股份，如果其转让的对象是印度非居民企业，则十分方便灵活，既不需要经政府许可，也不需要遵循政府的定价指引。因为本来作为外商持股的股份经过这一模式仍然被下一个非居民即外商投资者持有，即“接盘侠”仍是外资。如果深究这一安排的原因，恐怕是因为这样不会影响到印度的一些外商投资数据和表现。

在中国投资者找不到下一个外资“接盘侠”，只能转给印度居民企业的情况下，这个时候如上表所示，既需要在遵循外商投资政策中对于股份转让的规定，对于定价也需要遵循政府的指引。

2. 假设中国投资者希望转让其印度合资公司中的股份

若中国投资者通过合资公司的形式在印度进行运营，其持有印度合资公司中部分股份。这个时候除了要进行法律限制分析，还要考虑合资合同中的一些限制性规定。

法律限制分析即上文中的图表，作为非居民企业的中国投资者，如果想转让其持有的印度公司的股份，如果其转让的对象是印度非居民企业，既不需要经政府许可，也不需要遵循政府的定价指引。而在转给印度居民企业的情况下，既需要在遵循外商投资政策中对于股份转让的规定，对于定价也需要遵循政府的指引。

因为合资企业一般都会签订合资协议,而合资协议中也常常会对股权转让进行相关的安排,比如股东往往会在合资中安排诸如优先购买权之类的条款,或者限制转让条款。所以对于在合资公司的退出方式上,除了考虑法律的一些禁止性和强行性规定,很大程度上也需要参考合资公司的合资协议以及公司章程中的安排。以下是合资协议中有关本问题的相关条款:

(1)拖售权(drag along right):又被称为“领售权”,指的是如果一方要出售其在合资公司中的股权,有权强制其他方一并出售其他方持有的股权。一般而言这个权利大股东会比较重视,当大股东出售其股权时,领售权强迫小股东参与此等出售。该权利保护了大股东的利益。大股东退出时,领售权为大股东提供了迫使其他股东按照同样的价格和条款也同时退出的权利。在股权购买协议中,领售权是非常标准的条款。

(2)随售权(tag along right):又称随卖权、参售权、共同出售权或跟随权,指的是权利人(通常是少数股东)有权在其他股东对外转让股权的时候,以相同价格和条件出售其股权。即如果一方出售其在合资公司中的股权,其他方有权要求以相同的条件也出售其持有的合资公司股权。因为在一个商业项目中,如果大股东将其股权对外转让而实现“跑路”,则其对小股东产生的影响将是极其严重的。因此,小股东为了保护自己的权益,会在合同中要求加入与大股东进行“股权捆绑”的条款,以期寻求保护。

(3)优先购买权(right of first refusal/offer):指欲对外转让股权的股东,在和第三方达成潜在交易之前,需要将达成的条件,包括但不仅限于价格、谈判的交易条件等,披露给公司的其他股东,其他股东在相同条件[6]下与转让方股东优先达成购买该等拟转让股权的交易。比如中国投资者和印度合作方成立了一家合资企业,印度股东这时想对外转让股权。如果中国股东给出的条件同等,那么印度方就不得将股权转让给第三方而是必须要转让给中国股东。优先购买权条款的存在对于合资公司的存续、发展等有着重大意义。中国投资者与印度投资者进行合资都是在信任的基础上,看重对方的某些长处和结合在一起产生的合力(synergy),如果印度方将股权转让给其他人而退出合资企业,新进来的股东可能无法得

[6] 需要读者注意的是,这里的“同等条件”不仅仅指价格相同,也包括付款方式、付款时间等,如果仅价格相同,而付款方式、付款时间不同也不能算是“同等条件”。

到中国股东的信任,或者其也不拥有中国投资者所看重的资源和优势。甚至有时候如果印度方股东将股权转让给中国投资者的竞争对手,这样将直接导致合资目的落空,甚至因为竞争对手的加入而导致商业计划、机密信息等的泄露。因此通过在合资协议中加入优先购买权条款对于合资企业中中国投资者权利的保护是非常重要的。

(4)转让限制条款或者锁定期条款(lock - in period):比如在一定期限内(如3年内)不得对外转让。合资企业从筹划、落地到运营以及产生利润离不开合资伙伴的持续投入,只有经过一定时间的运作,才能产生量变到质变的飞跃。在合资协议中加入限制转让相关条款,可以使双方股东绑定在一条战船上,有助于合资计划的实现。

3. 假设中国投资者希望转让其收购的印度公司的股权

在这种情况下,如果中国投资者是全资收购,那么印度目标企业就成为了中国投资者的全资子公司,如果是收购部分股份后意欲对外转让,那么其相当于转让合资公司中的股权。这两种情况都可以参考上文。

在签署股份转让协议(transfer deed)并支付对价从而执行该协议之后,还需要履行以下重要程序。上文中笔者提到,股权证书上的登记不能对抗公司注册局那里的登记,所以在交割完毕之后,受让方需要到公司注册局及时完成股东变更登记,只有在公司注册局将旧股东的名称从其数据库中撤销掉(cancel)并且替换为受让人之后,股权转让才在实质意义上得到完成。当然,这个时候对于旧的股权证书,操作方式有两种,要么就是将旧的股东的证书收回销毁并向受让方签发新的股权证书,也可以在旧的股权证书上采取背书(endorse)的方式,表明旧的股东已经丧失了公司股东地位。

第八章 Chapter 8

高级管理人员、董事及公司秘书

一、高级管理人员(key management personnel)

印度2013年《公司法》首次对高级管理人员(或关键管理人员)的概念进行了界定,该概念对上市公司和一些特定类型的公众公司适用,基于公司法,以下人员属于高级管理人员范畴:

1. 管理董事(managing director)

2. 首席执行官(CEO)

3. 经理

如果公司没有以上人员,则下述人员被视为高级管理人员:

1. 全职董事(whole – time director[1])

2. 公司秘书

3. 首席财务官(CFO)

高级管理人员担负着较为特殊的责任,在公司治理中也扮演较为重要的角色。中国法上也有“高级管理人员”的概念。中国现行的《公司法》[2]中明确了“高级管理人员”的范围,根据中国《公司法》第216条第1项的规定,公司高级管理人员是指公司的经理、副经理、财务负责人,上市公司董事会秘书和公司章程规定的其他人员,并且中国《公司法》中第六章对于“公司董事、监事、高级管理人员的资格和义务”进行了专章规定,同时,该章也规定了公司高级管理人员的禁止性行为。

按照中国《公司法》的规定,上述的“经理、副经理”指中国《公司法》第50条和第114条规定的经理、副经理。经理由董事会决定聘任或者解聘,对董事会负责;副经理由经理提请董事会决定聘任或者解聘。财务负责人是指由经理提请董

---

〔1〕 印度公司法上的“管理董事”(managing director)和“全职董事”(whole – time director)对于很多中国投资者来说难以理解,很多人认为其是否指的是同一种董事。其实,在印度法上,管理董事是一个非常高级的董事职位,因为很多时候管理董事也不能整天都待在公司里面,所以这个时候公司可以聘用一名“全职董事”,这名董事相当于公司的雇员,与管理董事相比,全职董事虽然也处理日常公司管理事项,但是其权力较小。

〔2〕 此处指2014年3月1日起实施的修订后的《中华人民共和国公司法》,至2017年仍现行有效。

事会决定聘任或者解聘的财务负责人员。上市公司董事会秘书是中国《公司法》第124条规定的上市公司必设的机构,负责上市公司股东大会和董事会会议的筹备、文件保管以及公司股东资料的管理,办理信息披露事务等事宜。而中国《公司法》第216条中所述的"公司章程规定的其他人员"则是为了赋予公司自治的权利,允许公司自己选择管理方式,聘任高级管理人员,但是,这些人员(职位)必须在公司章程中明文加以规定。

讨论高级管理人员的意义是,因高级管理人员的特殊地位对公司相关事务的处理问题上需要有更多的侧重。作为一种现代型的复杂脑力劳动,高级管理人员的职业很大一部分是就是"管理",而管理的成果是很难像一般劳动者一样进行微观的量化。并且,高级管理人员往往在公司中处于强势地位,因为其在公司内部掌握着公司的实际控制权,在整个生产要素市场上,管理技能又是稀缺性程度超过资本的一类生产要素。而且对于公司内部的管理规章和各项制度,高级管理人员是有充分的参与权和制定权的,一般的劳动者只能是遵守,不太可能参与到制定过程中来。因此也就引申出高级管理人员和公司之间的关系应该是一种信托关系而非简单的雇佣关系。因为,首先雇佣合同的订立目的是由受雇人向雇用人提供劳务,而委托合同订立的目的在于由受托人为委托人处理事务,受托人提供劳务无非是达到目的的手段而已。再者,受雇人依据雇佣合同提供劳务,必须服从雇用人的指示,自己一般不享有独立的酌情裁量的权利,而委托合同中的受托人虽然依照委托人指示处理事务,但一般却享有一定的独立裁量的权利。至于是否支付报酬的问题,虽然传统的委托合同是无偿合同,但是却不禁止合同双方约定为有偿合同。而基于信托关系,高级管理人员自然而然地就应该对委托人履行信义义务(fiduciary duties),避免滥用因职务原因而获取的公司信息和管理权力。

二、公司董事与一般性规定

董事是公司高级管理人员中的中坚群体。印度2013年《公司法》规定,公司的董事由股东会选出[3]。在初创公司的时候,因为股东会是要等到公司成立之

〔3〕 印度2013年《公司法》第152条。

后才可以召开，而在公司创立之前就需要把公司的董事人选报给公司注册局，所以公司的创始董事并非经股东会选出，而是由公司的创始股东决定。对于董事的增选问题上，如果公司章程中规定公司董事会而非股东会有权利增选董事，则该被增选的董事不需要由股东会决定。当然，被选任的人也需要同意担任某一公司董事的职务。

按照公司法的规定，只有自然人才可以出任公司董事。根据最新的 2013 年《公司法》的规定，印度私人有限责任公司（相当于中国的有限责任公司）必须要至少有一名居民董事（税法概念，即每年在印度连续居住的时间不得少于 182 天），而对于上市公司来说，董事会中至少 1/3 的董事需要为独立董事。另外，上市公司以及一些特定的公众公司（相当于中国的股份有限责任公司）还需要有至少 2 名女性董事〔4〕。

对于董事和股东人数，私人有限责任公司规定如下：

1. 最少 2 名股东，最多 200 名股东，自然人、法人皆可；

2. 最少 2 名董事，最多 15 名董事。

公众公司规定如下：

1. 最少 7 位股东，2013 年《公司法》对于股东人数上限没有限制；

2. 最少 3 名董事，最多 15 名董事。

对于较为特殊的一人有限责任公司，单一的自然人股东也可以同时担任董事。管理董事、全职董事以及公司经理的年龄要求是 21 岁以上，70 岁以下。对于一般的董事，达到 18 岁以上，并且有民事行为能力即可。

2013 年印度《公司法》中规定了非执行董事（non - executive directors）和独立董事（independent directors）。上市公司董事会中至少有 1/3 的董事为独立董事。

成为公司独立董事需满足以下条件：

1. 不得为公司的发起人股东；

2. 不得与公司的发起人股东或者董事有亲属关系；

3. 在被委任为独立董事之前的连续两个财政年度内不得与公司、发起人股东或者公司董事有金钱上的关系。

---

〔4〕 印度 2014 年《公司法（董事委任及资格）实施细则》[*The Companies* (*Appointment and Qualification of Directors*) *Rules*] 第 3 条规定，对于上市公司、实收资本超过 10 亿卢比的公司、年流水超过 30 亿卢比的公司都需要委任女性董事。

4. 在被委任为独立董事之前的连续三个财政年度内没有成为公司雇员或者高级管理职位。

另外,为了避免利益冲突,独立董事不得拥有公司的期权。

董事的“资格股”(qulification shares)也是一个值得中国读者关注的问题。一般意义上而言,股东可以是董事,而董事不一定是股东。即在董事的选任上,公司即可以让股东兼任董事,也可以从公司外部聘用专门的人士担任董事。关于董事是否必须是股东的问题,各国规定有所不同,但是大致上可以分为以下三种情形:第一种是董事必须同时是股东,也就是规定了董事的资格股,换句话说,只有持有相应的股份的股东才可以担任董事。第二种是无资格股模式,也就是法律不对董事持有公司股份进行限制。第三种则是选择模式,即立法上对于资格股没有严格限制,但允许公司按照章程的要求自行规定。

对于第一种必须要先成为股东才能够担任董事的模式,探究其原因,可能是要求董事同时作为公司的股东,将其个人利益和公司利益绑定在一起,同时,该股份也可以作为对董事违反义务时候的担保或者优先索取的赔偿。当然,随着公司激励制度的推行,很多时候公司会给董事、高级管理人员以股份、期权。从而使董事也具有了股东的身份。

进一步考虑,从董事的资格股制度可以推知,为什么美国和其他国家公司早期发展史上只有内部董事或者非独立董事,而没有外部董事或者独立董事。其中一个很重要的原因就是,如果一个国家的公司法要求董事必须是股东,这就意味着股东以外的人是没有资格做董事的。换言之,这些国家就不可能有外部董事制度。所以,只有董事的人选突破了股东的范畴,才为外部董事或者独立董事的产生创造了可能〔5〕。

就印度而言,印度1956年《公司法》即采取了第三种模式。该法第270条对成为董事所必须要持有的“资格股”以及所持有的数量进行了界定,也就是说,成为董事的前提就是必须要成为公司的股东。但是,考虑到对董事的公平,1956年《公司法》中的措辞是,公司可以在章程实施细则(AOA)中规定是否要求董事持有资格股,如果不要求,则董事无须持股。也就是不得要求某人在就任董事之前就必须持有公司的股份,若章程实施细则中规定董事需要持有相应的资格股,则

---

〔5〕 参见王天习:《公司治理与独立董事研究》,中国法制出版社2005年版,第75页。

董事可以在被聘任为公司董事之后两个月之内取得相应的股份，并且，法律强行规定了获取的期限不得少于两个月，从而使董事有充足的考虑时间，从容地获取公司的股份。

而印度 2013 年《公司法》显然是抛弃了这种做法，从法律条文上删除了对董事“资格股”的规定。当然，如果公司愿意，则可以按照公司意思自治，在公司宪章中进行相应的规定，公司法和公司主管机关将充分尊重公司的决定。

一般而言，董事的聘用需要经过公司股东会的同意。公司在选举董事之前，需要通知公司各股东候选董事的相关背景信息。另外，印度 2013 年《公司法》也引入了董事身份认证代码（director identification number，DIN）制度，这一制度最早是由 2006 年的《公司法修正案》（*The Companies Amendment Act*，2006）最先引入，其设立的初衷是通过 DIN 这一八位数（8 Digit）的唯一并且是长期有效的编码，并且结合电子签名证书（digital signature certifiate，DSC）来提高合规效率和合规遵从。所以选任董事之前必须要首先取得董事认证代码。

DIN 申请成功之后，公司注册局都会向申请人发送一封邮件，附上给申请人分配（allot）的八位数 DIN 编码。DIN 编码其实拥有法律上的重要意义。实践中经常出现的情况是，有些具备丰富行业资源或者专业知识的人会在多个公司当中兼任董事。虽然法律允许一个人在多个公司中兼职担任董事，但是兼职也是有限度的，因为在互为竞争关系的两家公司中同时担任董事，很显然会造成利益冲突，而为了避免出现利益冲突的情形，因此需要董事候选人对信息进行披露。

按照 2013 年《公司法》第 156 条的规定，如果某人在受聘于某公司之前，已经在其他一个或者多个公司担任董事的职务，则该人需要把其在其他公司担任董事职务的情况通知（intimate）将要受聘的公司，而该公司也需要在收到董事的披露之后，及时向其所属的公司注册局进行汇报。

就律师乃至公司秘书的职责而言，在印度法项下，应当积极根据该董事候选人的 DIN 编码进行相应的尽职调查〔6〕，判定该董事候选人是否有在先的违规行为或者潜在的利益冲突风险。

上市公司选任独立董事必须要由股东大会作出相应的决定并向决定聘用的候选人发放正式聘用函。任期以及任用条件也必须要在此聘用函中载明。

---

〔6〕 印度公司事务所设有专门的查询地址：http://www.mca.gov.in/mcafoportal/login.do。

在董事任期到达之前,公司有权解聘董事。前提是给予该董事充分的辩解机会。之后可以以普通董事会决议的形式解除其董事职务,而且必须要履行相应的变更填报手续来知会公司事务部。

对于上市公司和一特定类别的公众公司而言,法律强行规定要求其设立报酬委员会,该委员会负责具体制定对董事、主要高级管理人员和其他雇员的薪金报酬标准并且报董事会批准。

在一个财产年度中,公众公司向其董事(包括管理董事、全职董事和经理)发放的报酬不得超过公司该年度净利润的11%。公司给予上述人员的认股权也将被视为报酬的一部分并计入其中。而对于私人公司,法律不会对董事的报酬进行过多的干预。但是,因为公司的年度税务报表中必须要披露董事及其他高级管理人员的薪酬信息,董事会年度报告中也需要含有相关信息,所以一般而言,董事的报酬都是基于行业的标准进行发放。总体而言,对于董事支付的薪酬需要董事会开会决定,之后该决定需要在随后举行的一次股东大会上得到批准才可以付诸执行。

公司法实践中,董事的薪金问题一般不会成为公司和股东们关切的首要问题,反而是董事会席位即董事人数问题经常成为股东们的焦点问题,因为席位与公司的日常经营管理权以及决策效率息息相关。就董事人数的法定要求来看,印度2013年《公司法》中不仅规定了公司的最低董事数,也规定了最高董事数。第149条第1款a和b分别规定了不同类型的公司董事数的下限和上限。对于私人有限责任公司来说,最少要有2个董事,其中有一个必须要为印度的“居民董事”;对于公众公司来说,则最少要有3个董事,其中一个必须要为印度的“居民董事”。而对于公司董事的上限,印度2013年《公司法》将其设定为15人。但公司法考虑到实践中有的公司可能会有特殊需求,因而也允许公司在通过特殊决议(special resolution)的情况下,突破董事最高人数为15人的限制。但是,每个公司最低都必须有两个董事的这一底线要求不得突破。

如上文所述,因为董事和公司之间的关系并非简单的劳动雇佣关系,并且董事因为其特殊的身份导致如果其一旦违反相关的公司规定或者法律规定,造成的后果相比于一般劳动者违反公司内部规章而言要大得多。2013年印度《公司法》中规定的董事责任包括:

1. 遵守公司章程；

2. 诚实守信地实现公司目标；

3. 尽职、审慎地进行独立判断；

4. 不得进行任何与公司产生利益冲突的行为；

5. 不得获取不正当利益或者侵占公司利益；

6. 董事不得转委托。

同时，就法理上而言，董事对公司以及公司股东负有诚实守信义务（fiduciary duty），当然，于情理上而言，董事作为股东和公司（委托人）的受托人，也应当践行诚实守信义务。在产生利益冲突（乃至潜在利益冲突）时，董事需要尽到披露义务，并且有利益冲突的董事就相关事项不得投票或发表意见。对于违反董事义务的董事，除了要承担民事责任之外，基于具体的行为和法律的规定还可能引致刑事责任。

印度2013年《公司法》规定，公司董事必须要善意地对公司进行经营、管理，在兼顾保护公司、股东、雇员以及环境的利益的同时实现公司的最大利益。董事负有法律上的义务来避免与公司产生利益冲突。公司的董事不得侵犯公司利益而为自己或其亲属、合作伙伴谋取私利。如果一人是某公司的董事，而该董事恰巧持有与公司进行的某一交易事项的对手方企业一定数量的股份，或者是该对手方企业的合伙人、所有者，则：

1. 该董事必须向公司董事会陈述其所涉及的利益关系；

2. 该董事不得参与讨论该交易合同的董事会会议；

3. 如果该董事未对有利益冲突的交易事项进行披露，则公司拥有撤销该交易的权利。

公司同时不得进行如下事项：

1. 不得向董事提供贷款[7]；

2. 不得向董事个人及其关联方的借款提供担保或抵押。

---

〔7〕 印度2013年《公司法》第185条。当然，印度公司法规定的不得向董事提供贷款是原则，其也给出了一些例外，如公司以股东会特殊决议同意给予贷款或者在聘任某管理董事或者全职董事时候将给予贷款作为聘任其担任公司董事的“一揽子”条件时，公司可以给出相应的贷款。

三、印度公司法上的居民董事

印度2013年《公司法》中对于董事的选任资格要求中并没有规定国籍是担任董事的积极条件。但按照印度公司法的要求,在印度开设公司必须要有一个居民董事(resident director)。“居民”其实是税法概念,也就是在过去的一个年度内在印度连续居住满182天的人,由于连续居住时间较长,使其生活、工作重心在该地,该人也就成了当地的“税务居民”。这一概念并没有国籍的要求,但是印度的签证政策较严格,中国人想满足在注册公司前一年拥有“居民”身份这一条件还是比较困难的。所以实践中很多中国投资者在印度开设的公司都需要找印度当地人挂名,作为其公司的“居民董事”。

对于花一定的金钱代价聘用印度人士作为中国公司的“居民董事”在实践当中经常出现。当然,采用这一做法对于中国企业来说是有顾虑的。实践中很多中国企业担心,该印度董事虽然是“挂名”,按理说不享有公司的任何管理权限,但是无法避免“表见代理”的出现,比如该挂名董事与第三方洽谈,告诉对方其是该中资印度企业的董事,该印度董事与中方的内部安排第三方并不一定知晓,所以如果出现表见代理的情形,最终的责任也是需要中方来承担。目前市场上有中介提供所谓的挂名董事,但是因为疏于前期考察和后期管理,导致该董事干涉公司事务、侵吞公司财产的行为屡屡发生。

从另一方面来看,虽然中国投资者为了顺利注册一家印度公司,可以花钱去聘请一个印度人作为居民董事,对于该印度的挂名董事,很多时候也会有顾虑,毕竟印度法上没有“法人代表”或者“法定代表人”一说,公司的董事对于公司的业务是需要承担责任的,当公司违法经营或者犯罪的时候,公司的董事首当其冲。所以很多时候印度人会担心中国投资者在印度设立的企业会从事非法经营,虽然其可以从担任挂名董事中取得一些报酬,但是未来麻烦上身是谁也无法预料的。这也是为什么一些中国企业搞不明白为何他们花钱去聘请印度人作为挂名董事,但是问了好多人都不愿意接受这份“外快”的原因。但是如果站在印度人的角度考虑,问题就很清晰了。

针对挂名董事的问题,目前有些中国企业的解决方案是,用其雇佣的印度籍员工来挂名担任居民董事的岗位。当然这个是一个不错的解决方案,但实践中,这种方案也可能会导致一些问题。从稳妥的角度出发,笔者建议最好采用无关联的专业第三方提供居民董事的方式,以避免内部员工越权而导致的雇主责任。此外,独立第三方的挂名居民董事解决方案也可以保障公司不会因该员工离职、劳动争议等导致公司印度实体陷入困难。目前市场上的中介素质良莠不齐,笔者也建议投资者在做决定之前擦亮眼睛,做好前期的调查工作。

除了采取以上措施,笔者建议投资者还可以采取以下多管齐下的保险措施,即:

1. 与该印度挂名董事签订协议,使其承担相应的合同责任;

2. 保存好公司的印章印鉴等,使挂名董事没有机会接触到;

3. 为中国员工申请工作签证,待中国员工满足“居民”条件之后由其替换下印度的挂名董事。

另外,聘用挂名的居民董事还要注意利益冲突(conflict of interest)的问题,假设某印度人已经在 A 企业担任董事,现在被聘用到 B 中资印度公司担任董事,AB 公司属于存在竞争关系的企业,因为法律不禁止一个人在多个企业当中担任董事,这样的问题可以要求该董事进行披露来解决。

四、独立董事

独立董事(independent director)又被称为外部董事(outside director),核心是既“独”又“懂”,也就是其独立于公司管理层即执行董事和高级管理人员,也要有财务、法律、经济、管理等专门知识。这一制度历史上最早起源于 20 世纪 40 年代的美国,并从 1977 年纽约证券交易所要求其上市公司设立并维持一个由独立董事组成的审计委员会至今,独立董事在美国已经发展成为一套极为完善的制度体系,对美国的公司治理结构产生深远影响。印度 1956 年《公司法》中并没有规定独立董事制度。随着独立董事制度从美国传到各个国家,印度在制定 2013 年《公司法》时,也广泛参考了西方发达国家的先进立法和实施经验,并将这一制度引入印度《公司法》的立法和实践中来。

值得注意的是,印度2013年《公司法》第149条第4款仅对上市公司〔8〕(listed company)提出了设立独立董事的要求,即独立董事制度并不适用于私人有限责任公司和非上市公众公司。该条同时规定上市公司董事中至少有1/3以上是独立董事。

独立董事任职的条件是独立董事制度中非常关键的一环。顾名思义,独立董事的重要性在于其"独立性"。按照独立董事发源地美国的美国律师协会的界定,不参与经营管理、与公司经营者没有任何重要的业务或者专业联系的董事,才可以被认为是独立的。而下列情况不属于独立〔9〕:

1. 与高级管理人员存在密切的家庭关系或者类似关系;

2. 与公司具有重大意义的业务或者专业联系;

3. 与公司存在持续的业务或者专业联系,以至于经常与高级管理人员进行交涉,如公司与投资银行或者公司律师之间的关系。

印度2013年《公司法》第149条第6款规定独立董事不得是公司的管理董事(managing director)或者全职董事(whole - time director)。这样规定是因为独立董事是来源于公司外部的并且与公司没有关联关系的非执行董事(non - executive director)。来源于公司外部以及与公司"非关联"正是独立董事"独立性"的体现,而独立董事必须是"非执行董事",是因为其职能主要是监督,而并非对公司进行管理。实践中独立董事一般都有自己的全职工作比如律师、会计师、教授、银行家等,拥有某一领域的专业知识和技能。

印度2013年《公司法》中对于独立董事提出了如下的任职资格:

1. 独立董事具有相关的专业技能和知识〔10〕,并且品行正直(integrity);

2. 不得是公司或者公司控股的公司、子公司或者关联公司的发起人(promoter);

---

〔8〕 上市公司也是股份公司,但股份公司如果未在证券交易所挂牌进行公开交易则不是上市公司。

〔9〕 参见邓峰:《普通公司法》,中国人民大学出版社2009年版,第579页。

〔10〕 与中国证监会发布的《关于在上市公司建立独立董事制度的指导意见》(证监发〔2001〕102号)中第2条"独立董事应当具备与其行使职权相适应的任职条件"第4款要求的"具有五年以上法律、经济或者其他履行独立董事职责所必需的工作经验"的稍显僵化的要求相比,印度2013年《公司法》并没有对这独立董事候选人的工作领域和经验年限进行严格要求,体现了对公司意思自治的尊重。

3. 不得是公司发起人、董事或者是公司所控股的公司、子公司及关联公司发起人、董事的亲属；

4. 不得在就任独立董事之前的连续两个财政年度中与公司、公司所控股的公司、子公司及管理公司或者上述公司的发起人、董事有金钱关系（pecuniary relationship）；

5. 独立董事候选人的亲属在其就任独立董事之前的连续两个财政年度中与公司、公司所控股的公司、子公司及管理公司或者上述公司的发起人、董事可以有金钱来往，但该来往的数额不得超过该公司总流水或者总收入的 2% 或者不得超过 500 万卢比（fifty lakh），以低者为准。

除上述之外，独立董事候选人及其亲属还不得：

1. 以提名该候选人担任独立董事的年度为时点，在该时点前连续三个财政年度内担任意欲就任独立董事的公司或者是该公司所控股的公司、子公司及关联公司的高级管理人员或者作为上述工作的雇员。

2. 并且，在上述时限内不得担任以下企业的雇员或者合伙人：

（1）为意欲就任独立董事的公司所聘用的审计师事务所或者公司秘书事务所或者；

（2）为意欲就任独立董事的公司或者为该公司所控股的公司、子公司及关联公司提供过法律、咨询服务的律师事务所或者咨询公司并且服务收费占到律所、咨询公司当年总流水的 10% 以上的；

（3）独立董事候选人单独或者与其亲属合计持有公司有投票权的股权 2% 以上的；

（4）担任非营利机构（non-profit organisation）的理事或者负责人或者实际控制人，从该公司、公司发起人、董事以及该公司所控股的公司、子公司及关联公司获取的捐款占其募款总额 25% 以上的。

在受聘成为公司的独立董事之时，独立董事需要在被聘任后的第一次董事会上做出自己符合以上独立董事任职积极资格和排除消极任职资格事项的声明（declaration）。并且之后每一年的第一次董事会会议上其都要做出上述声明，在出现一些情况可能会导致其独立董事任职资格受到影响的，其也需要向董事会及时做出声明。

除了任职资格，独立董事的薪酬和任期也是实践中非常重要的问题。为了保证独立董事的“独立性”，印度 2013 年《公司法》禁止公司向独立董事支付工资（salary），也不允许独立董事享有期权（stock option）等激励计划。其作为独立董事唯一的报酬是其出席董事会的参会费（sitting fees）。

根据印度 2013 年《公司法》第 149 条第 10 款及第 11 款之规定，独立董事的任期为每届五年，可以连选连任 2 届。在连续两届担任独立董事之后，其在 3 年内不得担任同一家公司的独立董事。在 3 年期届满之后，其可以被选为该公司的独立董事，但任期受到不得连续超过两届（10 年）的限制。

另外，独立董事的存在不受 2013 年《公司法》中规定的董事轮换（rotation of directors）的影响。

五、小股东代表董事（small shareholders’ director）

印度 2013 年《公司法》第 151 条仅仅以简略的数言规定了何为“小股东代表董事”。小股东指的是持有上市公司（listed companies）股票票面价值（nominal value）不超过 2 万卢比的股东，于此相对应的，小股东代表董事则是代表这类股东利益的董事。在 2013 年《公司法》发布之后，印度于 2014 年发布了《公司法（董事委任及资格）实施细则》[*The Companies* (*Appointment and Qualification of Directors*) *Rules*]，该细则中第 7 条对于小股东代表董事进行了细化规定。

对于为何在要上市公司董事会中设立小股东代表董事，其原因来源于现实的考量。在公司商事实践中，小股东在很多情况下无法有效维护自身的利益或者说行权成本非常高，从而导致出现消极管理的情形。比如，公司最高权力机构的股东会采取资本多数决，中小股东很难有控制权，而负责公司日常运营的董事会，则往往由大股东们输送的董事构成。再者，小股东获取公司相关信息的成本较高，与机构大股东相比，一些自然人小股东去行使其股东职权的可能和动力较小。从而在实践中导致很多小股东对于公司事务产生了“搭便车”或者乃至于干脆袖手旁观的态度。

2014 年《董事委任及资格实施细则》中对于小股东代表董事的选任规定了两种方式，上市公司既可以主动（suo moto）委任，小股东们也可以自行选任之后报给公司。

在小股东们意欲推举某人担任小股东代表董事，除了需要至少提前 14 天报给公司，还需要保证该董事候选人（candidate）不得持有公司的任何股份。之所以不得持有任何股份，是因为小股东代表董事在本质上被认为是独立董事，从而，该小股东代表董事也需要满足印度 2013 年《公司法》第 149 条中对独立董事任职资格所规定的积极条件和消极条件。

小股东代表董事的任期不得超过三个连续的年度（consecutive years），而一旦任期届满，其不得再行被委任为小股东代表董事。并且，为了保障其完全的独立性和为小股东的利益可以投入全部的时间精力，该小股东代表董事不得同时在 2 家以上公司任职。这也就是说，小股东代表董事可以最多在两家公司担任职务，并且，这两家公司不得属于相同业务、相同行业等可以导致利益冲突的情形。

六、公司秘书（company secretary）

公司秘书（company secretary）对于印度公司治理来说是一个非常重要的角色，虽然其名称中带有“秘书”，但是其所从事的工作并非一般意义上的文秘或者行政性的杂务，而是负责公司日常法律合规如董事会会议是否按时、合法召开并准备相关纪要，以及确保公司的行为符合公司法的规定等，从而确保公司的日常运营和重大事项都符合印度 2013 年《公司法》及随后的《公司法实施细则》和公司事务部发布的经常性的规则的指引。

在印度，公司秘书是一种专业资格，其专业资格的取得需要通过印度公司秘书学院（The Institute of Company Secretaries of India, ICSI）的资格认证，而该学院是根据 1980 年《公司秘书法》（*The Company Secretaries Act* 1980）成立的行业自律性组织，总部位于新德里，在孟买、加尔各答和金奈拥有分院。

对于公司是否需要聘用公司秘书，印度 2013 年《公司法》以公司规模为标准进行了划分，考虑到中小规模的公司实力较弱，如果强制要求其配备全职的公司秘书，则可能造成较高的合规成本。所以目前印度 2013 年《公司法》中仅要求注册资本在 5000 万卢比以上的企业必须要有一位全职[11]的公司秘书，而且该全职

---

〔11〕 这里全职的意思是其仅仅在该一家公司担任公司秘书而不得同时在其他公司任职。

公司秘书必须要通过印度公司秘书学院的认证。而对于注册资本低于这一数额的公司来说，是否需要配备全职的公司秘书是任意的（optional），其可以根据公司自身实际情况来确定是否聘用一位全职的公司秘书，还是采取外包或者利用兼职公司秘书。

另外需要注意的是，考虑到不同公司的合规义务任务量以及合规成本不同，印度2013年《公司法》对于注册资本在5000万卢比以下的那些中小型企业，除了没有强制要求配备全日制的公司秘书，对于公司秘书这一职务的任职资格，也比注册资本在5000万卢比以上的公司要低得多。对于中小型公司，其并不一定非要从印度公司秘书学院获得秘书资格的人中挑选公司秘书，以下人士也可以担任中小型公司的公司秘书这一职务：

1. 印度注册会计师
2. 印度成本与工程会计师
3. 拥有印度高等院校颁发的法学学士学位
4. 拥有印度高等院校颁发的商业相关硕士学位

从以上列举中可以看出对于中小型公司，《公司法》对其任命的公司秘书的资格条件还是比较宽松的。但是需要注意的是，一旦公司增资，注册资本提升到5000万卢比以上，则公司必须要聘用一位[12]全职的公司秘书。另外需要注意的是，虽然印度有专门的事务所或者秘书公司提供公司秘书服务，但是按照印度2013年《公司法》规定，公司聘用的全职或者兼职公司秘书都必须是自然人。公司秘书的主要职能就是确保公司的日常和重大事项合规（ensure compliance），为此公司秘书需要经常性地向公司董事会进行汇报。按照印度2014年颁布的《公司法（对公司管理人员的聘用和报酬）实施细则》[*The Companies（Appointment and Remuneration of Managerial Personnel）Rules*,2014]第10条之规定，公司秘书需要履行以下职责：

1. 对董事履行其义务作出指引并协助董事会处理公司事项；
2. 协助召开各种公司会议；
3. 一并参加董事会会议、董事会专业委员会会议以及股东会会议；
4. 整理并保存会议纪要；

---

〔12〕 当然，如果公司合规义务较多，可以聘用多位公司秘书。

5. 在政府部门经办业务时代表公司；

6. 完成董事会委任的其他事项；

7. 完成《公司法》规定的其他事项。

具体而言，公司秘书需要保存并掌管公司的各种登记簿（registers）和会议记录（minutes），按时向公司注册局进行各种备案和报表[13]的提交，在公司作出特殊决议（special resolution）之后，公司秘书需要及时将这些特殊决议报给公司注册局备案。另外，公司秘书还将作为公司与股东、公司与社会以及公司与政府机构之间的纽带（linkage），发挥着重要的沟通作用。

七、公司秘书的责任

在印度公司法发展历史上，在初期一度曾认为公司秘书仅仅是"办事员"（clerk）或者甚至是公司的"仆人"（Servant），这种观点在公司法历史发展初期并且当时社会经济发展水平较低、公司规模较小的时候还算合理。但是随着经济的发展和公司法理论的不断演进，无论是现代印度公司法理论上还是法院在司法实务中都认为公司秘书属于公司不可缺少的重要管理人员，其对公司治理和公司合规发挥着重大作用。

印度2013年《公司法》明确规定公司秘书属于公司的高级管理人员（key managerial personnel）以及高级职员（officer of company），其在公司的日常管理中也发挥着巨大的能动性。相对应的，2013年《公司法》为了督促公司秘书以及其他公司高级职员审慎履行其义务，对包括公司秘书在内的公司高级职员违法义务的情形规定了责任承担，其责任承担形式分为法定责任（statutory liabilities）以及合同责任（contractual liabilities）。

其中，法定责任指的是2013年《公司法》中直接规定的在违反义务的情况下需要承担的责任；而合同责任指的是对法定责任的补充。因为公司秘书与公司签订协议，接受公司委托而进行合规管理，其就对公司拥有了受托义务（fiduciary duty），其不得与公司产生利益冲突（conflict of interest），也不得滥用其职权。具体

〔13〕 如年度报表（annual return）、年度会计报告（annual accounts）等。

而言,印度2013年《公司法》中规定的公司秘书法定责任散见于以下条款:

1. 第12条第8款:若在展示公司名称和注册地址时违反《公司法》规定,则(包括公司秘书在内的)公司的高级职员(officer)在违反期间内将可被处以每天1000卢比的罚金,最高不超过10万卢比;

2. 第39条第5款:未能按时将配股(allotment of shares)的回执向公司注册局进行申报,则(包括公司秘书在内的)公司的高级职员(officer)在违反期间内将可被处以每天1000卢比的罚金或者10万卢比,以低者为准;

3. 第56条第6款:若未能按照《公司法》规定向股东发放股权证书、向债券持有人发放债券证书,则(包括公司秘书在内的)公司的高级职员(officer)可被处以1万卢比到10万卢比的罚金;

4. 第86条:若未能按照《公司法》规定保有股东登记簿或者债券持有人登记簿,则(包括公司秘书在内的)公司的高级职员(officer)可被处以2.5万卢比到10万卢比的罚金,或者最长6个月的监禁;

5. 第95条第5款:未能按时将年度报表(annual return)向公司注册局进行申报,则(包括公司秘书在内的)公司的高级职员(officer)可被处以5万卢比到50万卢比的罚金,或者最长6个月的监禁;

6. 第99条:若未能按照《公司法》规定召开年度股东会(AGM),则(包括公司秘书在内的)公司的高级职员(officer)可被处以10万卢比的罚金,若违法状态持续的,对持续期间每天加罚5000卢比;

7. 第117条第2款:对于《公司法》要求的需要备案的决议和协议,未能进行备案的,则(包括公司秘书在内的)公司的高级职员(officer)可被处以10万卢比到50万卢比的罚金;

8. 第118条第11款:若未能按照《公司法》规定妥善记录董事会或者股东会会议纪要(minutes)的,则(包括公司秘书在内的)公司的高级职员(officer)可被处以最高5万卢比的罚金;

9. 第172条:若未能按照《公司法》规定保有董事登记簿,则(包括公司秘书在内的)公司的高级职员(officer)可被处以5万卢比到50万卢比的罚金;

10. 第173条第5款:若未能按照《公司法》规定及时对董事会会议发出通知的,则(包括公司秘书在内的)公司的高级职员(Officer)可被处以2.5万卢比的罚金;

11. 第448条：如果公司秘书对提交给政府的任何报表、报告、证书和信息等有虚假声明，则该公司秘书可被判处6个月到2年的有期徒刑，并且可被处以其虚假声明所涉及金额的3倍数额作为罚金；

12. 第449条：如果公司秘书故意给出虚假证据，则该公司秘书可被判处3年到7年的有期徒刑，并且可被处以10万卢比的罚金。

公司秘书的合同责任主要包括：

1. 因其职务而获取的不当利益，需要返还给公司；

2. 因其越权行为对公司造成的损害承担赔偿责任；

3. 因其故意疏忽（willful neglect）或者粗心大意（negligence）对公司造成的损害承担赔偿责任；

4. 因泄露公司商业秘密（trade secret）而对公司造成的损害承担赔偿责任。

八、案例分析——2016年Carmel亚洲控股公司未聘任公司秘书被诉案

被告Carmel公司是注册在印度卡纳塔克邦班加罗尔市的一家股份公司（Public Company），其最初的注册形式是私人有限责任公司，名为"Carmel Asia Holiding Private Limited"，公司注册号为U85110KA2005PTC037807。其主要营业范围是作为一个投资平台，投资于公司股权、债券等，同时也对电信、传媒在内的实业进行投资。后来该公司按照《公司法》的规定，将公司形式从人合性较高的私人有限责任公司变更为了资合性较高的股份有限责任公司（公众公司）。该公司的注册股本为2亿卢比，按照每股10卢比面值分成了2000万股，并且已发行和已认购的股本为152,202,910卢比。这一股本规模已经超出了公司法规定的如果注册股本超过5000万卢比的情况下，则公司需要聘用一位全职公司秘书的要求。

但是，卡纳塔克邦公司注册局（RoC Karnataka）在抽查中发现该司在2006～2008财年和2011～2012财年没有聘任一个全职的公司秘书，并且发现2008～2011财年虽然聘用了公司秘书，但是仅仅聘任了一个月。公司注册局计算之后发现该公司的违法总天数为2102天。于是依照职权向其发出询问通知书并随后开

始了调查程序。该案被呈送至国家公司法法庭(National Company Law Tribunal, NCLT)[14]进行处断,法庭考虑到公司没有其他违规事项,并且考虑到其在接到询问通知书之后主动联系公司注册局进行澄清和要求和解,最终给出的罚金计算式见表8-1:

表8-1 罚金计算公式

序号	被处罚人	违规天数乘以每日罚金	最终罚金(卢比)
1	Carmel Asia公司	2102×75	157,650
2	公司董事A	2102×75	157,650
3	公司董事B	1677×75	125,775
4	公司董事C	424×75	31,800

需要注意的是,对于包括未能聘用全职公司秘书在内的诸多公司法合规事项如果出现违规,不仅公司本身会受到公司法的处罚,公司的董事以及高级管理人员都会受到的处罚。从以上判罚的明细表中也可以看出,不仅最终公司被罚款157,650卢比,公司的三位董事也被处罚了从31,800卢比到157,650卢比的金额。

另外,2013年《公司法》规定的罚金每日上限是500卢比每天,而以上案例中由于Carmel Asia公司主动(suo moto[15])进行和解,最终的罚金仅为75卢比每日,这已经是非常少的处罚标准。

印度的国家公权力部门执法力度和执法效率非常低是一个顽疾,因此很多公司就抱着侥幸心理,认为公司注册局可能不会查到自己头上来。就公司法违规被查中的概率而言,印度1956年《公司法》第209条以及第234条、印度2013年《公司法》第206条都规定了公司注册局有审查(inspect)公司文件、资料的权力。并且,基于笔者在实践中的观察,由于近一段时间印度成立了国家公司法法庭和国家公司法上诉法庭,所以目前公司注册局的角色从之前的"问题发现者"和"问题解决者"变成了仅仅是"问题发现者",一旦发现问题,则其可以将问题转给国家公司法法庭。因此,其在过去的一段时间中公司注册局"乐此不疲"地去审查公司的

[14] 关于国家公司法法庭和国家公司法上诉法庭的叙述,请见本书第十四章中的有关内容。

[15] suo moto的意思是"on its own motion",也就是"基于自身意志、主动"。

问题，并且揪出了大量的违规公司，反正其发现问题之后解决问题的重担不在公司注册局身上，何乐而不为。

因此，考虑到违法成本和处罚，与其被动等待公司注册局发现这一不合规事项之后进行处罚，不如主动（suo moto）向公司注册局阐明此事，从而争取较为宽大的处罚或者免除处罚，当然，最终处罚与否乃至处罚的力度，在于公司注册局的自由裁量权。

实践中大量的中国投资者在印度设立的公司的合规处理都非常值得关切。假设公司注册局依职权自行发现了某个中资印度公司的不合规事项，这时如果中资公司想要与公司注册局和解（compound）就比较困难，最终如果公司注册局将事项转至国家公司法法庭，法庭一般都会认为公司具有恶意，而一旦法庭认为公司是故意，则处罚力度一般都很大，并且除了公司，公司的董事和高级管理人员也都很难逃脱干系。需要中国投资者考虑的一点是，不少中资印度公司的董事中有中国公民，如果受到处罚，说不定留下的案底可能会导致其未来申请工作签证的时候受到阻力，从而影响中资印度公司的运营。

所以笔者建议，在公司注册局发现公司有违规事项之前，最好主动向公司注册局说明和澄清，并争取和解。印度对这类事项的处断与中国不同而与美国相似，考虑到司法资源的稀缺性，很多时候如果私主体和有权机关达成和解协议，则有权机关也就没有必要撕破脸皮花费更多的时间对私主体进行严苛处理。

作为中资印度公司，有一个干净的公司合规记录是至关重要的，因为一旦被公司注册局依职权发现有不合规事项，则在未来公司注册局对该企业进行重点“照顾”是不言自明的。因此笔者建议，除了首先要加强对公司合规的投入和日常合规的定期排查和梳理之外，中资印度公司要考虑在已然违规和有历史遗留问题的情况下，主动和妥善与印度政府部门进行解决，避免该事项影响未来公司的长远运营和规划。

第九章 Chapter 9

公司议事机制

一、概述

公司作为一个创造物而非自然产生的制度，其对代议制民主的引入和使用，有着深厚的政治、宗教和历史背景。集体决策的“board”，政治中来源于“顾问团”，比如欧洲中世纪的大多数国王，都拥有一个顾问团，采用委员会制。而其宗教性的来源，则受到了基督教的广泛影响。在1200年之前可以考据的基督教选举最高领袖的制度，是11世纪中期的红衣主教团(The College of Cardinals)，而公司(corporation)本身来自拉丁文中的“体”(corpus)，遵循“影响全体之事必经全体同意”(Quod omnes tangit ab omnibus approbetur)的原则[1]，也就是存在合议制度。这也导致公司及其治理方式、议事机制在很大程度上受到政治和宗教观念的影响，公司制度对于非基督教文明和政治体制而言，是纯粹的舶来品。以儒家文明的中国为例，中国封建时代如山西的商号，不存在合议，很多家族企业之间存在的协调，其更多的是一种协商机制(discussion system)。这些特点反映了企业模式受制于政治文化思维的特点，本质上是封建模式在公司治理中的延伸[2]。

而反观印度，其在被英国征服之前，只是一个地理概念。印度历史是一部长期分裂的历史，是一个由部落社会不断向国家过渡的历史，这种过渡不限于古代，至今也没有终结。事实上，古代印度的帝国是短暂的，也是表面的，在地理上只是一个孤岛，而部落才是它的基础，是一片汪洋。中国人观念上的统一，在古代印度历史上未曾有过[3]。古代印度乃至现代印度都有赖于其深厚的宗教传统，但是印度在成为英国殖民地之后，迅速地转向了英国的各种体制，乃至其独立建国之后，都在宪法中开宗明义地指出“印度是一个主权的社会主义的非宗教性的民主共和国”(sovereign socialist secular democratic republic)。印度近几百年来的社会经济和商业生活糅杂着激烈的变动，法律和制度移植以及各种权力争夺和实验。这也导致一些在西方世界通行的公司制度安排在印度并不常见。如第六章第十

[1] 参见邓峰:《代议制的公司》北京大学出版社2015年版，第16页。

[2] 参见邓峰:《代议制的公司》，北京大学出版社2015年版，第19页。

[3] 参见王安琪:《古代印度并非统一的国家》，载《学习与思考》1984年第4期。

二节中所述的,在印度,员工持股、期权计划以及黄金降落伞计划都非常少见。其原因主要是,印度家族企业(family business)居多,不像西方如美国的大多数企业都有着非常分明的所有权和管理权分离的架构,这些印度企业的管理者比如公司董事、高管等也一般都是企业的所有者,即不少印度企业的所有权和管理权是混在一起。而上述的员工持股、期权计划以及黄金降落伞制度是为了在管理权和所有权分离的条件下为了激励没有企业所有权的职业经理人的一种措施,因此在印度,一般情况下企业也就没有必要实施这一措施。"徒法不足以自行",印度本身的国情、历史积淀和宗教传统也使得在探究印度公司商事法律制度的时候,需要结合多元维度的思考方式进行分析。

董事会中心主义与股东会中心主义则是公司法发展和商业实践进程中不断进行动态和平衡的。公司权力中心的历史发展大致经历了三个阶段,即股东会中心主义、董事会中心主义和经理人中心主义。最初在公司制的发展初期,大部分的公司规模都较小或者存在几个主要的股东,公司的权力集中于股东身上。但是后期随着公司规模的扩大尤其是跨国企业(multinational companies)的发展,公司所有权和管理权的分立促使董事会中心主义的出现,但是董事会中心主义存在固有缺陷,即董事可能为了自己的利益而做出利己决策,从而导致公司利益受损。为防范董事的权力滥用,股东通常通过公司章程对某些权力进行保留,一些重要或者涉及股东切身利益的事项,必须通过股东大会决议进行决策,从而保障股东利益。也有的公司为了约束董事会不断膨胀的权力,将公司的管理职权进一步下放到公司的生产经营管理层,从而变相削弱董事会的权力。特别是首席执行官(CEO)和职业经理人的发展,出现了公司权力中心发展的第三个阶段,即经理人中心主义。

虽然这三者出现的历史顺序有先后,即股东会中心主义首先出现,之后是董事会中心主义,最后经理人中心主义才出现,但是这并不代表这三者当中有理论上的绝对优劣。其适用性与一国的历史、国情、市场发育情况等客观状况息息相关。即使是目前,实行经理人中心主义的国家屈指可数,大部分国家还是在股东会中心主义和董事会中心主义中徘徊。

第二次世界大战以后,以美国为首的发达国家的新技术革命风起云涌,推动着生产力日新月异的发展,生产能力和生产规模达到了前所未有的水平,公司内部与公司之间的分工协作严密而细致,统一的、无所不包的世界市场已经形成,市场竞争空前激烈且复杂多变,迫切需要具有高水平的管理才能、强烈的事业心和远见卓识、敬业爱岗的专业人才独立自主地从事经营活动，确立经营者的中心或主导地位。随着生产的广泛社会化，资本的社会化也达到了一个崭新的阶段，股权多元化、法人化和微观分散化的进程显著加快，少数大股东（包括公司的创业家族）持有公司股票的份额下降，法人所有权独立于终极所有权，资产的价值形态与实物形态相分离，并且渐行渐远，股东一般已不再对公司实物形态资产进行支配，而是关心价值形态资产的保值和增值（股票价格的波动、派息率分红率的高低等），而将法人所有权授予（或委托）给了经营者。

一台车不能只有油门而没有刹车。对于公司这一驾大车而言尤为如此。所以在公司内部设立相应的机关，使得决策和监督都得以执行显得非常重要。与大陆法系国家公司所广泛采用的双层制即在股东会下面设有董事会和监事会，将决策权和监督权分别授予这两个公司机关进行行使，而这两个机关之间并无隶属关系（双层制也被称为“二元制”）不同，英美国家公司董事会是集业务执行与业务监督于一体（“一元制”）。英美国家公司没有单独设立作为独立于董事会的专门监督机关的监事会，而是把监督的权力和职能交给了董事会，因而董事会既掌握业务经营权，又握有监督权；既执行业务，又从事业务监督，即所有公司事务基本上由公司董事会进行自我持续的控制、管理和运作。因此，这种单层制模式对董事会监督力度有固有的缺陷。

也正因如此，独立董事制度得以诞生，通过外部的力量，力图实现对决策者的监督。不过，就独立董事制度在其发源地美国的实践而言，其表现也不是尽善尽美的。美国曾经发生的安然公司、世通公司等丑闻也使得人们对独立董事制度的有效性产生质疑。但总而言之，独立董事制度的出现一定程度上弥补了“一元制”的短板，并且其也是与国际接轨的需要。就印度而言，独立董事制度是一个舶来品，在印度经济日益具有高成长性、吸引全球投资的表现越来越抢眼和全球资本市场（capital market）逐渐一体化的当下，国际投资者非常重视公司是否具有完善的治理结构，比如是否有运行良好的独立董事制度。也就是说，虽然印度目前大量的公司还是家族模式运营，但一些已经在同行业发展壮大的印度本土公司急需通过全球性的融资渠道、证券市场〔4〕或者投资人来募集资金，这就对公司内部的

---

〔4〕 比如，很多印度公司除了谋求在印度本土的证券交易所如孟买证券交易所（BSE）、德里的国家证券交易所（NSE）上市融资之外，还在谋求在美国纳斯达克（NASDQ）等资本市场上市从而以较低成本获得融资。

治理结构提出了严格的要求。

当然,中国目前采取的双层制体制在实践中也有一些问题。与董事会平级的监事会很难享有绝对的权力来制约董事会及其成员的行为。先不说监事是否可以完全享有财务监督权、业务监督权,单说监事本身是否具有相应的财务专业知识?因为公司的治理和经营是一门比较复杂的艺术,需要财务、业务、商务、法务多方面的人才,而作为监督者,其是否具有相应的能力?如果没有,则“监督”可能在很大程度上退化成“指手画脚”,即树立不起监事的威望,也无法达成真正的有效监督。

而就中国的实践和特殊国情而言,中国公司法上还规定了职工代表监事。这原本是发扬民主、集思广益的好事情,因为公司职工在某种程度上是比股东更加有效的公司监管者,股东在某种程度上存在“搭便车”的行为,尤其是股权分散化的今天,一个投资者可能投资于多个公司,在某公司中仅仅有非常少量的股份,则其抽时间去管理公司的意愿可能非常低,这也导致了在某种情况下股东丧失了监管经营者的动力。职工在某种程度上了解公司内部的生产、经营信息。不过有一个无法回避的问题是,该职工代表担任监事,但是其与公司的决策者和经营者原本就同属一个单位,而在身份上相互之间也保留着上下级关系。那就产生了一个问题,即作为下属的职工监事是否敢于对作为其上级的董事或者经营者做出的判断和行为行使监督权?

总之,哪一种模式更好,应该考虑的是效率最大化和防止滥用职权、侵害他人合法权益之间的平衡,并且要放在各国具有独特性的商业背景和文化观念下,交由时间去验证,不能一概而论。

二、董事会相关制度

2013 年印度《公司法》主要的目的是对私人公司实现条条框框的松绑,给予更多自治权,并且通过提供具有弹性的合规方案从而降低企业营运资本。而对于公众公司来说,则是适度增强了其合规义务和披露义务,以区别对待和稳健的方式促进公司的高效运转。

董事(director)是实际掌握公司日常管理权力人员,是公司内部治理的主要力量，对内管理公司事务，对外代表公司进行经济活动。而董事会（board of directors）是由全体董事组成的业务执行机关。因为公司股东会高频度召开存在一定的难度，所以股东委托董事会和董事来行使日常管理公司的职责，这也使董事对于公司而言不仅仅是雇主和雇员的劳动关系，还存在一层委托人和受托人的信托（trust）关系。

而按照公司法规定，只有自然人（natural person）才可以出任公司董事。其表决也是基于人头决，即表决方式是按照董事会的人数。根据 2013 年《公司法》规定，印度私人有限责任公司（相当于中国的有限责任公司）必须要至少有一名居民董事（resident director），其中的居民（resident）其实是税法概念，即每年在印度连续居住的时间不得少于 182 天。而对于上市公司来说，董事会中至少 1/3 的董事需要为独立董事。另外，上市公司以及一些特定的公众公司（相当于中国的股份有限责任公司）还需要有至少两名女性董事。

2013 年《公司法》中对于董事的选任资格要求中并没有规定国籍。但是，正如上文所说，每个公司至少要有一名居民董事〔5〕，而基于印度较为严格的签证政策，外国人很难在一年内满足在印度连续居住 182 天的要求。所以一般这个职位只能由印度公民担任。

作为议事和决策机关，通过集思广益并且避免“一言堂”肯定是最为原始的追求。因此，对于董事会人数的最低限定无可厚非。但是对于公司董事会人数的上限进行限定，则存在不同的声音。有人认为，不考虑公司具体的行业和背景就采取硬性的标准规定了其董事会的上限，是否有问题？

其实，给董事会的席位加一个人数上限的合理性在于，防止“尾大不掉”而导致人浮于事。规模相对较小的董事会在大多数情况下可以更富有效率，因为其召集、议事成本会更低。而对于每位董事来说，在董事会人数较少的情况下，其拥有更多的发言和决策权，从而也会有更强的责任感。这种考虑针对以“慢悠悠”做事而著称的广大印度人民群众而言更加具有实际意义。另外，考虑到印度公司目前大多以家族化运营，所以规定一个董事会人数上限并无大的负面影响。并且，印度立法上也对于那些拥有特殊需求的公司留了一个口子，如 2013 年《公司法》第 149 条所规定的，公司可以通过一个特殊决议，从而突破董事会人数最多 15 人的

---

〔5〕 关于居民董事的更多内容可以参见上文“在印度设立独资企业”这一章中关于居民董事的阐述。

限制。

就印度2013年《公司法》中的关于董事会会议的具体内容而言，其规定了“第一次董事会会议”制度和“其他时候的董事会会议”制度。

这里“第一次董事会会议”指的是公司成立之后的第一次董事会会议。按照印度公司法规定，公司必须要在成立[6]（incorporation）后的30天之内召开第一次董事会。而其他时候的董事会会议则指的是公司在成立后每年需要至少召开4次董事会会议，两次董事会会议之间的时间间隔不得超过120天。当然，印度公司法没有强制要求每季度都召开一次董事会，只要两次董事会之间的时间间隔（interval）不超过120天即可。不过，这也提醒公司业主不能够将所有的董事会会议攒到向公司事务部提交合规报告截止期限的最后一个月“突击”召开四次董事会会议，因为如以上讨论，董事会会议之间还有时间间隔的法定要求。这一点对于中国资本投资的印度公司而言尤为重要，实践中经常出现的问题是，因为中国投资者一般不会聘用大量的印度籍董事，往往是让中国母公司的自然人股东或者法定代表人或者董事、高级管理人员担任印度公司的董事，而这些人通常不是常驻印度的。因此，是否可以定期地让其参加印度公司的董事会会议，对于印度公司的合规管理非常重要。好在2013年《公司法》顺应了时代发展潮流，允许采用视频的方式召开董事会会议，但还是需要对中资设立的印度公司提个醒，防止因为一时的疏忽导致后续业务上的被动。

另外，召开董事会需要至少提前7天书面[7]通知诸位董事。值得注意的是，董事会会议的表决方式是按照人头，而不是按照该董事接受委派的股东的股份比来进行表决。一般情况下，印度公司的董事会都是采取简单多数的表决方式，并且每位董事都只有一票投票权（one vote），只有在少数情况下，才需要所有董事对于提案一致同意（unanimous approval of board）才可以通过。

能够召开一次有效的董事会，前提是该会议是否满足最低的法定人数（quorum）的要求。按照印度公司法的规定，需要至少公司全部董事的三分之一[8]或

---

〔6〕 这里的“成立”（incorporation）指的是领取营业执照。当然，在领取完营业执照后，银行开户等可能刚刚开始进行。

〔7〕 该通知既可以当面交付，也可以邮件寄送，还可以发送电子邮件。

〔8〕 如果人数乘以1/3之后有任何小数位，则该小数位算作1位董事与前面的整数进行加总。以视频方式参与会议的董事也将被计算到法定人数当中。

者两名(以高者为准)董事出席董事会,该会议才达到法定的召开人数。如果某位或者某些位董事因为利益冲突需要回避而无法参加董事会,则至少要保证无利益冲突的董事人数达到两个才可以召开董事会。请注意,董事会的最低出席法定人数是印度公司法的强行性要求,如果没能达到董事人数而召开董事会,则该董事会会议无效,其作出的决议等也当然无效(void)。

三、董事会专门委员会

印度的公司治理结构是一元制的,董事会下设专门的委员会(special committee)。对于“董事会下设的专门委员会”,一定要区别于其他意义上的“委员会”。值得注意的是,董事会专门委员会通常指由董事会设立的由公司董事组成的行使董事会部分权力或者为董事会行使权力提供帮助的董事会内部常设机构。公司可能设立由经理层专家组成的委员会考虑公司经营的问题,该种委员会属于公司执行业务的经理层的一部分,并非董事会委员会。此外,董事会可能任命部分董事和董事之外的专家组成某种委员会为公司提供咨询意见,这种委员会也不属于董事会委员会。只提供咨询或者属于经理层的委员会都不是董事会委员会,董事会委员会必须是在一定程度上可以代替董事会行使权力并由董事组成的委员会。

董事会专门委员会与董事会之间的运行模式是,专门委员会就某些专业化程度非常高的事项进行内部充分讨论,然后形成提案,最终召开董事会对这些提案由全体董事在董事会上进行表决。具有董事身份是加入这些专门委员会的前提,如果丧失了董事身份(如辞职或者解聘),则将会同时丧失董事会专门委员会成员的资格。

一般而言,公司董事会下设的专门委员会如审计委员会(audit committee)、风险控制委员会(risk control committee)、薪酬委员会(compensation committee)和提名委员会(nominating committee)、战略委员会(strategy committee)等都是公司尤其是股份公司广泛设立的委员会。此外,大型的公司一般也设立执行委员会(executive committee)。当然,上述专门委员会的名称可能不同公司的命名有所不同,比如将战略委员会称为“战略发展委员会”、审计委员会称为“预算与审计委员会”等。

具体而言,上述委员会的主要作用是:

战略发展委员会:该委员会就重要投资、收购及出售项目作出考虑、评估及检讨,并向董事会提出建议,同时对投资项目进行投资后的评估工作,并检讨及考虑公司整体的策略方向及业务发展。

风险控制委员会:风险控制委员会为董事会提供独立支持,协助董事会识别、监测及管理营运风险,为公司风险管理策略明确方向,并强化公司的风险管理体系。

审计委员会:审计委员会的主要职责是审核及监督本公司财务报告和程序。审计委员会同时负责审议法定审计师(statutory auditor)的委任、报酬以及任何与法定审计师罢免及辞职相关事宜。此外,审计委员会需要审核公司内部监控的有效性,包括持续就各公司架构以及业务流程的内部监控作定期考察,并考虑其潜在风险及迫切性以确保公司业务运作及实现企业目标和策略。该考察的涵盖范围包括财务、营运、法规及风险管理,并定期向董事会提交报告及建议。

薪酬委员会:薪酬委员会的主要职责是就公司董事和高级管理人员的薪酬政策和架构向董事会提出建议。此外,薪酬委员会也会通过参照董事会不时通过的公司目标,检讨及批准按业绩和履职情况而制定的薪酬。如有需要,薪酬委员会将召开会议及向董事会提交报告。薪酬委员会的主要职责权限:

1. 根据董事及高级管理人员管理岗位的主要范围、职责、重要性、付出的时间、在集团内其他职位的雇用条件以及其他同类企业相关岗位的薪酬水平制定薪酬政策、计划或方案。

2. 就薪酬政策、计划或方案以及激励政策(股票增值权等)的事宜,主要包括但不限于:

(1)就绩效评价标准,奖励和惩罚的主要方案和制度等;

(2)就个别执行董事及高级管理人员的薪酬待遇,包括非金钱利益、退休金权利及赔偿金额(包括丧失或终止职务或委任的赔偿)等;

(3)就非执行董事的薪酬;

(4)就公司董事及高级管理人员的全体薪酬政策及架构。

3. 确保任何董事或其任何联系人不得参与厘定自己的薪酬。

提名委员会:提名委员会的主要职责是提名董事人选、审议董事提名及向董事会就该等任命做出推荐。

为何需要在董事会下设立相关的专门委员会？委员会的设立与董事会自身的缺陷密切相关，而委员会的设立和运行可以在一定程度上弥补董事会自身的不足。

1. 董事会作为会议体机关存在缺陷。董事会尽管是公司的必设和常设机关，但董事会是会议体机关，董事会重大决策和监督权的行使只有在董事会会议上可以进行，即董事会行使权力必须召集董事会，由全体董事在董事会会议上集体讨论并形成董事会决议；董事个人在董事会会议之外均不能单独决策或行使监督权力。而在大型公司，董事的人数通常较多，召集和举行董事会并非易事，董事会每年召开的次数有限，董事聚集在一起讨论和作决议的时间很短，难以有效地行使董事会权力。更重要的是，由于董事会是会议体机关，董事会通常较适合对已经形成的议案进行讨论和表决，而议案本身的形成和提出，诸如公司董事候选人的挑选、经理人员的挑选、董事和经理层的薪酬方案等事项具有相当的专业性，需要依靠个人的专业技能并需要董事会开会讨论之前的广泛调查和深入研究方能形成周密的议案，这些议案很难依赖董事会集体形成和提出，而需要常设的机构在董事会闭会期间草拟和提出以供董事会会议讨论和表决。另外，诸如评估经理层的表现和对董事、经理层执行职务的审计，也需要监督主体在董事和经理层日常履行职务的过程中加以考察和评估，仅仅依靠董事会会议的讨论也是不够的。董事会作为会议体的局限十分明显。如果没有董事会内部的常设机关，董事会讨论的议案将更多依赖于公司的经理层或 CEO 提出，这可能使董事会的决议更多的反映经理层的意志或者使经理层和 CEO 摆脱董事会的监督。董事会委员会的设立和良好运行可以帮助董事会形成议案并在董事会闭会期间发挥董事会的作用，以克服董事会作为会议体的缺陷。

2. 董事会专门委员会的运行尤其是审计委员会在董事会闭会期间的运行将使董事拥有更多的信息，减少对公司经理层的依赖；提名委员会的运行也将有助于解决董事提名程序不合理的问题，确保董事独立于公司的经理层；薪酬委员会的运行有利于薪酬方案的制订更为合理，从而为包括独立董事在内的公司高级管理人员提供有效的激励。

3. 在中国企业与印度合作方在印度设立合资公司的情况下，董事会下设的专门委员会有更加重要的意义。笔者实务中的观察是，中国企业一般希望占据股权层面的多数，而在形式上或者实质层面上忽视了对公司日常治理权也就是董事会及董事席位的关注，尤其是在印度 2013 年《公司法》给予了公司治理很大的自由裁量权的情况下，没有明确划分哪些事项属于公司董事会表决事项，哪些属于必须要上报到公司股东会进行管理和决议的事项，继而导致慢慢地沦为“弱势”的大股东。董事会及董事席位的关注中的“形式上”指的是董事会层面中方委任的董事占少数，从而无法通过符合中国企业意志的决议。而“实质上”丧失对公司的控制权主要指的是两种情况，第一种情况是中方派驻印度合资企业的董事并不了解印度的国情和实际，从而在处理一些具有印度本地特色的事项时“心有余而力不足”，无法发言和参与，当然这种情况随着中国对印度投资的逐渐增多和中国企业慢慢积攒了印度本地化的知识和经验而得到改观。第二种情况则是中方委派的董事没有占据符合中方利益的董事会专门委员会席位，从而在一定程度上丧失了对关键事项的提案权。

四、股东会及相关事项

印度公司法下的股东会类型可以分为：(1)年度股东会(annaul general meeting, AGM)；(2)临时股东会(extraordinary general meeting, EGM)；(3)类别股会议[9](class meeting)。

(一)年度股东会(AGM)

印度公司法规定，任何公司(一人公司除外)必须每年举办一次股东大会[10]。并且两次股东大会之间的时间间隔不得超过 15 个月。对于初创的公司，其必须要在财政年度[11]结束后的 9 个月内召开股东会，对于已经创立的公司，其召开董事会的最晚时限不得晚于该财政年度结束后的 6 个月。考虑到印度《公司法》对于公司规定的一些合规义务的完成时限较为细致，中国投资者需要引起足够的重视。

---

〔9〕 class meeting 这里指的是持有某一种类别的股份的股东的会议，比如持有优先股的股东的会议，持有某种类别普通股股东的会议等。

〔10〕 印度 2013 年《公司法》第 96 条。

〔11〕 关于财政年度的更多内容请参考上文第一章中对财政年度的阐述。

一般而言,股东大会上将讨论如下议题:

1. 讨论公司的财务报表

2. 发放股息

3. 选任新的董事替代退休董事

4. 选聘审计师及确定其薪酬标准

当然,以上仅仅是列举事项,公司股东也可以在股东大会上提出其他议题进行讨论。召开股东会之前必须要至少提前21天向所有股东发出通知。如果征得总数计95%以上的有投票权的股东的同意,则可以不受此时间限制。如果未能按照印度公司法的规定召开年度股东会,则会面对如下两种后果:

1. 公司的股东可以向公司法法庭申诉要求召开股东会,在收到股东诉请之后法庭有权下令召开股东会。

2. 失职或者违反公司法规定的公司负责人将会处以10万卢比的罚金,如果违法状态持续,将每日处以5000卢比的罚金,从违法事项发生之日起起算。如果未能按照法庭的指令召开会议,本罚金条款也将适用。

(二)临时股东会(EGM)

除了年度股东会之外的股东会议都可以被称为"临时股东会"。临时股东会一般都是在公司出现紧急事项而又无法等到年度股东会时进行讨论的情况下召开。

以下是有权召开临时股东会的主体:

1. 公司董事会

2. 公司股东要求董事会提请召开临时股东会

3. 公司股东

4. 法庭

(三)股东会议的法定人数(quorum)

法定人数指的是为了做出合乎公司法规定的决议而必须到会的最低人数。如果会议在未能满足最低法定人数的情况下召开,则即使做出了决议,则该决议也是无效的。一般来说,除了公司法中会对法定人数作出规定之外,公司章程也可以在满足公司法要求的情况下设置更高要求的法定人数条款。

对于最常见的私人有限责任公司，公司法要求股东会的最低法定人数是两人〔12〕。

何种情况下投票权会受到限制？

1. 股东认缴的股份尚未出资完毕，则对于尚未出资完毕的股份不得享有投票权；

2. 公司对股东的股份享有留置权〔13〕(lien)的情况。

(四)股东会决议

股东会(包括年度股东会和临时股东会)上做出的决议(resolution)分为普通决议(ordinary resolution)和特殊决议(special resolution)〔14〕。普通决议只需要在符合法定出席人数的情况下，出席会议的股东投票权中简单多数票赞成这一决议即可以做出。而对于特殊决议，则需要符合法定人数的情况下，取得出席会议股东投票权的3/4〔15〕以上赞成票才可以通过。

需要中国投资者注意的是，印度公司法上的规定是“出席会议”的股东投票权1/2以上或者3/4以上，并非是公司所有有投票权股份的1/2或者3/4以上。因为普通法上有“缔约自由”的概念，只要召开股东会的通知被如实地传达给了股东，则对于将要讨论的议题，如果某股东认为议题与其利益无关，其完全可以以不参加来表示自己对这个议题不感兴趣，也就是说，公司法不会因为某位股东是大股东，就强制他参加公司的每一个股东会会议。再者，股东都有商业理性，不太可能会发生大股东怠于参加股东会并行使自己权利的情况。如果真的有这样的情况发生，那恐怕任何地方的法律都是只保护“很傻很天真的人”，而不保护“太傻太天真”的人。当然，如果股东由于客观情况或者其他原因没有收到股东会的通知，这个就自当别论了。

除公司法特别规定必须要通过特殊决议通过的事项以及公司章程中股东们意定的必须要通过特殊决议通过的事项之外，诸如通过年度财务报表、发放股息、

〔12〕 这里的两人必须亲自到场，并且不得采用代理人(proxy)。在公司章程中也不得有类似规定。

〔13〕 比如公司决定对于某股东未能履行其义务的情况下，对其股份行使留置权。

〔14〕 请注意，印度公司的股东会会议的决议存在“普通决议”与“特殊决议”之分，但是董事会的决定不分“普通”或者“特殊”。

〔15〕 中国公司法规定的特殊决议需要达到2/3以上，印度公司法规定的是3/4以上。

选任董事、聘任审计师等事项都可以通过普通决议的方式作出。

五、董事会、股东会决议以及记录的备案

按照印度公司法要求，有些决议以及会议记录需要向公司事务部备案。虽然在许多投资者看来公司做出的决议、会议纪要等都属于公司内部行为，但是作为对公司是否进行完善的合规和内部规范的监督主管机关，公司事务部有权要求对一些可能会产生重大影响的决议、会议记录等向其备案。

一般来说，下述决议需要备案：

1. 特殊决议；

2. 对于管理董事的选任、替换、变更聘用条款等的董事会决议；

3. 对于所有股东都产生约束力的决议虽然获得通过，但有股东持不同意见的；

4. 股东会向董事会授权出售、转让公司重大资产或者授权对外进行大额借款的[16]；

5. 自愿清算的决议。

值得中国投资者注意的是，按照印度公司法的规定，上述决议做出之后的30天之内，必须要将上述决议的相关信息报送至公司事务部相关主管部门。

六、印度公司法上的“监事会”

监事会（board of supervisors）是中国公司法规定的公司内部治理结构之一。中国《公司法》规定有限责任公司设监事会，其成员不得少于3人。股东人数较少或者规模较小的有限责任公司，可以设一名至二名监事，不设监事会。对于国有独资公司，则监事会成员不得少于5人，其中职工代表的比例不得低于1/3，具体比例由公司章程规定。

---

〔16〕这里具体指的是借款额度超过了公司实缴资本以及公积金的总额的。

过去，监事会成员一般是在有行为能力的股东中选任。进入20世纪后半叶，为了体现一定的职工利益和民主管理，许多国家的立法规定达到一定规模的公司，其监事会成员中除有股东代表外，还应有一定比例的雇员或工会代表。中国《公司法》对监事会成员的构成及选任也作了规定。监事会应当包括股东代表和适当比例的公司职工代表，其中职工代表的比例不得低于1/3，具体比例由公司章程规定。对于国有独资公司，则监事会成员不得少于5人，其中职工代表的比例不得低于1/3，具体比例由公司章程规定。监事会中的职工代表由公司职工通过职工代表大会、职工大会或者其他形式民主选举产生。此外，监事还应具有法律、会计等方面的专业知识或工作经验；监事会的人员和结构应确保监事会能够独立有效地行使对董事、经理和其他高级管理人员及公司财务的监督和检查。同时，中国公司法赋予了监事会非常广泛的职能：

1. 检查公司财务；

2. 对董事、高级管理人员执行公司职务的行为进行监督，对违反法律、行政法规、公司章程或者股东会决议的董事、高级管理人员提出罢免的建议；

3. 当董事、高级管理人员的行为损害公司的利益时，要求董事、高级管理人员予以纠正；

4. 提议召开临时股东会会议，在董事会不履行本法规定的召集和主持股东会会议职责时召集和主持股东会会议；

5. 向股东会会议提出提案；

6. 依照本法第152条的规定，对董事、高级管理人员提起诉讼；

7. 公司章程规定的其他职权。

另外，监事可以列席董事会会议，并对董事会决议事项提出质询或者建议。并且监事会、不设监事会的公司的监事发现公司经营情况异常，可以进行调查；必要时，可以聘请会计师事务所等协助其工作，费用由公司承担。

但是在印度，无论是1956年《公司法》还是2013年的新《公司法》都没有规定“监事会”，并且这一概念也并不是印度法上的概念。如果没有“监事会”这一机构，由谁来对公司的一些事项起到监督作用？股东和公司的利益又如何得到保障？

印度公司法没有规定监事会并不代表没有监督和制衡。印度公司法规定了董事会对于公司的管理、监督、决断以及控制（the Board of Directors shall be responsible for the overall management, supervision, direction and control of the Company),所以,在印度公司法下,监事会的职权被收归到董事会中所有。董事会则会成立相关的委员会(committee),如监督管理委员会(committee of supervision),并不是所有的董事都可以参加该委员会,该委员会负责对董事会以及公司整体运营事务等进行监督。

很多人会认为,如果没有独立设置的监事会或者监事,则无法监督董事会,印度的做法则直接把监事会收归董事会项下,是否会产生瞒报或者渎职等行为?事实上,因为股东会是最终的权力授予方,其对董事会也有一定的监督作用,所以对这一点的忧虑可以通过股东会的最终决断以及监督来进行解决。

此外,印度 2013 年《公司法》第 206 条至第 229 条规定了政府指派的"inspector"即检查官制度。这一制度非常详尽,因为印度公司按照公司法的要求每年要向公司注册和事务局(Registrar of Companies)提交年度申报,而公司注册和事务局有权指派检查官对公司的任何事项进行检查和监督。《公司法》第 207 条也规定,如果检查官要求公司披露某项文件,则不光公司的董事,公司的管理层乃至掌握资料的普通员工都必须及时披露和呈送相关文件,并且对检查官提出的问题进行回复。对于违反披露义务的公司管理层和董事,面临的则是最高 1 年监禁和罚金(最低 2.5 万卢比,最高 10 万卢比),并且董事和公司管理者的职务将会被同时撤销,也禁止以后在其他公司中担任管理职务和董事。

所以,考虑到印度的实际以及法条中的详尽安排,印度公司法虽然没有规定监事会,但是董事会和公司管理层可以得到充分的监督和制约,从而保障公司和股东的利益。

第十章
Chapter 10

公司合规与企业社会责任

一、公司合规和企业社会责任概述

“合规”(compliance)一词主要讲的是对是否符合法律、规则和程序的考察和评价。当然,因为法律部门众多,此处仅仅指《公司法》项下的法律合规。随着资本市场的发展、企业和生产要素的跨国流动等原因的推动,各个主要经济体对于其所管辖的领域(jurisdiction)内的被监管主体(subject)发展出了完善的、层级分明的管理和监督规则。

不过很多时候,一些外部的而监管规则只能“防君子而不防小人”,这种情况对于印度而言尤甚。印度的特殊国情是,因为其立法上受到英国的很大影响,所以相对而言比较先进,但是一直以来困扰印度的一个问题就是执法的效率和力度问题。考虑到印度公司主管机构有限的人手和经费,而全印度有着数以百万计的企业单位,不可能采取主动的和普遍的监管模式。此外,印度有大量的非正规(unorganized sector)就业部门,这些部门的企业和小商小贩一直是游离于法律体系之外的,如果采取由监管机关强力监管的模式,只能是逐渐增加本来就守法的企业的合规成本以及监管机关的开支,因为不守法的企业总有办法钻空子。印度的公司监管当局也意识到外部合规性监管不应该,事实上也不可能替代内部的合规风险管理,有效的合规性监管必须以健全、高效的合规风险管理机制为基础。也就是将公司执法机关的主动监管,内化为公司内部以及自身需要遵循的守则。

就印度目前的法律实践而言,一方面,通过立法将义务明确化,使公司可以更好地进行遵从。法律明确化的作用是既可以强化内部控制,作为进行内部控制的指引,同时还可以减轻公司经营决策层的法律责任,因为这些人对于公司的行为负有合理注意(reasonable care)的义务,通过成文的形式将公司需要遵循的义务以立法的形式明晰化,使其在履行相关职能的时候知分寸。另一方面,则是不断壮大的包括律师、公司秘书、会计师等在内的专业人士作为公司合规辅助人员,通过履行定期性的公司合规义务,妥善管理公司的账簿以及各项报表等,协助公司的董事、经理以及股东不断完善公司的治理(governance)和合规水平。此外,代之以主动审查的是,印度的监管当局采取了类似于“守株待兔”的方式,在企业要求进行诸如更名、企业性质转换(如私人有限责任公司转换为公开公司)、注册地址迁徙、股份回购、发行债券等业务而必须主动联系公司主管机关的时候,必须要提交相应的合规记录。此时,公司主管机关会进行个案审查,而这时如果采取临时抱佛脚的方式突击弥补合规记录是不可能的,因为印度的公司合规早已经实现了电子化申报,即使可以伪造实体记录,而公司事务部电子数据库中的数据是企业无法伪造的,从而可以发现那些漏网之鱼。而对于那些知道自身有诸多不合规的历史问题而不敢主动找公司主管机构的企业来说,还有诸如外部的评级机构、银行等逼迫他们履行完善的合规,否则难以获取贷款。这就至少保证了企业如果想做大,就必须要妥善履行合规义务。这也是印度基于目前财力、人力所限而所能做出的"抓大放小"的明智之举。

而就企业社会责任理论的发展演变而言,其所蕴含的思想观念最早可溯源到古希腊时代占统治地位的商人社会责任观。在遥远的古代,商业是一种具有冒险性质的活动,绝非单枪匹马的个人英雄主义可以完成。为了确保安全、降低风险、汇聚资本、互通信息,商人们组成商队、结成联盟、组织行会来保证自己的利益。但到了中世纪,教会的价值观对界定商人的社会角色起着决定性的作用,商业被教会定位为只为社会公共利益而存在,商人被要求切实照料行会(guild,即"基尔特")成员,并关心其所在社区的普遍福利。那时,许多行会成员对同行会的患病成员给予援助,有的甚至建立了失业救济金,还有的自愿为诸如帮助贫困者受教育,鼓励当地艺术家以及建造医院、孤儿院等地区公益事业提供资助。可见,古代社会的商人社会责任观是一种泛社会责任。

反观现代意义上的公司社会责任理念,则滥觞于 20 世纪初美国关于公司对于全体利益相关者(stakeholder)负责的概念。1929 年,针对当时公司引发的日趋严重的社会问题以及由此在民众中所产生的不断高涨的不满情绪,美国通用电气公司的一位经理在他的一次演说中指出,不仅股东,而且雇员、顾客和广大公众在公司中都有一种利益,而公司的经理们有义务保护这些利益。他认为,公司实为一类社会公共机构,经理则是这种社会公共机构的受托人而不是股东的代理人。作为社会公共机构的受托人,经理除了维护股东投资之安全,忠实而机敏地运营资本,确保股东获取最大投资回报外,还应当开明、公正地协调股东、雇员、顾客和广大公众的利益,不能为了资本的利得而忽视和压榨劳动者,也不得为了股东和劳动者的利益而牺牲顾客和广大社会公众的利益[1]。

当然,公司的性质是否是“社会公共机构”,大多数人还是持否定态度的,但公司既具有营利机构的性质,也具有社会经济职能被大多数人所接受。也就是说,公司是一个具有多重构成的成员在内的组织,而公司的受托人不能仅仅作为股东的代言人。在当今社会,公司的管理者的任务应该是使公司能够创造的总的社会价值最大化而不仅仅是使股东的回报最大化已经成为社会各界的共识。

二、印度公司合规和治理的主要监管机关

印度公司的日常合规离不开与印度公司事务部(Ministry of Corporate Affairs)打交道。该机构是负责统管印度全国公司事务、负责《公司法》及其配套法律的执行和监督的主管部门。其前身是成立于20世纪50年代的印度公司事务署(Department of Company Affairs)。该署自成立后,一直附属于印度法律部、财政部或商务部,直到2004年,在印度改革开放的大进程中,为了迎合越来越活跃的商事主体的需要,印度中央政府将公司事务署升格为部级独立部门,2007年更名为现在的印度事务部。

作为印度公司的主要治理机关,其担负着如下目标:

1. 负责对2013年《公司法》及其他相关配套法律进行解释,在不降低公司管理标准的前提下,实现“商业经营宽松化”目标;

2. 完善2013年《公司法》和其他配套法律中的不合理内容;

3. 加速处理严重欺诈调查;

4. 促进中小型企业和初创企业发展;

5. 促进公平竞争;

6. 促进2016年《破产法》(*The Insolvency and Bankruptcy Code*, 2016)的有效实施;

7. 大力发展电子政务,促进服务透明化,提高服务效率;

8. 向社会民众公布企业发展数据;

---

[1] 参见王天习:《公司治理与独立董事研究》,中国法制出版社2005年版,第76页。

9. 促进印度《公司法》下的诸如国家公司法法庭、国家公司法上诉法庭、印度竞争委员会等在内的管理机构和其他治理机构的发展；

10. 鼓励和促进商业公司的合规和内部管理，承担企业责任。

为了实现以上目标，公司事务部享有较大的职权范围，除了《公司法》中规定的公司事务部所享有的权能，根据 1961 年《印度政府（职能划分）实施细则》[*The Govt. of India（Allocation of Business）Rules*, 1961]，印度公司事务部主要负责以下事项：

1. 对 1956 年和 2013 年《公司法》的实施和运行进行监管；

2. 对 1954 年《公司对国有基金捐赠法》[*The Companies（Donation of National Funds）Act*, 1951]的实施和运行进行监管；

3. 对 1969 年《垄断与限制贸易行为管理法》（*The Monopolies and Restrictive Trade Practices Act*, 1969）的实施和运行进行监管；

4. 负责对会计师、成本会计、公司秘书等专业人员的监管；

5. 收集公司商事方面的统计数据；

6. 依据 1932 年《印度合伙企业法》（*The Indian Partnership Act*, 1932）第 7 章的内容对合伙企业进行相关的监督和管辖；

7. 依据 1860 年印度《社会团体注册法》（*The Societies Registration Act*, 1860）对社会团体（Societies）的注册和运行进行监管；

8. 对严重的公司商事领域的欺诈事项进行调查；

9. 促进 2016 年《破产法》（*The Insolvency and Bankruptcy Code*, 2016）的有效实施。

作为印度政府的强力部门之一，印度公司事务部的下属职能机构包括总局、区域分局（Regional Divisions）和公司注册局（Registrar of Companies）。印度是一个"碎片化"较重的国家，考虑到印度不同的邦之间经济社会文化等情况差异较大，印度公司事务部在印度全境各地设立了多个区域分局，并且同时设立了多个公司注册局来更好地应对各地公司注册的申请。区域分局承担的职能与总局类似，更偏向于监督管理职能，而公司注册局主要负责处理公司的注册和日常申报以及注销登记等事项。各分局和公司注册局分局的办公地址和信息一览表如表 10－1 所示。

表 10-1 公司事务部区域分局和公司注册局分局办公地址和信息

公司事务部区域分局	地址
东部地区分局,管辖范围包括西孟加拉邦、奥里萨邦、贾坎德邦和比哈尔邦	加尔各答
北部地区分局,管辖范围包括查谟和克什米尔邦、旁遮普邦、喜马偕尔邦、哈里亚纳邦、北方邦、北阿坎德邦、德里和昌迪加尔	新德里
西北部地区分局,管辖范围包括中央邦、拉贾斯坦邦和古吉拉特邦	艾哈迈德巴德
东北部地区分局,管辖范围包括阿萨姆邦、梅加拉亚邦、曼尼普尔邦、特里普拉邦、米佐拉姆邦、那加兰邦	西隆
南部地区分局,管辖范围包括泰米尔纳德邦、喀拉拉邦、安达曼和尼古巴联邦属地(Union Territory)	钦奈
西部地区分局,管辖范围包括马哈拉斯特拉邦、果阿和达曼	孟买
东南部地区分局,管辖范围包括特伦甘纳邦、安得拉邦和卡纳塔克邦	海德拉巴
公司注册局	**地址**
公司注册局(安得拉邦、特伦甘纳邦)分局	海德拉巴
公司注册局(喀拉拉邦)分局	埃尔讷古勒姆
公司注册局(阿萨姆邦、梅加拉亚邦、曼尼普尔邦、特里普拉邦、米佐拉姆邦、那加兰邦)分局	西隆
公司注册局(德里和哈里亚纳邦)分局	新德里
公司注册局(古吉拉特邦)分局	艾哈迈德巴德
公司注册局(卡纳塔克邦)分局	班加罗尔
公司注册局(中央邦)分局	瓜廖尔
公司注册局(马哈拉施特拉邦)分局	孟买
公司注册局(本地治理)分局	本地治理
公司注册局(旁遮普邦)分局	昌迪加尔
公司注册局(泰米尔纳德邦)分局	钦奈
公司注册局(北方邦)分局	坎普尔
公司注册局(西孟加拉邦)分局	加尔各答
公司注册局中央管理中心	马纳萨

三、公司年度报表（annual return）

基于印度2013年《公司法》的合规性要求，无论任何类型的公司都必须要将其年度报表报送至公司事务部进行备案。《公司法》第92条中对于提交的报表所需要包含的内容进行了规定：

1. 公司注册地址、主要营业地、子公司信息和对外投资信息；

2. 公司股份和债券以及其他有价证券的发行情况及持股状况信息；

3. 公司负债情况；

4. 自上一财政年度结束之日起公司成员和债券持有人的变动情况；

5. 自上一财政年度结束之日起公司发起人、董事、关键管理人员的信息以及变动；

6. 股东会议、类别股东会议、董事会以及公司各委员会〔2〕的其他会议的出席情况；

7. 对公司董事和公司关键管理人员的报酬情况；

8. 公司受到的处罚和其董事、职员受到的政府惩戒以及公司做出的申辩等；

9. 公司合规、信息披露的执行情况；

10. 外国机构投资者持股情况（若有）；

11. 其他《公司法》要求的信息。

公司的年度报表需要由公司内部的公司秘书或者在公司没有聘用内部公司秘书的情况下，由执业的公司秘书签字后报给公司注册局。需要注意的是，即使该年度没有召开年度股东会（AGM），也得提交年度报表。不能以本年度没有召开股东会为借口，从而不需要遵守在召开AGM之后60天内提交年度报表的这一合规性要求。另外，印度《公司法》对上市公司提出了更高的监管要求，因为上市公司的些许变化都直接影响社会持股者的利益，所以2013年《公司法》要求上市公司的前十大股东如果出现了变化，则公司需要在该变化发生之日起15天内报

〔2〕 印度公司董事会可以下设不同的委员会来处理不同的事项，比如设立薪酬委员会、投资战略管理委员会等。

送给公司注册局。

由上文可以看出,2013 年《公司法》中提出的合规义务不仅非常细致,而且略显繁杂,实践中有些企业经常会因为申报成本、自身精力以及知识水平等无法完成申报义务。但是出于对交易相对人的安全和社会公众利益的考虑,公司信息的申报是必需的。对于此,印度 2013 年《公司法》采取了"两步走"策略,第一,明文允许公司可以延迟申报,第 403 条第 1 款规定了超期 270 天之内申报,仅需要支付些许额外的费用。这相当于"宽限期",使企业可以有充足的时间来进行准备。第二,如果公司恶意逃避申报义务,超过"宽限期"之后仍然不申报,则《公司法》规定了严厉的惩罚措施,并且该惩罚属于"双罚制",即同时惩罚违法的公司和直接责任人。第 403 条规定,对于未能进行年度申报的公司,可处以 5 万卢比到 50 万卢比的罚金,公司的直接责任人可以处最高 6 个月的监禁或者 5 万卢比以上 50 万卢比以下的罚金或者并处监禁及罚金。

四、公司账簿(books of accounts)

公司账簿起源于中世纪商人自设的私账,后来随着商主体的扩大以及商法的发展,有权机关开始立法要求商主体依法制定和留存法定的账簿(statutory records)。广义公司账簿是指公司在营业过程中设置的以及用文字形式记载的一切账务簿册,而狭义公司账簿是指立法要求公司根据商事会计原则设置和造具的,反映特定营业真实情况的簿册。作为商事经营活动中必备的经营要素,各国商事立法中均对其有所规定。中国现行的《公司法》中也对公司财务、会计也进行了规定,此外也有《企业财务通则》《财务准则》等部门规章进行指引。一般而言,公司账簿包含会计账簿、财务会计报告等。

会计账簿指的是公司根据一定的标准,将记录日常商事活动的会计凭证整理成册,反映公司财务和经营状况的簿册。会计账簿在会计凭证这一公司日常商事活动最为微观层面的记录的基础之上来制作,反映不同类型的会计科目在一段会计期间的变化及其规律,或综合反映公司在一定的会计期间财务或经营方面的会计信息。

财务会计报告,也称为财务会计表册,指依法制作的反映公司在一定的会计期间财务和经营的综合情况的会计资料，主要包括资产负债表、损益表、现金流量表、财务状况说明书以及利润分配表。财务会计报告由“一揽子”会计文件的组成，其制作基础为会计凭证和会计账簿。其功能在于综合反映公司的财务和经营状况，为公司经营管理和决策提供指导。

公司账簿具有重要的意义，简述如下：

1. 对于投资者而言，公司账簿是其准确了解公司财务和经营状况的窗口。投资者是否要对公司进行投资，是经过审慎的法律和财务尽职调查（legal and financial due diligence）这一步骤的。而这一步骤中最关键的部分就是对目标公司的资料如公司账簿中所记载的关键信息进行对比和分析，从而考察该目标企业是否有投资的价值和实现营利目标的可能性。因此，公司制作的商事账簿必须真实、准确、完整，不得有虚假记载、误导性陈述和重大遗漏，否则潜在的投资者将会做出错误的或不当的决策。

2. 公司账簿是公司合规主管机关对公司进行个别调查时候所倚重的重要资料。印度的公司主管机关如公司注册局有权对公司的内部事项进行个案核查，因此，留存相应的记录并妥善保管对于配合公司主管机关的核查义务有着重要意义。实践中笔者曾见过一些中国投资者设立的印度公司并没有按照法律要求对公司账簿进行保管，也没有定期将重要资料进行复印、电子化备份或者发回中国总部进行备份，而后期因为公司内部人事变动等导致相关资料无法获取，为其他商业事项的推进造成了重大不利影响。

3. 股东可以依据公司账簿，对公司的经营状况和财务状况进行了解。通过公司账簿反映出公司的经营状况和财务状况，公司可以实时地调整经营策略，趋利避害，甚至更换公司经营管理层、董事等以谋求公司的健康发展。同理，公司经营管理者可以依据公司账簿调整公司经营方案，实现公司经营目标。

4. 公司账簿对于公司债权人而言具有重要意义。债权人只有在对公司经营状况和财务状况了解后才可以判断公司的偿债能力，公司债权人对于公司账簿的关心，就是对于自身利益的关心，有利于在了解财务会计信息的基础上进行自我保护和监督。

就印度而言，2013 年《公司法》在第九章专章规定了公司账簿（accounts）的相关内容。基于该章的要求，印度公司必须要保有包括公司年度财务报表（annual financial statement）、会计账簿（books of accounts）以及公司相关的所有账簿（accounts)，以备公司注册局查验，并且要保证这些账簿中的内容必须要真实(true and fair)地反映公司的财务状况，否则包括董事、高管在内的相关责任人都要受到相应的处罚和追究。

2013 年《公司法》中有关账簿相关的法律要求和规定可以简述如下：

1. 账簿的保存：按照《公司法》要求，账簿应该被保存在其注册地址(registered office)。但是董事会认为为了生产经营的方便，可以放在其他地址的，则可以通过相应的决议允许将账簿放置在其他地址。这一点对于很多初创企业来说比较重要。因为在印度，许多初创企业为了节省开支，在创业之初大量采用虚拟地址(virtual address)或者虚拟办公室(virtual office)来注册公司，之后在其认为比较便利的地方办公。商业实践中也经常出现公司虽然有注册地址，但是其日常经营、办公的"行政地址"与注册地址不一致的情况。这一宽松化的合规要求对于那些面临清算的公司来说也是一个较好的消息，因为这些公司为了节省开支，在清算开始时清算管理人(liquidation administrator)一般都会退掉较大的办公室而转入虚拟办公室。因此印度 2013 年《公司法》虽然对账簿的保存提出了强制性的要求，但是其也允许董事会根据商业实际拥有一定的自决权力，顺应印度的商业发展实际。

2. 电子形式的账簿：印度 2013 年《公司法》允许公司以电子或者电子介质的形式保有公司账簿。这一举措也被视为顺应电子化商业社会发展的实际而得到欢迎。

3. 账簿的查阅(inspection)：公司的董事会可以在正常营业时间查阅公司账簿。除此之外，公司注册局和印度政府指定的官员也可以查阅公司的账簿。

4. 账簿的保存(preservation)及保存年限：印度 2013 年《公司法》对此提出了强制性的要求，印度公司的账簿必须要保存八年[3]。之所以这样规定，有着印度特殊的国情考虑。执法能力较弱和效率低下是印度许多行政部门面临的主要问题之一。以税务部门来说，其可能在短时间之内并不能发现一些企业的问题，因此回溯检查会计原始凭证有着实际的必要性。实践中对于年限"一刀切"地规定为八年，印度的实务界人士也有讨论，有的人认为不加以区分重要性地规定为八年，可能会徒增公司的合规成本；也有人认为在目前电子化的环境下，通过数据库

---

〔3〕 对于刚成立的或者说成立时间未满 8 年的，则从其成立之日起都要持续保留。

的方式进行管理其实并不困难，并且会计账簿等原始凭证对于公司未来涉及诉讼时候的证据、与交易相对人的交易核查和未来公司融资、上市等时候的自检以及与税务部门发生争议时候的证据佐证等都有着极为重要的意义。就这一问题参考中国，2015 年 12 月 11 日华人民共和国财政部国家档案局颁布了第 79 号令，规定《会计档案管理办法》从 2016 年 1 月 1 日起施行。其中第 14 条规定会计档案的保管期限分为永久、定期两类。定期保管期限一般分为 10 年和 30 年。这一安排显然考虑到了诉讼时效、证据充当、自查自检等需要。

5. 违法责任承担：印度 2013 年《公司法》中对于公司账簿的保存提出了具体的要求，对于违反法律要求的，也提出了较为严厉的惩罚措施。其中第 128 条第 6 款就规定，对于公司管理董事、主管财务的董事以及负有保管公司账簿义务的职员，在违反《公司法》对于账簿保存的规定的，将处以最低 5 万卢比、最高 50 万卢比的罚金或者最长 1 年期的监禁或者并处罚金与监禁。

按照 2013 年《公司法》的规定，公司除了需要妥善保存上述公司账簿，还需妥善保存以下法定文书（statutory books）：

1. 公司股东（成员）登记簿、债券持有人登记簿以及其他有价证券登记簿；

2. 公司董事和高级管理人员及其持股信息的登记簿；

3. 押记登记簿；

4. 与利益冲突董事签订的协议的登记；

5. 公司对外投资的信息；

6. 公司会议纪要。

五、不遵循合规义务对公司商业运作的影响

公司可能基于许多具体的商业实际或者交易需要而做出公司名称变更以及地址变更的规定。印度 2013 年《公司法》对于此持允许态度并在 2014 年的《公司法实施细则》当中给出了具体的要求和操作指引。

对于变更注册地址（Registered Office），因为印度是一个联邦制国家，所以这里注册地址的变更可以分为两种情况，即：

1. 同一邦境内公司注册地址的变更，或

2. 将公司注册地址从 A 邦迁往 B 邦。

2014 年的《公司法实施细则》对于这两种方式都是允许的，但是给出了不同的操作要求和指引。

对于第一种同一邦境内的地址迁移来说，需要满足如下条件：

1. 提前 1 个月时间在当地的报纸上以英文和当地语言刊发通告；

2. 对公司的债权人、债券持有人等尽到通知义务；

3. 公司的债权人、债券持有人在 21 天内没有向公司注册局提出反对地址变更的通知；

4. 缴纳进行变更的政府费用；

5. 保证公司没有公司法项下的违规事项或者受到刑事追诉。

而对于第二种，将注册地址从 A 邦迁往 B 邦，则需要满足的合规义务则要多得多，主要包含以下方面：

1. 提前 1 个月时间在当地的报纸上以英文和当地语言刊发通告；

2. 对公司的债权人、债券持有人等尽到通知义务；

3. 公司的债权人、债券持有人在 21 天之内没有向公司注册局提出反对地址变更的通知；

4. 缴纳进行变更的政府费用；

5. 保证公司没有公司法项下的违规事项或者受到刑事追诉；

6. 提交公司章程副本给公司注册局；

7. 组织股东会，并作出同意公司更名的决议，将副本提交至公司注册局；

8. 做出不得因公司地址由 A 邦迁往 B 邦而裁员的保证。

对于公司名称的变更，印度公司法规定了有以下情形的公司不得更名：

1. 未能按时召开股东会者；

2. 未能按时履行提交公司年度报表和申报义务者；

3. 有其他公司法项下的违法事项者；

4. 有到期债务尚未清偿者。

如果公司没有以上情形，则可以向公司注册局提交名称变更申请并缴费，变更申请通过之后公司注册局将下发新的营业执照，旧执照立即作废。

由此可以看出，不仅对于公司变更名称，抑或是申请变更注册地址，其前提都是该公司一直都遵守印度公司法，并且没有违规事项(non - compliance)，否则，一些细小的公司违规可能导致公司未来在急于进行名称变更或者地址变更以满足具体的商业交易需求的时候,处于非常被动的境地。所以从日常做起,完善公司治理和公司法合规是非常重要的。

表10－2　印度2013年《公司法》要求的定期性合规

序号	具体事项
1	每个公司每年必须要召开四次董事会,召开方式必须要符合印度2013年《公司法》以及第一号秘书标准
2	公司的每位董事都必须填写2013年《公司法》要求的MBP1和DIR8表格并披露其在其他实体中是否存在利益冲突事项,并且也要披露其是否存在不适宜继续担任董事的事项。董事会必须要在董事会会议上对上述信息披露进行关注
3	按照印度2013年《公司法》以及第二号秘书标准的要求,每个公司每年都要举行一次年度股东会
4	每个公司都必须准备包括但不限于董事报告和取得执业公司秘书审核报告在内的文书并填报MGT8表格后进行申报
5	每个公司必须要填报以下年度表格并提交至公司注册局: √ 填报AOC4表格来完成资产负债表、损益表以及董事报告的申报(若公司需要按照XBRL格式来提交资产负债表,则需要填写AOC4 XBRL表格); √ 填写MGT7表格来进行年度税务申报
6	若一些具体事项发生变更,则在每次董事会会议之后对发生变更的登记进行变更申报

表10－3　具体事项合规

序号	具体事项
1	基于《公司法》的合规要求而时不时地向公司注册局、公司事务部进行所需要的表格申报
2	公司章程(MOA)中名称条款的变动
3	公司注册地址变动——在同一邦之内对注册地址进行变动
4	公司注册地址变动——从一邦签往另一邦
5	公司章程中资本金条款的变更
6	公司章程中公司商业范围和目的的变更
7	董事会变动(额外的董事、董事停职或者职务变更)
8	基于印度法与董事报酬和出席会议费用等相关报酬和费用合规

续表

序号	具体事项
9	对于公司配股所需要履行的向公司注册局的申报通知义务等合规
10	对于公司发行股份所需要与印度财税部门就印花税支付问题的相关合规
11	对于股权转让相关法律合规事项
12	对于公司进行的关联交易事项的相关合规
13	对于公司进行的就不动产、动产进行抵押担保所需要向公司注册局履行的通知等合规义务
14	就股息发放相关事项需要向公司注册局履行的通知等合规义务

六、印度公司法上的企业社会责任

“企业社会责任”（corporate social responsibility，CSR）最早是西方世界的舶来品，近年来这一概念非常流行，连《财富》和《福布斯》这样的商业杂志在企业排名评比时都加上了“社会责任”标准。随着全球化的推进以及避免国际间贫富差距的进一步加大，也有鉴于国家内部的贫富差距和财富的分配机制不合理问题的蔓延，尤其是一些企业只顾经济效益等不合理的发展方式使世界安全和全球生态环境遭受到了威胁，所以包括联合国在内的诸多国际组织开始呼吁企业应该更多地关注其肩负的社会责任，在节能减排、扶贫慈善、社区扶助等方面倾注力量。

中国现行《公司法》第 5 条规定，公司从事经营活动，必须遵守法律、行政法规，遵守社会公德、商业道德，诚实守信，接受政府和社会公众的监督，承担社会责任。这条被认为是中国公司法中对“企业社会责任”的明确表述。但是，这一条仅仅是宽泛的表述而已。相比于中国公司法空洞的“口号式”企业社会责任条款，印度公司法中对“企业社会责任”的规定和安排就非常翔实并且具有实际操作性。有学者甚至形容其是“长了牙齿的条款”，意思是如果不遵从，则将被法律“咬一口”，承担相应的法律责任。

印度 2013 年《公司法》第 135 条规定，满足如下条件之一的公司需要成立企业社会责任委员会，该委员会至少有 3 名董事组成，其中必须最少 1 名董事为独立董事：

1. 公司资产净值超过 50 亿卢比；

2. 公司年度营业额超过 100 亿卢比；

3. 公司年度净利润超过 5000 万卢比。

该委员会需要担负如下职责：

1. 制定实施企业社会责任的相关策略并向公司董事会汇报；

2. 对于实施第 3 款(a)项所述的策略和行动所花费的开支向董事会汇报；

3. 监督本公司企业社会责任落实情况。

除了成立相应的委员会并且委派董事制定相应的方案，最为关键也是需要引起中国投资者注意的一点是，印度《公司法》第 135 条第 5 款明确规定：符合条件的公司至少需要将其过去三年内平均年度净利润的 2% 作为落实企业社会责任的基金，并且在利用本笔款项进行企业社会责任的相关活动的时候，需要将企业所在的地区作为优先考虑对象。违反本条规定的，企业以及相关责任人将会受到相应的惩戒并缴纳罚金。目前印度大约有八千家企业符合设立企业社会责任委员会的标准，这些企业作为印度的模范企业，在履行其企业社会责任方面做了大量工作。

不少中国企业投资印度都是看中了印度巨大的国内市场以及广阔的发展前景。很多中国企业都想在印度做大做强，需要中国投资者谨记的一点是，在积攒财富的同时，履行相应的社会责任也非常重要。印度公司法中对企业社会责任明确的规定和指引也值得中国公司法借鉴，毕竟可以细化衡量的操作指引比空洞的务虚口号要实际得多。中国企业要想在印度走得远、走得高，在印度民众和企业群体中树立良好形象，为中国企业长远发展创设有利、和谐的外部环境，都离不开践行企业社会责任。结合企业在印度市场的战略和发展实际，制定合理的企业社会责任(CSR)规划方案，加强与地方政府、慈善机构的沟通，积极关注当地发展需要和民生问题，发挥企业优势为当地创造并提供就业机会，积极解决现场劳工被拖欠工资及社保问题，保障劳工合法权益，提高社会福祉。践行企业社会责任不仅仅是印度公司法的要求，也是中国企业在印度发展壮大所必须要采用的策略之一。

第十一章
Chapter 11

公司融资与对外投资

一、公司融资概述

公司的发展壮大离不开资金的支持。现实中公司融资的渠道主要可以分为两类,即债务性融资和权益性融资。债务性融资指的是公司从银行处获得的贷款、从债权人处获得的资金融通等,一般需要公司以自身信誉、资产第三人担保等作为获取条件,并且需要支付相应的利息。股权性融资则指的是公司以让渡部分公司股权为代价,从投资者处获得对价即出资,其是一种权益性资本(equity capital)。对于债务性融资,债权人一般不参与企业的经营决策,对资金的运用一般也没有决策权。权益性融资构成企业的自有资金,投资者有权参与企业的经营决策,有权获得企业的红利,但无权撤退资金。就印度而言,目前允许的融资方式除了通过股本融资、对外借贷之外,印度还允许公司通过发行债券、股东借款以及ECB即外部商业借款的方式进行融资。当然,外部商业借款这种融资方式除了要满足印度2013年《公司法》的合规性要求,其还涉及外汇管理规定比如印度1999年《外汇管理法》,关于ECB的具体分析,请见下文对应章节。

当发展到一定程度,公司对资金的需求就会与日俱增。在公司初期,可以完全依靠股东的出资,但是后期可能需要依靠借贷,或者通过转让部分股权乃至增发一部分新股的方式引入新的股东来获得融资。当然,公司也不可能100%都依赖借贷,要考虑融资成本,借别人的钱一般会要支付相应的利息,并且有的债权人可能要求担保物。此外,公司还要考虑到债股比(debt equity ratio)这一问题,债股比是衡量公司财务杠杆的指标,显示公司的资金来源中股本与债务的比例。一个公司只有将其债股比控制在合理的范围内才可以继续融资,否则,银行或者其他债权人看到该公司债台高筑,风险太大,会导致要么融资难度增加,要么导致利息或者其他附带条件的增加。

债权人的引入除了可以向公司"输血",解决现金流和资金不足的问题之外,在出借资金比较巨大的情况下,债权人为了充分保障自己的债务人可以按时还本付息,会要求借款人公司定期披露重大信息如公司出售资产、并购重组等事项,甚至在与借款人公司之间签订的借款合同中规定限制分红和限制公司管理层不合理的畸高收入、福利等,从而提高和完善了公司的治理和内部合规。如果债权人是一些专业机构,则其一般会积极参与公司治理,从而有利于避免公司内部人控制和降低代理成本、增加公司合规。

二、公司的借款权(borrowing power of company)及行使限制

公司作为一个拟制的“人”即法人,借款权应该是其“固有”(inherent)的权利。但是,印度法上对于公司对外借贷问题的处理却有一些独特之处。印度2013年《公司法》将公司分成了进行货物买卖贸易的公司(trading company)和非货物买卖贸易的公司(non - trading company),如提供专业咨询服务的公司。对于具有贸易性质的公司,其享有固有的对外借款权。而对于非贸易性的公司,其并不可以直接对外借款,如果其想要行使借款权,这类公司需要首先在其公司章程大纲(MOA)中写明公司可以行使借款权,并且要在公司章程实施细则(AOA)中写明谁可以行使借款权以及如何行使借款权,并且对借款权的行使施加具体的限制。

关于行使公司借款权的主体,印度2013年《公司法》第179条明确规定需要由公司的董事会行使。而董事会也可以做出相关决议将借款权授权给公司董事会下设的专门委员会(committee)或者管理董事(managing director),抑或主要的管理职员(principal officer),比如总经理。

考虑到公司借贷额度过高不利于保护债权人的利益,若出现债务违约也不利于社会的稳定,因此印度2013年《公司法》第180条规定了公司对外进行借款的额度上限,即公司借款总规模不得超过公司实缴资本(paid - up capital)以及自由准备金(free reserve)的总和。[1]

对于越权借款的处理(unauthorized borrowing),是实务中比较常见因而非常重要的问题。上文中笔者提到印度法上并非所有的公司都拥有“固有”的借款权,所以实践中存在公司本身没有对外借款的权限而越权进行借款的情况。除此之外,对于那些本身就具有借款权的公司,其可能没有授权公司总经理对外借款但该总经理却擅自行使了借款权,这也是越权借款的一种。即印度法项下的越权借款分为以下两种:

---

〔1〕 但这里的借款总额不包括短期借款(temporary loan),如借款期限在6个月之内的贷款等。

1. 公司本身不得对外借款；

2. 公司可以对外借款但是借款行为由不具有授权的人行使或者董事越权行使。

首先讨论公司本身不得对外借款这种情况。印度法上对于越权借款的行为的处理是这类行为都是无效(void)的。因行为无效,故而向公司出借欠款的人也不构成债权人(creditor),其仅仅被视为“出借人”(lender),从而钱款的出借人无权要求公司返还相关款项(debt recovery),在公司因借款而向出借人提供担保的情况下,出借人也不得对该担保品主张权利。

虽然《公司法》规定越权借款行为无效从而导致出借人无法主张债务返还,但这并不代表钱款的出借人无法保护其权利。因为在一些情况下,出借人因为疏忽而没有注意到该公司没有对外借款的权利,在这种情况下借款人向公司提供借款,其本身并不具有主观恶意。因此,出借人可以通过以下方式来保护其自身的权益:

1. 法庭禁令(court injunction)。在公司越权借款之后,如果这次该公司尚未将款项“挥霍”掉,则出借人可以向法庭申请禁令,禁止公司将借到的款项进行花费。

2. 行使代位权(subrogation)。如果公司已经将越权借得的款项对外进行了支付或者偿付其他债务,则出借人代位(代替之前的债权人)成为公司的债权人,对公司已经使用的那部分款项主张债权。但需要值得注意的是,出借人只能代位成为债权人,而之前的债权人所享有的比如优先权、担保等权利,出借人都无权享有。

3. 行使追索权。如果公司在越权对外借款之后,将款项购置了动产、不动产,则出借人可以对公司以该款项购置的财产行使追索权。

三、董事或者高管越权行使借款权

上文中提到公司越权借款存在两种情形,除了公司本身没有对外借款的权利之外,实践中较多存在的是公司本身具有对外借款的权利,但是在具体进行权利行使和借贷时,经手的董事或者高管超越权限进行了借款。在这种情况下,公司的责任承担可以分成以下几种进行讨论：

1. 公司事后追认。董事超越了公司章程授予的权限对外进行借款，一般而言这类行为无效，董事需要承担个人责任。但是实践中大多数情况是董事是为了公司的利益而对外借款，虽然越权，但是对公司的发展不但没有损害，反而有所帮助。在这种情况下，公司可以采取事后追认的方式，承认董事借款的有效性，从而对董事的越权行为进行了修正（ratification），使该行为有效，但同时这也意味着公司要受到借款协议的相关条款约束。

2. 出借人是否善意。对于那些本来就有对外借款权的公司，出借人往往很难知晓公司的董事在进行借款之后，将款项用于何种用途。如果用途超出了公司对于董事的授权或者公司章程的规定，显然该借款行为是无效的。但为了保护出善意出借人的利益，如果出借人事先并不知晓该款项的用途超出公司章程的规定或者公司对董事的授权，则该借款行为有效，公司要受到相应的约束。

当然，以上的规制是为了保护公司这个独立法人实体的财产利益，避免因为轻率的举动导致公司乃至其背后的股东的利益受到损害。实践当中有多种方式保护出借人的利益。比如对借款人进行尽职调查。当然，尽职调查仅仅是确定借款人资信的一种方式。就资信评价在印度而言，CRISIL〔2〕（Credit Rating Information Services of India Limited，CRISIL）是印度本土的拥有最为悠久历史的资信评级机构。其创办于1987年，总部位于马哈拉施特拉邦的印度商业中心孟买，目前已经被标准普尔公司（Standard & Poor's）收购，成为其旗下的成员企业，并且其是孟买证券交易所的上市企业。CRISIL也对中小企业（SME）的资信背景进行评级，其目前的评级业务已经拓展到了教育资源评级、房地产评级等领域，并且在商业咨询和研究领域也有不小的建树。

到目前为止，CRISIL已经为超过6万家印度企业进行了评级，其评级信息被诸多印度银行、非银行金融机构和其他企业采用，为这些企业在确定其供应商、分销商以及决定是否给予贷款等方面提供重要信息参考。

一般的印度企业为了顺利从银行和非银行金融机构获得贷款，乃至顺利推进其余其他合作方的合作，都会对申请CRISIL评级报以积极的态度，所以很多时候CRISIL对该企业的评级就足以从一定侧面反映出该企业的信用评价、偿债能力

〔2〕 CRISIL的官方网址为https://www.crisil.com/index.jsp。

和远期展望,从而对企业的一些具体商业决策做出指导。

除了信用评价,实践中比较常见的方式是要求借款人提供担保物。在借款人是公司的情况下,借款公司除了提供担保物,印度的商业实践中还往往存在担保人,而担保人一般是公司的大股东。这里面的道理其实很简单,虽然借款人公司将自己的资产作为抵押换取借款,但是万一公司经营失败,未来公司的公司的资产可能不值多少钱了。因此,出借人一般会要求公司的大股东承担相应的责任。更有甚者,一些资金出借方甚至要求在借款人的公司董事会中有一定的席位或者可以列席,从而可以更好地监督款项的用途,从而避免因借款人公司经营失败或者挪用款项导致未来无法偿还出借人款项的风险。

四、对债务的押记(charge)

公司在对外进行借款[3]的时候,贷款提供方一般会要求公司提供某种形式的担保(security)。而押记相当于是贷款提供方对于公司财产(properties & assets)上的担保权益。在债务人逾期不清偿的情况下,债权人可以通过法院行使押记权来获得清偿。而在财产上设立担保的行为即是押记(charge)。[4]

印度 2013 年《公司法》第 2 条第 16 款对押记作出了明确的定义,规定其为“Charge means an interest or lien created on the property or assets of a company or any of its undertaking or both as security and includes a mortgage”,即“押记指的是包括抵押(mortgage)在内的、在公司财产或者公司从事的主业(undertaking)上设立的权益(interest)或者留置权(lien)”。而之前的 1956 年《公司法》中,抵押(mortgage)并不在押记之列。

而对于公司财产(properties & assets)的定义,在印度的法律实务中给出了较宽泛的外延,其包括公司的有形资产,还包括公司的商誉(goodwill)、专利权等无

〔3〕 包括发行债券(debentures),因为债券也是公司获得债务性融资的一种方式。

〔4〕 中国法上并没有“押记”这一概念(香港除外),可以将押记理解为债权担保的一种方式。其类似于中国法上的抵押,但又不完全相同。印度法下“浮动押记”(floating charge)可对“book debt”(账面债项)等进行抵押,而在中国法下,应收账款属于权利质押。因此,两者的关系是大致相同但又不完全对应。

形资产，并且还包括公司位于印度境外的财产。此外，这些财产不仅包括现实(present)财产，还包括未来(future)的财产。

印度2013年《公司法》将押记分为以下两种：

1. 固定押记(fixed charge)或者特定押记(specific charge)：固定押记指的是在设立押记的时候财产对象已经固定(fixed)或者是特定的(specific)的那类押记如公司的机器设备。对于固定押记，在债权人就到期债权受偿或者未取得债权人的同意(consent)之前，公司不得对这些财产进行处分。抵押(mortgage)即是固定押记的一种，因为作为抵押物的财产一般都是固定的。

2. 浮动押记：浮动押记指的是对于那些不时变化的财产比如存货、应收账款等设立的押记权。因为公司的流动资产(材料、半成品、成品和存货等)在公司生产经营中经常处于买入、卖出和变化之中，允许采用浮动押记担保贷款，这就发掘了公司的融资能力。与固定押记中债务人在未得到债权人许可时不得处分财产不同，在浮动押记的情况下债务人可以对财产进行相应的处分。[5] 但在公司清算时，浮动押记在这一时点上将具体化[6](crystallize)为固定押记，此时债务人无权再处置押记财产。

浮动押记设立无效的情形包括如下两种：

1. 未能在公司注册局对押记进行注册备案；

2. 押记权是在公司清算程序前6个月[7]之内设立的。

其实押记的产生可以这样理解。在企业最开始进行融资时，曾盛行"企业财产集合抵押"，或称"财团抵押"。实行企业财产集合抵押，须将企业全部动产、不动产和工业产权作成一份"财产目录清单"，并在不动产登记机关进行登记。在设定企业财产集合抵押之后，企业财产发生变化如设备更新等，必须相应地变更、修改"财产目录清单"，并到登记机构重新进行登记。此集合抵押"财产目录清单"

---

〔5〕 需要注意的是，一旦浮动押记的财产被转移至资金出借方并受其控制，则该押记就变成固定押记，因为该物已经变为债权人控制下的特定物。

〔6〕 具体化(crystallization)指的是权利人可以行使浮动押记权的事由。这些事由除了包含公司清算，还包括债务人违约(default)，比如未能按时偿还本金(principal)或者利息(interest)。但这些事由出现并不使浮动押记自动具体化，而是需要债权人提起相应的法律程序来使得具体化发生，也就是说，法院不会因为债务人的债务到期尚未清偿就主动要求其对债权人兑现押记权，而必须要等到债权人主动行使该权利才得以为之。

〔7〕 目的是防止公司挑选或者串通个别的债务人使之优先受偿，从而侵害其他债务人的权利。

的制作、变更、修改及重新登记，将耗费大量的人力、物力。设定企业财产集合抵押权后，“财产目录清单”所列各项财产被禁止处分，也不利于企业的经营活动。而浮动抵押制度，正好可以克服企业财产集合抵押制度的上述缺点。设定浮动抵押，无须制作财产目录清单，也不必就各项财产进行公示，仅须以书面形式订立浮动抵押合同并在企业法人登记机关进行登记即可，其手续非常简便。设立浮动抵押之后，企业新取得的财产，将自动成为浮动抵押的标的物。设立浮动抵押之后，企业对财产的处分权不受限制，企业仍可自由转让财产或者设定抵押。且浮动抵押的标的物，包括企业全部有形财产、无形财产和债权，显著增强了企业的担保功能。

但浮动抵押终究属于一种特殊的担保形态。因在浮动抵押权实行之前，企业仍可自由处分其财产，如在债权届期之前企业财产急遽减少，企业经营状况严重恶化，都将影响浮动抵押权之实现，甚至使债权人设立担保权的目的落空，对债权人甚为不利。鉴于此，各国遂对浮动抵押权的设定人和受担保债权予以限制。如日本《企业担保法》规定，唯股份有限公司发行公司债，可以设定浮动抵押。这是因为对股份有限公司的财产状况有严格的监管制度，其运营状况通常也较稳定，股份有限公司设定浮动抵押对债权人的风险较小。股份有限公司发行公司债，通常金额大且期限长，适于设定浮动抵押予以担保。

五、押记权的登记

按照印度 2013 年《公司法》第 77 条的规定，押记的设立必须要向印度公司注册局登记，否则，设立的押记无效（void）。另外，押记的登记最重要的作用就是使得该债权有公示性，法律推定公司的交易相对方在购买公司某项财产之时，已经明确知悉该财产上是否有押记等权利负担。因此，比如对于公司资产收购项目，在做尽职调查的时候，押记的详细信息也是其中重要的一项工作内容，以免防止目标财产上有在先权利导致利益受损。

该条同时规定，公司在设立押记时，必须要在设立（creation）行为之日起 30 天内向公司注册局进行申报登记。当然，考虑到有一些客观情况导致公司无法及时向公司注册局申报，该条还给出了 270 天的宽限期，但是需要支付延期费用作为代价。公司注册局在收到公司的押记登记申请后，审核无误会下发登记证书，由公司留存。尤其值得注意的是，如果在30天内超期没有进行登记，并且在270天的宽限期内也没有登记，则再行就该押记事项向公司注册局进行登记申请的时候，将会被公司注册局驳回。这也将直接导致该押记的设立无效。[8] 当然，考虑到押记权人即债权人的利益，在公司怠于进行登记的时候，《公司法》也允许债权人向公司注册局进行押记的登记。

对于违反《公司法》对押记登记的规定的，印度2013年《公司法》第86条给出了较为严厉的惩罚措施：

1. 对于违反规定的公司，处以最低10万卢比、最高100万卢比的罚金；

2. 对于违反规定负有责任的公司高级职员，处以6个月监禁或者最低2.5万卢比、最高10万卢比的罚金或者并处监禁及罚金。

与押记的登记和注册相对应的，印度公司注册局给出了从CHG－1到CHG－10共10个表格，用于不同类型的押记的登记。

公司或者债权人在向公司注册局提交押记登记申请的时候，需要将以下资料一并报给公司注册局：

1. 押记设立的时间以及设立文件；

2. 押记担保的债权金额；

3. 被押记的财产的信息；

4. 押记的主要条款；

5. 押记权人的姓名、地址信息。

在债务人公司已经完成对债权人的清偿实务的情况下，债务人可以向公司注册局提出申请来解除(release)押记。

六、中国投资者在印度的主要融资方式

中国投资者在印度开展商业活动，最终目的都是可以在印度立足，鉴于中国

[8] 押记的无效并不代表债务人不需要履行对债权人的债务，只不过对于债权人而言，未登记的押记导致其优先受偿权丧失，在公司清算时将被列为一般债权进行行使。

和印度之间仍然存在较大的信息以及资源对接鸿沟，实践中大多数的中国企业在印度的发展仍需要国内实体对其印度实体进行持续性的“输血”。但企业的发展壮大离不开本土化程度的提高，相信未来很多中国企业在经国内主体一段时间的“母乳喂养”之后，势必需要考虑从印度当地市场获得资金支持。

一般而言，中国企业有以下几种方式可以获得在印度的资金支持：

1. 母公司“输血”；

2. 印度本地银行或者其他金融机构的贷款；

3. 在印度上市；

4. ECB 贷款。

对于上述四种获取资金支持的方式，第一种由中国母公司“输血”这一个非常容易理解，这也是实践中比较常见的方式。[9] 对于第二种，从印度本土的银行获得资金支持，因为不少中国企业较少与印度的银行等有深入的业务联系，而这反过来使得印度银行即使可以向中国企业提供资金支持，在没有担保的情况下，额度也不会太高。另外，考虑到印度作为一个新兴经济体，为了遏制通胀，市场利率较高，从而借款利率更高，所以从实用主义的角度出发，从印度银行贷款可能并不具有经济上的高性价比。

而对于第三种途径，在印度上市，是中国企业较为陌生的。上文笔者列举了印度国内目前的 20 家全国性和地方的证券交易所，其中最具有代表性的就是位于印度商业首都孟买的孟买证券交易所，这家交易所可以追溯至英属印度时期，拥有上百年的历史，交易量也非常活跃。严格意义上来讲，目前还没有任何一家中国企业在印度上市，现实中存在一家媒体广泛报道的中资印度公司“上市企业”金发科技（从事塑料材料业务），但是之所以对其“上市”加引号，是因为其并非通过正常的 IPO 即首次公开募股的程序在印度实现的上市，而是通过并购印度一家原本就已经上市的企业（Hydro 公司）的多数股份，进而控制公司，之后对名字进行了修改，从而实现了在证券交易所的挂牌。

以下是金发科技印度市场完成该笔交易的主要线性发展：

1. 1983 年印度 Hydro 公司成立。

---

[9] 请注意，如果是以股东贷款（shareholder loan）的方式向印度公司提供贷款，则需要符合印度 2014 年公司法实施细则中“Companies (Acceptance of Deposits) Rules, 2014”的指引。

2. 2001 年 Hydro 公司在印度孟买证券交易所上市。

3. 2013 年 5 月 20 日金发科技向 Hydro 公司发出要约,收购其该公司总股份的 66.5%。因为该收购已经超过了 25%,所以按照印度证监会要求,需要进行公开购买(public offer)。

4. 2013 年 9 月 24 日通过公开购买途径以及购买 Hydro 发起人股东持有的 66.5% 的股份,金发科技总共收购了 Hydro 82.80% 的股份。

5. 因为印度证监会要求上市公司公开流通股份至少要占到总股份的 25%,所以金发科技通过 2014 年 12 月以及 2015 年 1 月的两次减持,最终持股 74.99%,从而满足了印度证监会的要求。

6. 2016 年 2 月 1 日,Hydro 公司董事会作出决议,更改公司名称为"金发科技印度"公司。

7. 2016 年 3 月 21 日,孟买证券交易所更改 Hydro 交易代号为 Kingfa India。

虽然目前中国投资者在印度投资设立的企业通过在印度本地的交易所上市来获得资金流动性的例子还非常鲜见,但是随着越来越多中国投资者涌入印度以及这些企业本地化程度的加深,在不久的将来,驻印中资企业会积极利用印度本土的资源禀赋以及印度本土资本市场为其全球化布局贡献力量。

七、通过 ECB(外部商业借款)的方式在印度融资

ECB 全称是"external commercial borrowing",[10] 即外部商业借款。意思指的是有资格的印度居民实体(eligible resident entity)可以从符合条件的非印度居民实体那里取得借款,并且该借款的到期时间、终端用途等都需要符合印度法律的规定。采用 ECB 贷款的好处是,资金从印度境外获得,相对于从印度本国银行或者其他金融机构动辄百分之十几的利率来说,融资成本会低不少。

一般而言,ECB 可以分为三种:

1. 平均借款期限 3 ~ 5 年,以外币计价的 ECB;

〔10〕 关于外部商业借款 ECB 的更多信息请参见印度储备银行网站:https://www.rbi.org.in/Scripts/BS_ViewMasDirections.aspx? id = 10204。

2. 平均借款期限10年或者以上，以外币计价的ECB；

3. 平均借款期限3～5年，以卢比计价的ECB。

注意，以上不同的借款期限以及币种标价的ECB，对应的借款人行业也有相应的限制。比如对于第一种（借款期限3～5年，以外币计价结算的ECB），对应的印度居民企业需要来自制造业、软件开发行业、海运、航空、基建、非银行金融机构等。投资者需要查阅最新现行有效的ECB政策，确定自己所属行业门类的ECB贷款政策。

ECB的具体形式有：

1. 银行贷款；

2. 资产证券化产品（优先股、债券等）；

3. 买方信贷；

4. 卖方信贷；

5. 外币可转换债券（Foreign Currency Convertible Bonds，FCCBs）；

6. 融资租赁；

7. 外币可兑换债券（Foreign Currency Exchangeable Bonds，FCEBs）。

对于适格的ECB提供方，印度央行也进行了具体规定，以上文中所述的第一种中短期的ECB（借款期限3～5年，以外币计价结算）来说，其适格的借款提供方包括：

1. 国际性的银行；

2. 国际资本市场；

3. 多边金融机构如亚洲开发银行；

4. 出口信贷机构；

5. 保险公司；

6. 主权财富基金等。

另外，如上文所述，印度央行对于ECB的终端用途也进行了规定，以第一种ECB（借款期限3～5年，以外币计价结算）为例，其用途为：[11]

1. 支付进口生产资料、服务、技术许可等费用；

2. 在印度开展新项目；

---

〔11〕 这里列出的仅仅是部分最终用途，投资者需要根据其具体的商业计划和所属行业确定ECB合规。

3. 对于现有项目的现代化改造或者扩建；

4. 外商于合资公司或者其印度全资子公司的投资。

考虑到印度本国的融资成本较高，所以通过外部商业借款即 ECB 这种方式可以有效地控制融资成本。但投资者同时需要考虑，ECB 是一个财务技术性非常高的融资方式，全程需要金融、法律、税务等专家的介入，否则很难合理合法地实现自身商业目标。

在采取中国的母公司对印度公司进行输血或者融资渠道是中国内地的情况下还需要考虑中国政府相关部门的管制及应对。

能否拿到外汇管理局的放行对于印度投资项目的运转至关重要。比如，根据印度公司法规定，企业实体设立之后，认购股本的款项必须要在 60 天之内到账，否则即构成公司法项下的违约。还有一个案例就是中国投资者与印度土地出租方签订了租地协议并支付了一部分定金，但是在将大额的租地款项汇到印度的时候因没能提前了解外汇管理局程序而导致款项无法按照土地租赁协议里面规定的期限到账。要知道一般的土地租赁协议里面一般都有超期支付罚息条款，甚至有没收定金、终止协议的可能性。由以上这两个案例就可以看出外汇可以及时汇到印度对于项目的成败是多么重要。

而就公司法和商事实践而言，在中国投资者和印度投资者约定设立合资公司的情况下，如果不能按期及时地将款项付到印度进行股份的认购（subscription），则可能会导致两方面的违规（违约）。首先，在中印双方设立合资公司的情况下，双方一般都会明确资金要在一个具体的节点之前到位，如果中国投资者因为国内准备仓促或者外汇管理局的程序导致了时间拖延，不能及时注资到合资公司的行为就构成了对合资协议的违约（breach）。此外，如前一段所述，按照印度《公司法》的规定，如果不能及时将认股款项缴纳，则构成了公司法项下的违规（non-compliance）。针对这两个问题，可以采取如下的方式进行解决。对于第一个问题，可以采取在合同中约定，如果因为中国的有权机关（authorities）的原因导致时间延误的，印度方认可这一行为不构成违约，并且放弃（waive）索赔的权利，从而中方无须进行赔偿。对于第二个问题，如果延误确实是因为中国有权机关的干预导致的，则可以向印度的公司注册局撰写申诉状（plea），要求不要给予处罚，或者至少不要在公司的档案上留下违规记录。

实践中，如果中国投资者设立的是一家股本规模较小的企业，那么这笔外汇款项汇到印度应该是没问题的。但是如果是一笔巨大的款项,中国这边的外汇管理局以及银行等程序可能就需要花费数月的时间,因此,中国投资者在巨量投资款项需要出海的情况下,需要尽早与外汇管理局沟通,及时完成相关材料的准备,避免因外汇管理局程序导致印度法项下的违规或者违约而产生相关的责任。

而这些问题在成立印度公司实体之前即筹划以谁作为股东设立印度主体时就要进行详细的考虑。实践中,中国企业可以考虑通过离岸主体对印度进行投资,如果采用的是海外平台作为投资主体,并且账上有外汇,[12]或者可以通过境外获得低成本的融资的话,中国的外汇管理局的审批、备案等几乎用不上。但不管如何,在中国政府目前对海外投资的交易真实性以及海外资产的重视程度与日俱增的大背景下,中国投资者需要提前做好这方面的功课,避免后期被动。

八、以知识产权在印度获得融资

充实的资本和良好的现金流对于绝大多数企业来说都非常关键。一个拥有良好流动性(financial liquidity)的企业对于商业风险的抗性以及运营能力都会比较稳健。一般而言,资金流动性指的是指企业资产变现速度或变现能力,即企业同期流动资产与流动负债之间的对比关系,也就是短期偿付能力,流动比率越高,营运资金越充足,短期偿债能力也就越强。由于企业现存债务无论其偿还期限多长,一般只有到期才须偿还,偿付期限越接近,偿债压力越大。因此,企业拥有充足的变现力很强的营运资金,是其能够顺利履行到期偿付义务的安全保障。

笔者在之前的章节对于中国投资者在印度获得资金的途径的方式进行了描述。总体而言,中国投资者从印度本土获得资金支持的可能性比较低,并且成本也较高。在大多数情况下中国投资者都是从印度境外获得资金支持。但是资金流动性风险作为商业风险之一,是非常难以把握和预见的。如果中国投资者的印度实体缺乏资金流动性的时候,恰巧其中国的母公司也没有相应的融资额度,或

〔12〕“并且账上有外汇”这一点非常重要。很多中国企业看到别的投资者通过第三地投资印度,自己也效仿,其实这一点真的是“因人而异”,如果投资者自身在离岸地并没有资金,那多一层架构就多了一层运营和保有成本,也会增加该离岸地的合规要求。因此中国投资者一定要基于自身实际并结合专业人士的意见进行个案分析。

者即使中国这边有资金,受限于外汇管制等因素,导致"远水解不了近渴"。所以实践中许多投资者都向笔者提出是否有在不伤及其印度公司主要业务(如出售资产)的情况下,在短期内快速地获得资金流动性。

权衡诸多方面,以知识产权进行担保而获得流动性是一种较为现实的可行方案。有些投资者考虑是否可以直接将知识产权进行担保,从而从银行或者其他金融机构获得资金融通。事实上,印度虽然允许可以用知识产权进行担保融资,但是具体的操作途径上可能和中国投资者的想法有所差别。与中国公司法类似,印度公司法除了允许现金出资之外,还允许以实物(contribution in kinds)和以无形资产(intangible properties)如知识产权进行出资。中国投资者的知识产权在经过评估(valuation)之后,可以代替现金出资从而从公司获得相应的股份。在获取这些股份之后,中国投资者可以将这些股份进行质押并以此作为担保,来获得银行或者其他金融机构的资金支持。即印度的银行或者非银行机构机构一般接受的是以知识产权出资而获得的公司股权作为担保品,而并非直接会接受知识产权作为担保品并进行放款。究其原因,其实比较简单,因为虽然持有知识产权证书,但是其现时的价值到底几何,银行可能并不清楚,其也不可能再去找专门的评估机构进行价值评估。基于这些原因,导致实践中印度的银行以及非银行金融机构偏向于接纳股权作为担保物而非直接接纳知识产权相关权属证书。

九、印度公司的资本弱化问题

在上文"如何确定公司注册资本以及获得公司运营资本"这一章节,笔者对债股比(debt to equity ratio)进行了阐述。债股比这个问题直接关系到另外一个问题,即"资本弱化"问题。众所周知,企业资本由权益资本(equity)和债务资本(debt)构成。权益资本是所有者投入的资本,包括投入的资本金、资本公积金、盈余公积金和未分配利润等;债务资本是从资本市场、银行、关联企业的融资及正常经营过程中形成的短期债务等。在企业的生产经营所用资金中,债务资本与权益资本比率的大小,反映了企业资本结构的优劣状况。这种比率如果合理,债务资本适当,可以保证企业生产经营和防范市场风险的资金需求,并获得财务上的良性效应,即资本结构的优化;如果债务资本超过权益资本过多,比例失调,就会造成资本弱化(thin capitalization)。

有些企业为了追求最大化自身利益或其他目的,在融资和投资方式的选择上,降低股本的比重,提高贷款的比重,造成的企业负债与所有者权益的比率超过一定限额。根据经济合作组织解释,企业权益资本与债务资本的比例应为1∶1,当权益资本小于债务资本时,即为资本弱化。当然,因为行业不同,有些行业的资产负债率较高是一个行业普遍现象,所以不同行业的债股比都应该根据行业来确定。

因为权益资本以股息形式获得报酬,在企业利润分配前,要先按照应纳税所得额计算缴纳企业所得税;而债务资本的利息,却可以列为财务费用,从应纳税所得额中扣除,减少企业的应交所得税。债务资本是没有税收负担的,权益资本则要缴纳所得税。因此,企业的投资者往往尽量减少股权投资,通过高负债、低投资,使资本弱化,增加利息支出,减少应税所得。考虑到税务因素,一些企业可能会在很大程度上以借款的方式为其印度的实体提供资金,其潜在的风险是,如果债务与股权出资的比例过高,可能造成银行等金融机构拒绝继续提供贷款,或者招致税务机关的核查。笔者建议中国投资者在投资印度的时候,需要以审慎的态度对这一问题进行处理,必要的时候可以聘请专业的外部顾问,根据投资项目来合理设计相关的架构,来达到最终税务、法务、商务等各方面的最优化。

十、公司融资的税务问题:印度与“税基侵蚀和利润转移”(BEPS)计划

对于债务性的融资,公司作为借款人一般需要承担利息,在很多情况下也要提供相应的担保。对于股权性融资,公司一般需要让渡其部分股权,而股东是享有对公司利润的分红权(dividend)的。与大多数国家类似,印度税法允许将利息作为成本来进行税务抵扣,而不允许将股息进行抵扣。

现实中有些企业为了避税,通过所谓的资本弱化(thin capitalization),也就是在公司的“债股比”[13]上做文章,即指公司通过加大借贷款(债权性融资)而减少

〔13〕　债股比(debt equity ratio)是衡量公司财务杠杆的指标,显示公司的资金来源中股本与债务的比例。

股份资本(权益性融资)比例的方式增加税前扣除,以降低企业税负的一种行为。

除此之外,现实中还有大量跨国经营的企业利用国际税收规则存在的不足或不完整,以及不同国家和地区的税制差异和征管漏洞,人为地将利润由高税率地区向低(无)税率地区转移,从而最大限度地(甚至在旧体制下合法地)避税,甚至达到双重不征税的效果,造成对各国税基的侵蚀。根据经济合作与发展组织[14](OECD)统计,全球每年有 4%~10% 的企业所得税因跨境逃避税流失,每年税收损失约为 1000 亿~2400 亿美元。为应对日益严峻的问题,"税基侵蚀与利润转移"(base erosion and profit shifting, BEPS)项目于 2013 年启动,于 2015 年 10 月发布了全部 15 项具体的行动计划。该 15 项具体行动涉及数字经济、混合错配、受控外国公司规则、利息扣除、有害税收实践、税收协定滥用、常设机构、无形资产、风险和资本以及其他高风险交易、数据统计分析、强制披露原则、转让定价同期资料、争端解决以及多边工具等。

作为新兴的发展中经济体,税收是印度财政的重要来源。为了应对企业尤其是那些跨国公司采取资本弱化的方式来逃避其纳税义务,印度税务机关制定了新的细则,对类似行为进行限制。如果印度公司或者外国公司在印度的常设机构对其境外的关联方支付的年度利息超过了 1000 万卢比,那么印度的税务机关仅允许的最高抵扣额将被限制在息税折旧摊销前利润(earnings before interest, tax, depreciation and amortization, EBITA)的 30%。[15]

综上可以看出,利息的确定是一个非常重要的问题。实践中有的中国投资者采取股东借款的方式向印度的子公司或者关联企业提供资金融通,在这种情况下,需要结合中国和印度双边的法律来确定利息率,既要保证款项可以通过中国的外汇管制汇到印度,也要保证不会因资本弱化问题导致印度的税务机关在最后利息汇回中国的时候插手干预。在中国和印度之间找到平衡,与税务局之间的沟通是非常有必要的。

---

[14] 经济合作与发展组织,简称经合组织(OECD),是由 34 个市场经济国家组成的政府间国际经济组织,旨在共同应对全球化带来的经济、社会和政府治理等方面的挑战,并把握全球化带来的机遇。

[15] 本条款不适用于银行和保险业。

十一、印度公司对外投资的法律规制

企业业务扩张、战略转型、整合上下游产业链、提高资金使用效率等各种目的,都会进行对外投资。其指的是企业在其本身经营的主要业务以外,以现金、实物、无形资产方式,或者以购买股票、债券等有价证券方式向境内外的其他单位进行投资,以期在未来获得投资收益的经济行为。在目前市场经济特别是发展横向经济联合的条件下,企业对外投资乃至交叉持股已成为企业财务活动的重要内容。

企业的对外投资有利于企业闲置的资金和资产得到充分利用,提高资金的使用效益。并且通过对外投资,可以在企业外部尤其是在外地或外国开发资源、材料来源,保证企业能源、材料来源成本低廉、供应稳定,较好地解决企业生产经营某些资源供应不足的问题。此外,对外投资是获取经济信息的重要途径。在对外投资的可行性调研、合资联营谈判、投资项目建设、管理的过程中,可以利用各种渠道和有利条件,及时捕捉对企业有用的各种信息。在现实的商业生活中,公司进行横向或者纵向的投资,从而避免上下游以及行业周期的影响,提高自身的稳健性已经成为经济的常态。

具体到 2013 年《公司法》中的要求,第 186 条给出了指引。因为对外投资包括以获取外部股权,也包括向其他实体提供贷款。其明确规定了公司的对外投资(包括借贷和持股)不得超过公司实收资本的 60%、公司自由储备金(free reserve)及证券溢价账户(securities premium account)总额的 60% 或者单独计算的公司自由储备金的 100% 或者证券溢价账户额度的 100%,以上述最高者为准。如果高出以上限制,则公司需要通过股东会的特殊决议。而对外投资的决议在董事会层面需要出席会议的所有董事一致同意(unanimous consent)。并且,第 186 条还要求对外投资的公司负有在其财务报表(financial statement)中就其对外给予的贷款、投资进行目的和用途履行披露的义务。

当然,除了满足 2013 年《公司法》中的强行性要求之外,回归到原点,公司必须要在其章程性文件中规定公司可以从事对外投资的行为,这个是最基础的法律要求。

十二、案例分析——中国某公司印度子公司“下游投资案”

印度作为一个新兴市场国家,与中国有差异非常大的宏观法律环境和微观法律规制。对于初次涉足印度的中国企业来说,进行绿地投资周期较长并且所需要花费的投资数额以及精力都较高,所以不少企业选择了投资具有高成长性的印度企业,通过收购其部分股份来作为中国企业熟悉印度市场的必要步骤,之后等待时机成熟再行进行追加投资或者直接进行绿地投资。

近年来有大量的轻资产行业比如 TMT 行业[16]的中国企业登陆印度,出于各种商业目的和大环境的考量,不少中国企业采取了下列途径,即在进行收购的时候首先设立一家印度子公司,随后用该印度子公司对其他印度公司进行收购。

这样的投资模式在印度法上被称为下游投资(downstream investment),而对于这类的投资,印度法提出了一些额外的法律管制要求。即在对下游投资完成之后的 30 日内申报印度工业政策和促进局(Department of Industrial Policy and Promotion, DIPP),公司批准投资的董事会决议以及投资协议等文件也需要一并申报。而对于股份的收购转让的价格条款等,也需要遵循印度央行即印度储备银行(Reserve Bank of India, RBI)所发布的相关指引。

基于目前的印度法律框架,下游投资的定义是:A“通道”公司(因为外国投资者通过该公司进行下游的间接投资,所以暂且将该公司称为“通道”公司。该公司因为按照印度公司法成立,所以其也是享受印度国民待遇的公司)由外国投资者投资设立或者控股,随后外国投资者通过 A 公司继续持有其他印度公司的股份或者进行投资,则这类间接投资就被称为下游投资。

另外,在印度进行下游投资还需要满足以下条件,即进行下游投资所需的资本不得从印度市场取得。具体而言,不得从印度银行、非银行金融机构等途径取得进行下游投资的资本,而必须从外国投资者的母国获得,或者利用该印度通道公司从印度市场的其他业务所获取的利润进行再投资。

但是需要注意的是,如果外国投资者成立的通道公司在印度进行的业务完全

---

〔16〕 TMT 是电信、媒体和科技(telecommunication, media, technology)三个英文单词的首字母。

是投资于其他公司的股份并在后期通过出售该股份而进行获利，类似于私募基金或者风险投资业务，而非兼营其他业务，则需要申请印度官方的相关事前许可。这里可以从一个例子进行阐释：

X公司为互联网领域的中国企业，它设立了一家印度公司Y公司，并通过Y公司投资于印度互联网领域的创业公司，如果Y公司除了进行股权投资之外，还自身进行其他的业务如互联网领域的研发、市场推广等，则不属于上述概念中所定义的纯粹进行下游投资的公司；否则，会被视为进行私募或者风投的金融类企业，需要征得政府的许可。

进行下游间接投资的时候也需要遵守印度工商部发布的外商投资领域以及投资上限的许可，一些不对外资开放的行业，不得通过设立一个印度通道公司之后再以该通道公司的名义向外商禁止进入的领域进行投资或者超出该行业企业所可以接受外商投资的最高比例限额。

另外，进行下游投资的通道公司（本文中即A公司）负有保证外商投资法律合规（如印度1999年《外汇管理法案》即FEMA法案）以及公司法和商事法律合规的义务。

此外，还有一点需要中国企业注意，进行这类业务的通道公司负有向印度相关政府部门申报的义务，但是如果在注册公司的时候没有明确地向政府申明未来公司将要进行此类业务，则可能会受到处罚。这就好比在申报注册的时候图省事而采用流程化的和非个案分析的方式进行注册，仅仅告诉印度相关政府机构成立一家普通的公司，如进行进出口业务的贸易公司，但是等公司成立之后却从事下游投资业务，结果受到印度政府的处罚，甚至可能影响交易的合法性。实践中，不少中国企业从成本出发，采用低成本聘用了一些中介机构，而这些中介机构并不具备专业的律师和从业人员，并且没有充足的知识储备和经验来理解中国企业的市场目标和长远规划，只是按部就班地注册一个普通的公司，从而导致后来的恶果。

中国企业在选用自己的印度市场顾问团队的时候，不仅要考虑成本，也要考虑到该团队是否有足够的经验使企业的印度市场计划不要落空。笔者在实践中遇到过不少中国企业初期考虑成本，没有一个“量身定做”的方案，导致后期计划受阻甚至推倒重来的案例，所以这一点也是值得总是抱着“交学费”和“试错”观念进入印度市场的中国投资者所警醒的。毕竟，错误犯了可以改，但是机会错过了就无法反悔了。

第十二章 Chapter 12

公司股权多数至上以及对小股东的保护

一、公司股权多数至上原则概述

公司作为经济生活的细胞,其内部运行也是民主或者代议制的一种形式。股东作为公司的所有者,股权的占比直接关系着对公司的所有权。一般情况下,公司秉承着少数服从多数(minority is subordinate to the majority)原则或者股权多数至上(supremacy of majority)的原则。而某些情况下,正如社会生活中存在"多数人的暴政",公司治理中也可能存在大股东利用控股地位,来压迫、侵蚀小股东的合法利益的情形。因此,小股东的利益也需要得到保护。此外,为了避免大股东独断专行导致合理的意见和建议无法获得实施,从而在根本上导致公司运行不畅,印度2013年《公司法》对于衡平大股东(优势股东)和小股东的利益进行了规制。这一规制的主要理论基础就是普通法上的"自然公正(或者自然正义,natural justice)原则",即任何权力必须公正行使,对当事人不利的决定必须听取他的意见。这一原则是英美普通法的一个重要原则。

英国公司法上著名的 *Foss v. Harbottle*(1843)一案奠定了如下原则:

1. 公司多数股东的意志是至高无上的,优于公司少数股东的意志;

2. 法院对于公司内部的事务一般保持中立和不加干涉的态度;

3. 公司作为独立的法人,与其成员(股东)在法律上是分立的。因此,对于公司利益受损事项,应该由公司作为提起诉讼的主体而非股东。

一言以蔽之,该判例确立了在股东派生诉讼制度上重要的两项原则即"原告适格原则"与"少数服从多数原则"。如果某一决议是通过合理程序召集股东会并且经过了有多数投票权的股东的同意通过,则该决议除了约束公司整体之外,当然也将约束持反对意见的少数成员(股东)。

在 *Foss v. Harbottle*(1843)一案后,印度本土一直遵循该案的判决,并且在进入20世纪之后的几个案件中都采用了该判决的态度。比如,在1934年孟买高等法院的 *Bhajekar v. Shinkar*(1934 4 Comp Cas 434)一案中,公司的董事通过决议聘用一些经理中介(managing agents[1]),并且也得到了公司有表决权的多数股

---

〔1〕 Managing agent是当时印度法上的概念,现早已被废除。

东的同意。但拥有公司少数表决权股份的股东对于该任命表示异议，并认为该任命将侵犯公司的利益，从而提起诉讼，要求法院介入，最终法院驳回了该申请。

公司多数股权至上原则的法理基础是：首先，可以节省司法资源，避免滥诉。其次，则是尊重多数人的意志。公司作为组织体系的一种形式，与其他组织类似，都会面临所谓的"决策成本"。尤其是公司需要面对瞬息万变的商业情况，如果采用绝对的民主对某些事项进行商议，最直接的结果，轻则丧失商业机会，重则一蹶不振、陷入绝境。

二、公司多数股权至上原则的限制和例外

越权行为（ultra vires）是公司多数股权至上原则的一个显著例外（apparent exception）。越权行为主要包含两种，第一种如笔者在前文中对公司宪章性文件即MOA和AOA的详细阐述所示，公司的任何活动，都不得超越公司宪章性文件规定的范围。同理，如果是针对超出公司宪章性文件范围的事项所做的决议，当然不得适用多数股权至上原则，因为该越权决议本身就不合法。

除了这一种情况，第二种则是超越法律权限。公司宪章性文件是公司进行内部规制的文件。除此之外，公司在进行商业运作和交易时，不得超越法律和法规等外部强行法的规定而采取一些越权行动。对于超越法律和法规规定的行为，因为该行为以及作出该行为的决议违反强行法，则多数股权至上原则也不得适用。

对少数股东的欺诈（fraud on the minority），诚实信用（good faith）作为普通法的一个原则，要求行为人在行使其权利时不得违背诚实信用的原则。

还有一种则是所谓的压迫及不当管理（oppression and mismanagement），主要是违反（fair play）的情形。为了更好地保护小股东的权利，首先需要界定的是何种行为属于"公司压迫"和"不当管理"行为。笔者将在下文对这两者的定义进行阐述。

1. 公司压迫（oppression）

有意思的是，虽然印度公司法实践中存在大量的以"公司压迫"为由而向法院提起的案例，但是翻阅2013年《公司法》，竟然找不出其对"公司压迫"的定义。立法者如果给出明确定义，则可能人为地扩大或者缩小了"公司压迫"的范围。并且

立法者也无法完全遇见商业实际中的不同情况，因此，最好交由法院的法官，依靠其智慧，基于实际情况进行裁判。

但无论在印度学界和司法裁判实务界，对于“公司压迫”的定义的普遍理解是，以“不公正、不平等或者苛刻的”(unjust, unfair or harsh)的方式来行使公司权力，并且以这些方式行使的权力将导致对于某些公司成员的不合理、不公正的负担(burden)。

比如公司在成立之初，几位股东共同拟定了公司章程，约定公司的营业范围和主要目的是进行保险业。在获利之后，公司大股东委派的董事以多数决定不进行分红，继而大股东召开临时股东会修改公司章程，并变更了公司的营业范围，将获利投入到新添加的业务范围中。法院认为，大股东利用其优势地位，强行裹挟小股东，将其原本可得的分红投入到其所不同意的业务中，属于典型的公司压迫。

2. 不当管理

与“公司压迫”在印度2013年《公司法》中没有得到明确定义一样，“不当管理”也没有以明确定义的方式规定在该法案当中。实践中，意见较为统一的对“不当管理”的理解包括公司的事项以一种不利于公司利益的方式进行管理，并且考虑到公司的社会责任，“不当管理”还包含了以不利于公共利益[2]的方式对公司进行管理。

随之而来的问题是，谁是审理公司压迫和不当管理申诉的有权机关？根据印度2013年《公司法》第408条之规定，国家公司法法庭(National Company Law Tribunal)得以建立，并且享有对有关公司压迫和不当管理申诉的管辖权。对于公司压迫和不当管理案件的处断上，国家公司法法庭拥有广泛的自由裁量权(wide discretion)。

当然，考虑到商业实际千差万别，印度立法上还设置了一个“兜底条款”，即国家公司法法庭可以用“合适的”(suitable)方式来解决争议问题，而何为“合适的”方式，则完全取决于国家公司法法庭的自由裁量。并且，对于那些非常紧急、如果不紧急应对将对股东造成不可弥补的损害的事态，国家公司法法庭还可以出具“临时命令”(interim order)，来控制事态，对利益受损方提供紧急保护。

---

〔2〕 因此，印度2013年《公司法》也允许印度中央政府(如通过公司注册局)对侵犯社会公共利益的公司向国家公司法法庭提起救济申请。但这种情况较少，因此在本书中不予讨论。

三、对少数股东权利的法定救济

公司小股东的权利保护是法定的、固有的,不论公司的章程、合资协议中是否规定,小股东都享有,并且小股东的这一法定权利也不可通过约定进行排除。在公司受到大股东的支配而对小股东进行压迫性(oppressive)的行为或者对公司的事项不当管理(mismanagement)时,公司法给予了小股东通过清算公司(wind up)或者向法庭提起阻止压迫和不当管理的诉讼的方式来获得救济。

当然,考虑到将公司进行清算来解决问题无异于饮鸩止渴,印度2013年《公司法》虽然在第271条G款明确规定了小股东在面临侵害的时候可以援引本救济,但是清算公司这种方式,除了"杀死病患"(eliminate the disease),同时也会"杀死病人本身"(kill the patient himself),所以印度2013年《公司法》还给出了一些"替代性救济"(alternative remedies)。

股东或者公司成员(members)在认为公司存在公司压迫和不当管理的情况时,可以援引印度2013年《公司法》第241条向国家公司法法庭进行申诉,但是申请人需要满足主体资格,仅公司的股东和成员[3]才可以向公司法法庭提出救济的申请,而公司的一般雇员、公司秘书等无权提起申请。

为了衡平公司各个股东之间的利益,鼓励各个股东之间通过沟通和协商解决问题,使公司免受股东随意提起的救济申请而疲于应诉,印度2013年《公司法》除规定了救济提请人的主体资格,还在第244条中对于人数、份额等具体门槛进行了细化。[4]

对于有股本的公司,则需要:

1. 至少100个股东,或者持股占公司总股本1/10以上的股东提出申请,以两者中股东人数较少的为准;或者

2. 任何持有公司已发行股本1/10以上的单个股东或者股东的集合,前提是申请人股东已经实缴其所认购的股本份额。

---

〔3〕 这里的成员的定义请见本书第七章。

〔4〕 2013年《公司法》中所规定的具体门槛要求与1956年《公司法》无异。

对于没有股本的公司，则申请人人数比例必须要占到公司总成员数的 1/5 以上。

但考虑到以上给出的标准仍然较高（如 1/10 的股本以上或者 100 名股东），对于股权高度分散化的公司或者一些因为持股较少而对公司的纷争持有漠视态度的股东不愿加入到申请人队列中而导致公司压迫和不当管理的状态无法得到纠正，印度在一贯以来的公司法司法实践中对于此也给出了相应的考量，国家公司法法庭可以根据案件的具体情况，豁免以上所述的部分或者全部要求，从而在兼顾整体效率的情况下，实现个案正义。

并且，印度通过诸多公司法判例实现了一些特殊情况下对于救济的安排，比如，实践中经常出现小股东征集其他股东的书面同意（consent）从而凑齐法定的人数来提起救济，但是在救济程序开始之后有些股东或者迫于压力或者大股东利诱而撤回之前的同意。对于这种情况，印度在 1956 年 Rajamundri 电力供应公司诉 Nageshwara Rao 一案中判定，只要在提起救济程序时满足了人数要求，后期有股东撤回先前的同意，不代表该救济程序就行将中止或者归于无效，该救济程序将继续进行。另外，实践中也会经常存在股东因为一时之需，需要转让其所持有的公司股份的情况。对于股东在提起救济之前所持的股份数满足公司法的法定要求，但是在救济程序结束之前因故转让是否影响救济程序效力的，印度法院在 1964 年的 Mehra 诉新印度刺绣工厂一案中判定，只要提起救济程序时股份持有比例符合法定要求，则后续股东转让股份导致低于法定门槛的情况不会使救济程序中止或者归于无效。

那么实践中会出现的一个问题是，大股东是否有权提起反公司压迫和不当管理的救济申请？值得注意的一点是，虽然反公司压迫和不当管理在一般情况下是归属于小股东的权利，因为现实的实践表明公司压迫和不当管理在绝大多数情况下都是大股东所引发，意欲侵犯小股东权利。但考虑到印度公司法中允许设立普通股和优先股，则在商业实践中极有可能会出现一种情况，即公司设置了普通股和优先股，并且大部分的股权由优先股股东持有，其并不直接参与公司的生产经营，如果这时占有小股份的普通股股东进行了侵犯大股东权益的行为，则大股东也是可以提起反公司压迫和不当管理的救济申诉的。

四、对少数股东的意定保护

对于公司这一商主体和监管者之间的定位，最好的模式是国家应该做好守夜人（night watch）的职责，扮演管理者和秩序维护者的角色，不能过多地进行强制，否则不利于公司这一市场经济最基本的构成单位和主体的地位的发挥。一般只有在为了实现公共利益、避免市场失灵、促进社会公平等有限的条件下国家才得以积极地实施干预。在国家强制和私法自治之间权衡，显然还是市场的力量更加灵敏、准确一些。就公司法层面而言，也是如此。印度2013年《公司法》充分尊重股东的意思自治，这对于少数股东而言，是可以发挥和利用，从而保障自身权益的机制。相应地，了解少数股东的意定权利，对于中国投资者和企业而言有着特别的意义。如果从实践中观察，大多数中国投资者对于印度都是比较陌生的，无论是宏观的制度层面到微观的器物层面，加之印度在中国人心中的一些负面的刻板印象（stereotype），因此导致中国投资者都希望独资，或者在必须与印度方合作的情况下，希望掌握大股东或者控股股东地位。

但随之而来的问题是，寻求股权占优可能需要付出更多的资金代价，也就是所谓的溢价（premium）。比如一家企业，出让49%的股权对价为4900万，但出让51%的股权则可能就是6000万了，之所以存在溢价是因为取得控制权可以保证寻求收购企业与被收购企业之间的目标一致性，提高企业的决策效率等种种好处。不过，就印度而言，商业实际中还存在所谓的“中国溢价”（china premium），这个指的是中国企业因为对印度市场不了解，所多花费的冤枉钱，经常被中国企业自称为“交学费”。

当然，实践中也存在“治大国如烹小鲜”，也就是以小步快跑的方式进入印度市场的例子，即在最初并不寻求控股权或者大股东地位。出现这种情况的原因要么是因为中国企业采取投石问路的方式，不希望贸然大举持有印度实体的股份，要么是在与印度方的谈判当中，就控制权的归属达不成一致，从而只能占有少数股权。或者还有一种情况就是中国投资者意欲投资的公司股权已经高度分散化，在一开始很难立即持有大额的股份。

但不管怎么说，很多中国企业在采取合资方式进入印度市场的时候，经常会因为没有认清自身在合资企业中的地位，没有根据自身的情况（如持股比例、在董事会中占有的董事人数、对合资企业的控制程度等）量身设计有利于保护自身权益的合资合同，而是不加区分的套用别人的协议，这为其权益保护埋下了重大隐患。

以中印合资企业为例，控股股东和非控股股东由于所处的地位不同，有着截然不同的利益诉求，因此需要采取不同的措施保护自身的权益。比如控股股东，一般而言，由于其对合资企业的实际控制力强，合资合同越简单，对其的约束就越少，其控股地位足以保护权益。

但是需要说明的是，一方的控股地位并不等于该方对企业的实际控制。毕竟股东会不是每天都开，合资公司的日常运营肯定是由董事会负责，实践中有的中国企业虽然占据了多数股权，但是其在合资公司中由于没有实际控制董事会的多数席位，会导致其日常经营管理权受到印度方的钳制。也就是说，占有多数股权仅仅是第一步，还需要在公司的实际控制中加以体现，比如董事会多数席位、委派的人员担任董事长、控制公司财务、控制合资公司的技术或者生产等。否则，在合资方之间产生分歧时，中国投资者难以有效维护自身权益。

如果中国投资者是少数股东（非控股股东），此时的合资方需要根据合资企业的实际情况为自己量身定做保障条款，比如如何保障自己在合资企业中的话语权，如何保障合资企业不向控股股东输送利益（对关联交易的限制等），如何保障分红，如何保障安全退出等等。这就需要根据合资方在合资企业中所处的地位以及合资企业的情况设计一套保障措施，一旦该投资方的权益遭受侵害，其能有效利用合资合同赋予的权利保护自身利益。实践当中，笔者会告诉中国投资者可以采取“Affirmative Vote”也就是正面投票机制，即对于某些合资公司的关键事项，需要中国方必须投赞成票才可以通过，这样可以保证在印度合资方在合资企业中占据大股东地位的时候，不会绕开中国股东直接作出决策。而这种设计也是印度公司法留给股东们充分的自由权和意思自治的充分体现，中国投资者应当充分利用印度法项下的意思自治权利，根据自己的股权地位来决定如何相应地保护自身权益。

一般这样的事项包括：[5]

1. 任命一名董事或独立董事；

---

〔5〕 请注意，此处列举的这些事项仅仅是作为范例，并非以“全有或者全无”的方式整合到合资协议中去的，合资方可以根据自身需要选择合适的事项引入到合资协议中。

2. 重建、重组、合并、解体、兼并、联合或转让活动；

3. 以公开发行或私人预售等方式发行各种形式的新股票、担保、可转让票据、股票期权、股票证券来增加资本；

4. 股份资本的撤销和减少；

5. 公司章程和备忘录的任何修订；

6. 任何关于任命的提议，任命法定审计师和内部审计师的条款条件的废除和修订补充；

7. 任何关于合资协议里股利分红政策的修改或其他分红包括退还资本的政策的修改；

8. 参加国外经营活动；

9. 董事会成员的增加或减少；

10. 子公司和(或)合资公司的设立和撤资；

11. 公司经营多元化或提议进入某个经济领域或从事某项活动或其他经营范围的改变；

12. 董事会授权和取消向个人或董事委员会或其他人的授权(包括批准组织规程和委员会成员及任何其他修改)；

13. 任何销售，抵押或其他处置(全部或部分)或赠送、废除、撤资或营业执照终止或其他知识产权相关的协议；

14. 任命和撤除董事会成员，除了由任命某董事的股东提出撤除此董事；

15. 公司注册或办公地点的变更；

16. 公司名称或商标的变更；

17. 任何股份附加权利的变更；

18. 公司账目记录上股权的转移或登记，除了某个股东依照本协议转让其股份；

19. 董事会设立的包括任何管理委员会在内的任何委员会成员的任命；

20. 任命、解雇或取代关键管理人员或顾问；

21. 关键管理人员或顾问的劳务合同条款和任何报酬条款的变动；

22. 批准和修订公司或各股东代表董事或员工和股东(包括其子分公司或雇员)间的任何协议和安排(财务或其他方面)；

23. 批准除了一般经营活动外的各种协议文件(包括执照)；

24. 银行账户或银行指令签字权的变更或修改；

25. 任何公司与股东或其子分公司之间的关联交易；

26. 一切关于建筑和土地的交易，包括租赁、购买、出售和抵押等；

27. 引发债务或提供物权担保或贷款担保或其他延伸的信用行为或任何金额的资本支出；

28. 以出售、转让或其他方法处置市场估计价值或售价超过最新的审计报告中公司净资产的10%（或者其他合资方认为合适的比例）的公司资产；

29. 公司清偿债务、清算、解散或破产，除了依照本协议股东享有的或被要求的对公司的账务清偿、解散或清算行为；

30. 材料核算或税务政策或实践中的规定（而非通用的会计准则）的改变；

31. 公司债券的购买和赎回（包括任何员工或董事持有的股票期权）及任何公司资产或准备金的变更、增加或减少；

32. 偿还正常经营还款外的任何贷款；

33. 公司上市或公开发售股份或股份相关的债券的定价、时间选择和交易方式。

在某种程度上，任何投资都是有风险的，而想完全避免风险又是不现实的，但风险是可以通过多种架构设计来进行控制的。合资也是一样，合资企业的经营风险是需要双方共同面对的风险，除了这一商业风险，还存在与合资伙伴的合作风险。笔者在此主要讨论的是如何控制与合资伙伴的合作风险。

很多合资方不愿意面对这个问题，因为他们认为大家既然在一起合作，就应该相互信任，如果合作伊始就过多地讨论如何保护自身的利益，可能造成大家相互不信任，这样不利于以后的合作。但是，实践证明这种想法是错误的。很多情况下，正是由于保护措施不够才导致其他方认为有机可乘，故而有胆量破坏合作，侵害保护措施不足一方的权益。对于远赴印度投资的中国投资者来说，合资协议将是维护自己权益的宪章性文件，所以其重要性可见一斑。

在合资企业中，比较重要的控制措施是详细了解合资企业的机构设置，通过议事规则的设定和岗位人员的委派及其职责的设定进行实际控制。现实中很多合资失败的例子都是一方将合资企业交由另一方管理，己方只想坐享投资收益。但是大都事与愿违，不参与合资企业经营的一方逐渐发现其对合资企业失去了控制，也失去了对自己权益保护的控制，只能坐看自己的权益被侵害而束手无策。

还有比较重要的保障措施是退出机制的设计，可以让权益受侵害的一方及时采取“壮士断腕”的措施，防止损失的扩大。当然，退出并不是无限制的，[6]只是在出现特定情形时一方才有权要求退出。

合资协议的设计和撰写是一项专业性很强的工作，需要根据具体情况具体分析，量身定做。基于笔者实务中的积累经验，笔者认为以下这些点是撰写和审阅合资协议时候需要重点考虑的问题：

1. 合资协议的签订主体（涉及履约及责任承担）；

2. 股权配比及出资，包括出资方式、出资时限等（如果以非货币形式财产出资如无形资产出资时涉及价值评估）；

3. 合资企业的股份划分（是否有普通股和优先股的区分）；

4. 股权的转让（是否有优先购买权、随售权、领售权等）；

5. 合资企业的命名（涉及该权利的归属）；

6. 董事会以及高级管理人员的控制权；

7. 专利、技术秘密的保护；

8. 违约责任；

9. 争端解决方式。

当然，合资协议也并非在一开始就要越详细、越复杂越好。因为商业实践以及未来合资企业在印度运营和发展很多时候是不以人的意志为转移的。实践中经常会出现突发状况发生时但是合资协议中并未有描述，或者在最初认为某一条款的设计可以起到保护己方利益，但是因为其他条件的变化导致该条款反而产生了事与愿违（backfire）的尴尬局面。合资协议虽然是一个法律安排，但是其必定要受制于现实中商业事项的发展。合资项目能够在印度成功落定最终还是有赖于一个良好的商业模式、双方的互利共信以及良好的沟通和反馈机制。这一点希望中国投资者可以谨记于心。

就对中国投资者而言，靠谱的印度合资伙伴对于项目落地以及未来的发展壮大，重要性自然是不言而喻，很多时候各方把自身的资源结合在一起，才能使项目落地。很多中国企业有技术，那么印度企业出销售网络、渠道和土地。两方只有

---

〔6〕 在商业实践中，双方合资都是基于对合资方的信赖或者认为可以形成合力以及利用对方优势来补充自身短板的考虑。一旦一方退出，剩下的一方可能无法通过独资继续推进项目，这将直接使合资的意义落空。

把自身的强项拿出来与对方相结合,才可以促成项目的成功。

若试想自己所依赖的合作伙伴,在合资企业刚落地就退出或者转让股份给另外的合作方,这对该项目的影响是巨大的。因此,笔者建议中国企业与印度合作方在洽谈和撰写合资协议的时候,就要想好如何把印度合作方绑定在自己的战船上,在实现既定的战略和战术目标之前,不要让其轻易地退出合作关系。因为合作对手方其自身抛掉股权从而退出还不是最坏的,实践中甚至出现过印度方将其股份转让给中国企业的竞争对手的案例,这样对中国投资者的投资计划的打击不啻是毁灭性的。

因此,中国投资者可以考虑在合资协议乃至在后续的公司章程中加入优先购买权(right of first refusal)或者随售权(tag along)条款。优先购买权这一条款大家都比较熟悉,也就是股东享有的同等条件下优先购买其他股东拟转让股权的权利。一般情况下,“同等条件”是指价格、数量、支付方式、支付时间等条件相同,以价格和数量为主。加入优先购买权条款之后,如果其他股东转让,则现有的股东可以行使这一权利。

当然,如果中国投资者在合资公司中是小股东或者担心在出现其他股东对外全让股权的时候会产生因资金不充足而无法行使优先购买权,或者说即使行使优先购买权,因为合资伙伴的退出导致既定的目标无法实现,就可以采取行使“随售权”(tag along right)的方式,笔者觉得以下一个处理方式可以用作中国企业在与印度合作伙伴撰写合资协议或者公司章程时候对于这一问题的参考。

中国某企业与印度企业在印度合资开展某制造业项目,在合资协议中约定了优先购买权条款以及随售权条款。这些条款约定,一旦某股东对外转让股权,则非对外转让方股东可以:

1. 选择行使优先购买权,在同等条件下,则非对外转让方股东有权优先购买该笔股权;

2. 若非对外转让方股东不选择行使优先购买权,则其可以选择行使随售权,即要求转让方股东在对外转让的时候,要一并购买非转让方的股权,并且对外转让方购买的价格要基于优先购买权的价格,使非转让方股东可以退出合资公司;

3. 如果对外转让方无法或者不愿购买非转让方的股权,则对外转让方需要停止对外转让股权的交易;

4. 如果非对外转让方股东选择不行使随售权,并且超过一定期限其也不行使优先购买权,对外转让方股东可以转让其股权给第三人。

由此可见,通过在合资协议和章程中安排优先购买权以及随售权条款,可以将合资伙伴绑定在自己的战车之上,或者至少可以给自身预设一个较为安全的退出渠道。这一点是值得中国投资者仔细考虑的。

另外,类似的意定条款还有“锁定期”(lock－in period)条款。因为合资企业的成败离不开合资双方或者诸方的努力。在实践中大量的情形是一方持有资源如销售渠道和网络,一方拥有资金,一方可能拥有技术,只有这几方同时将自己的核心资源拿出来放到合资企业中去,合资项目方能成功。所以为了让合资企业的经营管理有一定的稳定性和连续性,并且符合成立合资公司的初始意愿,中国投资者可以在合资协议中约定相应的锁定期条款,避免合资伙伴提前退场,并且可以结合上文中的随售权等意定条款进行相应的安排,最大限度地保护自身利益的同时,促使项目的成功。

以上所阐述的各个条款,都是公司法允许在其框架下,股东双方或者各方经过平等磋商和认可之后,对于各自的权利义务进行的安排。在中国投资者不占据控股地位和对公司决策的支配权的情况下,更应该结合公司法进行仔细考虑。

第十三章 Chapter 13

国家公司法法庭及上诉法庭

一、概述

考虑到国内不断增加的公司相关诉讼和争议案件，印度 2013 年《公司法》中在第二十三章[1]中新设立了两个专门的法庭即国家公司法法庭[2]（National Company Law Tribunal，NCLT）和国家公司法上诉法庭[3]（National Company Law Appellate Tribunal，NCLAT）来负责处理公司有关事项。在国家公司法法庭这一机构之前，印度对于公司法事项的处断，有一个名为公司法委员会（Company Law Board）的准司法机构（quasi - judical body）来进行处理，但委员会的性质导致了实践中其并不能高效、强势地处理公司法相关案件。因此印度在 2013 年的修法当中设立了两个专业化法庭作为公司法事项的司法管辖主体。

需要注意的是，这两个主体的名称是"tribuanl"（法庭）即而非"court"（法院），印度法上对法庭与法院这两者有着细致的区分。在印度，法庭（tribunal）一般是根据专门立法（special enactment）授权而设立的专门性司法裁判[4]机构，从而对某一专业化领域非常高的法律部门如证券法、环境保护法、税法等进行司法裁判（adjudicate）。除了新近设立的国家公司法法庭和上诉法庭，之前印度还有证券上诉法庭（The Securities Appellate Tribunal，SAT）、所得税上诉法庭[5]（The Income Tax Appellate Tribunal，ITAT）和高度技术化的互联网上诉法庭（The Cyber Appellate Tribunal，CAT）等。这些专门法庭的法官一般是由具有行业专门背景的专家组成，其程序上较之一般的法院而言比较灵活，目的是追求更加快速的（speedy）处断和给出合理的（equitable）判决。因此，一般的法院需要严格遵循印度《民事诉讼法》（*The Code of Civil Procedure*）、《刑事诉讼法》（*The Criminal Procedure*

---

〔1〕 印度 2013 年《公司法》第 407 条至第 434 条。

〔2〕 更多信息可以参见其官方网站：http://nclt. gov. in/。

〔3〕 更多信息可以参见其官方网站：http://nclat. gov. in/。

〔4〕 当然，tribunal 还包括所谓的"private tribunal"如仲裁庭（arbitral tribunal）。

〔5〕 印度所得税上诉法庭并不是印度财政部（Ministry of Finance）下属的所得税署的组成机构，而是归印度司法部（Ministry of Justice）管辖的机构。其对于税务争议起到了制衡税务机关行政权力和自由裁量权（discretionary power）的作用。

Code)、《时效法》(*The Limitation Act*)等的规定,但专门法庭一般都有针对自身特点而制定的程序规范。并且,2013 年《公司法》第 424 条第 1 款明确规定,国家公司法法庭和上诉法庭审判的原则是基于"自然公正"(natural justice),其可以不严格遵循一般法院的烦琐程序,以促成审判效率〔6〕。

另外,虽然印度 2013 年《公司法》设立了这两个公司法专门法庭,但是就对公司事项的管辖而言,这两个法庭并非享有全部的专属(exclusive)管辖权。这两个专门法庭仅仅对法律明文授权的事项如公司压迫和不当管理等进行处断,而一些涉及刑事处罚的事项如公司董事侵犯公司利益以及公司严重违反公司法因而需要对责任人作出监禁(imprisionment)的处罚的案件,都是需要由法院(court)来进行管辖。换句话说,只有在 2013 年《公司法》中明文规定的"列举事项"(enumerated items),才可以向公司法专门法庭提交管辖申请(petition)。

就管辖权而言,国家公司法法庭对于公司相关案件具有初审管辖权(original instance),而对于其作出的裁决进行上诉,则交由国家公司法上诉法庭处断,对于国家公司法上诉法庭作出的裁决不满,则需要到印度最高法院(Supreme Court of India)进行处理。

目前,国家公司法法庭在印度共有 11 个分支法庭(bench),除德里作为首要(principal)法庭而拥有 2 个分支机构外,在班加罗尔(Bangaluru)、金奈(Chennai)、古瓦哈提(Guwahati)、海德拉巴(Hyderabad)、加尔各答(Kolkata)、孟买(Mumbai)、艾哈迈达巴德(Ahmedabad)、阿拉哈巴德(Allahabad)和昌迪加尔(Chandigarh)各有一个分支法庭。

建立国家公司法法庭和上诉法庭被印度实务界和企业界普遍认为是一个具有进步意义的举措,各方对其作用寄予了厚望。当然,其后续的运作和实效有待观察。

---

〔6〕 法谚有云:"迟到的正义非正义。"在印度,低效的法院体系也一直受到各方诟病。按照印度官方披露的数据和一些媒体的统计,目前印度积压了近3000 万件案件,全部处理完需要400 多年。因此,专门法庭的出现是为了解决印度法院司法效率低下这一顽疾。

二、国家公司法法庭的案件管辖权

案件管辖权主要针对的是国家公司法法庭这一专门机构对于何种事项享有管辖权。国家公司法法庭作为一个行政法庭，其职权不免与印度其他机关发生管辖权重叠（overlap）或者冲突（conflict）。以目前为例，公司注册局（Registrar of Companies）是负责公司合规的重要行政机关，对于公司的注册和除名（strike off）拥有专属管辖权。而公司清算（winding up）程序，目前仍有高等法院行使。但是需要注意的是，印度已经将大部分的公司法事项交由国家公司法法庭这一专门机构来处理，并且相信在不久的未来也会将公司清算这一重要事项交由国家公司法法庭进行专属管辖。

表 13 – 1 是目前由国家公司法法庭管辖的事项：〔7〕

表 13 – 1　国家公司法法庭管辖的事项

事项	具体内容
更改公司章程实施细则	将股份公司变更（conversion）为私人有限责任公司
发行及赎回优先股（issue & redemption of preference Shares）	对公司发行优先股时的一些具体问题进行管辖
变更股本（alteration of share capital）	对于将会导致投票权（voting rights）变动的股份合并、拆分（consolidation and division〔8〕）等具体行为进行管辖
增发股本（further issue）	对借债资金或者债券资金进行债转股（debt conversion to equity capital）时进行管辖
债券相关（debentures）	如果公司无法按时赎回（redeem）债券或者无法按时付息（interest）则需要向法庭提交诉状（petition）
年度股东会（AGMs）	法庭有权通知股东召开年度股东会或者视情况随时要求股东开会

〔7〕 PWC newsletter, "*MCA constitutes NCLT and NCLAT and notifies certain provisions of Companies Act*, 2013 *to make them operative*", June 2, 2016.

〔8〕 请见本书第四章第五部分中对相关内容的具体描述。

续表

事项	具体内容
检查(inspection)股东会会议纪要(minutes)	若公司拒绝(refusal or default)某成员(股东)检视股东会会议记录或者未能按照要求提供所需信息,则该股东可以请求法庭要求公司进行相应的披露
核查会计账簿(re-opening of accounts)、修改公司董事会报告或者财务报告	在需要对公司账目进行核查时,需要征得法庭的许可。在公司自行提出要求对财务报表和董事会报告进行修改时,需要征得法庭的许可
撤销公司审计师	法庭根据案件具体情况,可以主动(suo moto)撤销公司的审计师(auditor)或者在接到政府相关部门(如公司注册局)申请的情况下撤销某审计师的职务
撤销董事资格(removal of directors)	法庭可以视情况作出撤销某董事职务的决定
探究公司内部具体事务(affaris)	根据案件的具体情况,法庭有权探究公司的内部信息,要求公司提供相关材料和披露(disclosure)等
探究公司所有权	法庭有权探究(investigate)公司所有权(ownship)的真正归属情况
冻结公司财产(freezing of assets of company) 对公司证券施加相应限制(imposition of restrictions upon securities)	在法庭依职权或者依申请对公司的相关事项进行调查的时候,法庭有权冻结公司财产或者对公司所持有的证券财产施加相应的限制
对欺诈行为的求偿权(damages for fraud)	对于公司出于欺诈目的(fraudulent purposes)而进行的筹资、获取款项等行为,法庭有权判罚本息
寻求违法行为的和解(compounding〔9〕 of offences)	法庭有权针对具体情况和利用自身所具有的司法裁量权(judicial discretionary power)就具体的违法违规行为进行和解

〔9〕 需要注意的是,"compound"在法律英语上的意思是"进行和解",在印度法项下,尤指私人一方寻求与政府有权机关之间的和解,比如就税务缴付义务的纠纷,私人企业可以与印度税务局寻求和解。这样对于税务局和当事人而言都可以避免对簿公堂,到法院诉讼,从而节省大量的时间成本和资金成本。

三、国家公司法法庭的组成

国家公司法法庭作为一个专门法庭，由一名主席（president）、多名司法成员（judicial member）和专业技术成员（technical member）组成。其具体的成员人数则是由政府规定并通过政府令进行颁布，可以视案件负担等情况增加或者减少。

主席人选的选任方式是由印度中央政府和印度最高法院的首席大法官（chief justice of India）协商确定。而其他组成成员则是由提名委员会（Selection Committee）推荐，之后政府根据委员会的推荐进行确定。该委员会的主席是印度最高法院的首席大法官，而其他成员包含了印度司法部秘书长、公司事务部秘书长、财政部财政服务司秘书。因为公司的成立、运行和商行为涉及多个政府部门的管辖，所以提名委员会的组成也代表了各方的利益，从上述提名委员会的人员构成就可以反映出对各部门利益的衡平之考量。

就国家公司法法庭主席和成员的任职资格（qualification）而言，2013 年《公司法》第 409 条也给出了详细的规定。对于主席，其必须要担任印度高等法院（High Court）法官满五年以上，而对于司法成员（judicial member），其资格标准需要满足以下之一：

1. 系高等法院法官；或者

2. 担任地区法院法官（district judge）15 年以上；或者

3. 担任出庭律师（advocate）至少 10 年以上。

而对于专业技术成员（technical memebr），其任职资格只要满足以下之一即可：

1. 至少 15 年以上的注册会计师执业经验；或者

2. 至少 15 年以上的成本会计师执业经验；或者

3. 至少 15 年以上担任公司秘书的执业经验；或者

4. 在法律、金融、资产管理、投资等方面拥有 15 年以上的经验；或者

5. 至少有担任 5 年以上的劳动争议法庭主要裁判官（presiding officer）的经验。

另外，考虑到国家公司法法庭管辖的事项一般是复杂程度较高的专业化事

项，所以除了以上硬性要求之外，其年龄还要满足至少50岁以上这一标准；以保证其有充足的执业经验。

国家公司法法庭的主席以及成员任期为5年，可以连选连任。但法律同时规定了服务的年龄上限，即主席的年龄在超过67岁、成员在的年龄在超过65岁时，将丧失继续担任国家公司法法庭职位的资格。在主席出现死亡、辞职或者其他情形导致其无法履行职务而造成职务空缺(vacancy)的情况下，在新任主席被任命之前，主席的职务由法庭中最资深[10](senior - most)的成员担任。对于从国家公司法法庭辞职，一般成员只要书面将辞呈报至中央政府即可辞职，但对于主席，其辞职要么需经过中央政府的批准，要么就需要按照以下方式等待一段时间(以最早到期者为准)：

1. 中央政府收到其发出的书面辞呈3个月后；

2. 其任期届满之日；

3. 继任者到任之日。

中央政府也可以主动剥夺国家公司法法庭主席和成员的职务。在出现以下情况时，中央政府在与印度最高法院大法官协商的情况下，可以撤销对主席和成员的任命：

1. 被法院宣告破产；[11]

2. 因犯罪而被中央政府认为属于道德恶劣(moral turpitude)的情形；

3. 因身体或心智因素导致不能胜任工作；

4. 因财产往来和利益导致产生可能的利益冲突而不适宜继续担任工作的情形；

5. 滥用职权，有悖公共利益。

简言之，如果国家公司法法庭主席和成员出现了不当行为(misbehaviour)或者丧失能力(incapacity)的情形，都会导致其职务的撤销。

---

〔10〕 对于最资深的理解，一般指的是其年龄。

〔11〕 需要注意的是，中国目前没有自然人破产(individual bankruptcy)制度，但是印度法上支持个人破产。

四、国家公司法法庭的权力以及程序

国家公司法法庭的权力具体施行，是通过组成相应的审判庭（bench）并对个案进行处理来完成的。一般而言，审判庭的组成有以下几种模式：

1. 独任审判庭（single member bench）：在这种模式下，审判庭的成员必须是司法成员（judical member）。关于何种案件适用独任审判庭，需要由国家公司法法庭主席结合案件性质和相关因素决定。如果案件的发展使主席认为独任审判庭已经不能满足案件的审理需要，则其可以将案件转给两人审判庭进行审理。

2. 两人审判庭（two members bench）：这种模式是最常见的模式，成员由一名司法成员（judical member）和一名专业技术成员（technical member）组成。

3. 特殊审判庭（special bench）：这种模式是比较少见的模式，适用于公司重组等少数案件，一般由 3 名或者 3 名以上成员组成审判庭进行处理。

对于审判庭的议事机制，立法采取了简单多数决（simple majority）的方式。独任审判庭的情况下不存在多数决，因为独任裁判官的意见就是全部的意见，而在两人审判庭的情况下，可能出现两名裁判官意见相左的情形。在这种情况下，需将案件发给主席，征求主席的意见，或者加入其他裁判官对案件的意见，从而得出多数的意见作为最终裁定（order）。[12]

在作出裁定后的两年内，如果法庭认为该裁定中有“明显错误”（apparent mistake），则可以对裁定进行修改。裁定通过之后，可以按照法院判决（decree）的方式进行执行。但是需要注意的是，国家公司法法庭作为一个特别行政法庭，其虽然享有裁判权，但是其不享有执行权（execution power），其作出的裁决需要发给有管辖权[13]的法院进行执行。

非常值得注意的一点是，印度法上对于裁定（orders）、判决（decree）有严格的

〔12〕 实践中完全可能出现的一种情况是，第一名裁判官的意见为 A，第二名裁判官意见为 B，而为了打破僵局引入的第三名裁判官，结果其意见为 C，也就是无法出现多数意见。在这种情况下，要么由主席来定夺，要么只能不断引入新的裁判官意见直至出现多数意见。

〔13〕 如果被执行方是公司，则需要公司注册地法院的协助；如果被执行方是个人，则需要其居住地、就业地的法院进行协助。

分别。判决(decree)是按照1908年印度《民事诉讼法》第2条第2款之规定,指的是法院对诉讼的争点(controversy)进行详细的审理(adjudication)之后,所作出的用以界定诉讼各方权利义务的正式表述(formal expression)。而裁定(order)则是基于1908年印度《民事诉讼法》第2条第14款之规定,其不一定是对实体权利义务进行处理,有时候针对的是程序性事项。一般而言,判决都是可以上诉(appealable)的,而对于裁定来说,大部分的裁定都不得上诉。当然,就国家公司法法庭而言,虽然法律规定其只能作出裁定(order),但这些裁定是可以上诉至国家公司法上诉法庭的。

为了能够使国家公司法法庭可以履行其职责,法律授权其拥有类似民事法院(civil court)的权能。主要是印度1908年《民事诉讼法》规定的如下权力:

1. 召集(summon)和强制要求任何人参与法庭程序;

2. 要求当事人提供文件(production of documents);

3. 要求当事人对证据进行宣誓(affidivat of evidence);

4. 有权要求政府机构、机关、单位等调取(requisition)任何公共记录或者文件;

5. 在当事人缺席(default)的情况下驳回诉求(dismissal of representation)或者作出单边(ex parte)裁决;

6. 有权要求城市地方法官(metropolitan magistrate)、地方征收官(district collector)协助获得公司账簿、公司财产;

7. 其他法律授权的权力。

由以上可见,虽然国家公司法法庭是基于公司法授权而设立的一个特殊行政法庭,但其享有了准法院的司法权能,从而对法律规定的公司法事项进行裁断。虽然其不享有司法执行权、作出的裁判仍需要到一般的民事法院进行执行,但专业化法庭的出现毕竟弥补了一般民事法院专业知识和司法资源的不足,不得不说是一个巨大的进步。

五、国家公司法上诉法庭的组成、权力及程序

上文中笔者提到一般的裁定(orders)是不得上诉的(non - appealable),但国家公司法法庭作出的裁定是可以上诉的,并且有专门的机构即国家公司法上诉法庭作为处理裁定的上诉事项的专门主体。

自当事人收到国家公司法法庭的裁决之日起 45 天内,最迟不超过 90 天内,如果觉得自身权益受到了侵害(aggrieved),则可以向国家公司法上诉法庭提起上诉,国家公司法上诉法庭需要在收到上诉请求 3 个月之内作出维持原裁定、修改原裁定或者撤销原裁定并作出新裁定的决定。

若当事人对于国家公司法上诉法庭作出的上诉裁定仍不满,此时的救济机制则是在从接到国家公司法上诉法庭的裁定之日起 60 天内向印度最高法院(Supreme Court)提起诉讼。但事实上印度最高法院的案件已经堆积如山,并且与国家公司法上诉法庭必须要在 3 个月之日作出裁定不同,法律并没有规定最高法院需要在多久的期限内完成审理。根据印度最高法院的数据,[14]截至 2017 年 5 月 1 日,印度最高法院的未决事项(pending matters)共有 60,751 项,其中在受理(admission)阶段的有 33,656 项,在审理阶段的有 27,095 项。考虑到印度最高法院有限的司法资源,一旦案件上诉至最高法院,则可能是旷日持久的受理等待,即使能够完成受理,后续的排期以及聆讯(hearing)也可能花费更长的时间。正如英国著名媒体人爱德华·卢斯在《不顾诸神:现代印度的奇怪崛起》一书中所说的那样,“从新德里最高政府部门的走廊到昏昏欲睡的地方官员的法庭,印度的政府机构和法律部门有着一些明显的共同点。他们从不会在你的生活中缺席,除了你真正需要他们的时候”。当然,卢斯此书成文到现在已经过去了十几年,印度的一些问题在一定程度上有了改观,但法庭司法资源不足使国家经济生活利益受损这一问题仍然存在。

与国家公司法法庭的组成结构类似,国家公司法上诉法庭也将由一名主席(chairperson)[15]和包括司法成员、专业技术成员在内的人员组成,但总人数上限不得超过 11 人。对于国家公司法上诉法庭的主席,其任职资格较为严格,需要是现在或者曾经担任过印度最高法院法官或者高等法院首席法官的资深法官;对于司法成员,其任职资格是现在或者曾经担任高等法院法官或者担任国家公司法法庭司法成员满 5 年的人。对于专业技术成员,则是由在法律、金融、会计、投资和其他与公司重组、公司清算相关领域拥有 25 年以上工作经验的人士担任。并

---

〔14〕 参见印度最高法院数据统计:http://supremecourtofindia. nic. in/statistics,最后访问日期:2019 年 1 月 2 日。

〔15〕 需要注意的是,国家公司法法庭的首席人员被称为“president”,但国家公司法上诉法庭的首席却被称为“chairperson”,不同的英文称谓以便对其所属法庭进行区分。

且，担任国家公司法上诉法庭的组成人员，还必须满足年龄在 50 岁以上这一硬性标准。

国家公司法上诉法庭的主席以及成员任期为 5 年，可以连选连任。但法律同时规定了服务的年龄上限，即主席的年龄在超过 70 岁、成员的年龄在超过 67 岁时，将丧失继续担任国家公司法上诉法庭职位的资格。对于从国家公司法上诉法庭辞职，一般成员只要书面将辞呈报至中央政府即可辞职，但对于主席，其辞职要么需经过中央政府的批准，要么就需要按照以下方式等待一段时间（以最早到期者为准）：

1. 中央政府收到其发出的书面辞呈 3 个月后；

2. 其任期届满之日；

3. 继任者到任之日。

中央政府也可以主动剥夺国家公司法上诉法庭主席和成员的职务。在出现以下情况时，中央政府在与印度最高法院大法官协商的情况下，可以撤销对主席和成员的任命：

1. 被法院宣告破产；

2. 因犯罪而被中央政府认为属于道德恶劣（moral turpitude）的情形；

3. 因身体或心智因素导致不能胜任工作；

4. 因财产往来和利益导致产生可能的利益冲突而不适宜继续担任工作的情形；

5. 滥用职权，有悖公共利益。

简言之，如果国家公司法上诉法庭主席和成员出现了不当行为（misbehaviour）或者丧失能力（incapacity）的情形，都会导致其职务的撤销。这一规定与本章第二部分中规定的国家公司法法庭组成人员辞职和职务撤销的规定相同。

同时，国家公司法上诉法庭的权力也与国家公司法法庭的准民事法庭权力类似：

1. 召集（summon）和强制要求任何人参与法庭程序；

2. 要求当事人提供文件（production of documents）；

3. 要求当事人对证据进行宣誓（affidivat of evidence）；

4. 有权要求政府机构、机关、单位等调取（requisition）任何公共记录或者文件；

5. 在当事人缺席（default）的情况下驳回诉求（dismissal of representation）或者

作出单边(ex parte)裁决;

6. 有权要求城市地方法官(metropolitan magistrate)、地方征收官(district collector)协助获得公司账簿、公司财产;

7. 其他法律授权的权力。

但值得注意的一点是,在司法位阶(judicial hierarchy)上,国家公司法上诉法庭与高等法院(High Court)处于同一层级,所以其与国家公司法法庭相比还享有一项司法权力也就是对蔑视法庭(contempt of court)行为的处罚,国家公司法上诉法庭可以援引印度1971年《蔑视法庭法》(*The Contempt of Courts Act* 1971)的规定,对各种蔑视法庭的行为进行判罚。

第十四章
Chapter 14

公司终止与破产法律制度

一、概述

在公司从设立到发展壮大乃至最终退出市场的生命周期中，除了发起人、股东，债权人乃至交易相对方、雇员和社会公众都是利益相关方。

债权人和股东共同对公司出资，但是其两者的地位不对等。股东是企业的所有者，享有企业资产、收益、重大决策和选择管理者的权利。而债权人只被授予收取固定利息的权利，不能参与企业的决策，至多只能行使监督权。股东虽然享有公司重大决策权，但没有单独承担公司经营的全部风险。因为有限责任制度，使得股东将一部分风险转嫁给了债权人。股东可以利用财务杠杆来增加自身财富，但是把风险留给了债权人。在公司治理当中，当然应该由股东享有剩余收益权和剩余控制权，这样的安排最有效率。但是，只能是在公司正常经营时期做这样的安排。因为一个公司如果出现了经营困难，连债权人的本金和收益都保障不了的话，这个时候就谈不上什么股东剩余收益了。股东的收益可能是零，乃至是负数。这个时候就会产生所谓的"道德风险"，即股东就没有动力去做出更好的决策，也不会给公司深思熟虑地行使控制权。在这种条件下，应该将公司的控制权交给债权人，这样公司的效率才是最高的。状态依存理论（state contingency of corporate control mode）认为，企业的控制权掌握在谁手里，要根据企业的经营状况而定，而不一定由公司股东控制。

企业最显著的特征就是对市场机制的替代。人力资本是企业不可缺少的生产要素，即使实现自动化生产，物质资本也不可能完全取代人力资本，因为机器只能完成一些程序化的事情，但企业面临着不确定性的环境，需要人力资源来做出反应和判断，需要人的智慧和经验。根据总收益情况，可以把企业分为四种状态：一是企业的总资产能够覆盖工人的工资，债权人的本息以及股东的满意利润，这时候工人能正常领工资、债权人不用担心自己的钱，股东干预企业经营的意愿也不强，在这种情况下，经理层可以是企业的控制权人；二是总资产只能覆盖工资和借款本息，虽然有利润，但并不能达到股东的预期，这种情况下，股东会十分关心企业的经营业绩，因此股东应该成为企业的控制人；三是资产覆盖不了借款本息，但能覆盖工资，存在偿债风险，这时候工人不担心工资，股东也由于没了赌注而出局，只有债权人最关心企业的经营情况，企业应该由债权人控制和管理；四是如果连工资都无法覆盖，则企业应该由工人进行控制。

在上面第三种状态下，企业已经是资不抵债了，股东已经不承担边际风险，也就是说，即使企业经营状况继续恶化，但是这时已经与股东利益无关了。这个时候如果继续让股东享有剩余控制权，不仅对股东起不到激励作用，反而会给企业带来更大的损失。因为在这时，哪怕有一线起死回生的机会，股东都会冒险去赌一把。反正自己已经没有赌注了，赌输了也不会更惨，无非就是继续亏债权人的钱而已。因此，这个时候应该将剩余控制权分配给债权人，这个时候才能够激励债权人做出更好的决策，防止企业的偿债能力进一步下降。

传统上所说的"股东是企业所有者"，并不是一种准确的说法。事实上，企业所有权只是一种"状态依存所有权"(state - contingent ownership)，股东不过是"正常状态下的企业所有者"。对一个企业而言，如果其收入在支付员工工资和债权人本息后尚有余额，此时股东是企业的所有者；如果其收入只能用于支付员工工资，但不足于对债权人还本付息，此时债权人是企业的所有者；如果连员工的工资也不能支付，则此时员工是企业的所有者。

对于亏损企业(loss making enterprises)来说，除了采取商业上的策略诸如开源节流的方式实现"造血"来渡过难关、重新盈利(restore profitability)之外，还有一种途径就是通过"关停并转"的方式实现"止血"，并进一步实现(realise)资源的优化配置。

与人在生病时会陷入脆弱的境地相类似，如果一个公司自身经营不善，资金链趋于断裂，无法维系正常的运转，则在印度公司法上被称为"生病公司"(sick company)。[1] 一方面，正如生病体弱的人不能从事繁重体力劳动，从而避免其病情恶化一样，为了公司、债权人、劳动者以及其他利益相关方的利益着想，生病公司在法律上会受到特殊的待遇和限制。另一方面，如果公司的病情治愈，则可以重获完全的行为能力，如果病情持续恶化，则可能唯一的办法就是通过破产法的制度安排来使其谢幕。

当然，完善的法律安排也可以使生病公司快速复苏，扭亏为盈。而此时拥有完善的企业破产法律作为支撑，则可以在很大程度上协调公司、债权人、劳动者之

---

[1] 除了 sick company 一词，英文中还有 ailing company 这样的表述。

间的利益，甚至促进对消费者的保护、维护社会稳定。

而有时候虽然企业运转良好，但是业主也希望终结企业的生命，即自愿清算（voluntary winding up）。比如企业发现其他业务更有利可图，更加适合人们的消费需求，或者是企业战略调整导致的业务收缩，在这些情况下，企业可以通过自愿清算将企业变现（realisation），从而进行其他投资。就此而言，一个快速高效的清算制度可以提供给投资者便利的退出渠道，对于盘活资产、优化资产配置具有深远的意义。对于中国投资者而言，了解印度商事法律制度中关于公司复苏以及破产清算方面的内容有着重要的价值，因为对于中国投资者持有的在印度公司中参股的股份，可以通过转让的方式获得退出，但就中国投资者占主导因素设立的印度子公司来说，在其运营的前几年，这类公司的融资途径大多以中国母公司输血为主。作为外资公司，一旦母公司战略调整乃至外汇政策发生收紧，则这类公司与印度本土公司相比，其抗风险能力在某些程度上而言具有先天劣势。而在全球化的今天，很多投资者的投资目的是获取在本土市场所不能获得的较高利润，或者利用印度的本土禀赋，实现更好的资源配置。一旦印度的市场表现不好，如果快速推出印度市场实现资产变现以及重新布局，则可以实现“失之东隅，收之桑榆”的目的。而这一切的实现，需要对印度现行的退出机制有所了解。

鉴于此，在本章中笔者将涉及对破产法的讨论，印度在 2016 年通过了《破产法》（*Insolvency and Bankruptcy Act*），这部专门法结合印度 2013 年《公司法》中对于公司破产清算、自愿清算等的内容以及诸多司法判例，共同构筑了印度的破产法体系。

就破产法与公司法的关系而言，破产法实质上是公司法的延伸，公司法是重点解决公司的门槛和交易行为以及公司的合规问题，破产法解决公司的退出问题，在某种程度上而言，破产法与公司法互为表里，相辅相成，因而两法之间的规范衔接对于其实施具有重要意义。在对待公司的问题上，公司法是正确理解和运用破产法的基础，而破产法则是特殊情形下处理公司法上诸多问题的一种事后规则，而破产法的规定反过来又会对公司股东和董事、监事、高管起到事前的规范作用，警示其谨慎经营，避免公司陷入破产的局面。并且，破产法在很大程度上是程序法，需要法院等司法程序才能够实现。没有规范的市场退出机制，势必会使一些企业通过不正当的手段逃出市场，逃避债务，从而严重损害债权人的利益。在一定程度上而言，破产法的存在也是将债务人从债权人的骚扰和不当要求中拯救和解脱出来。[2] 在公司这种组织结构日益成为社会经济重要主体的情况下,破产法与公司法的交流与互通将会越来越紧密和频繁。

二、词义辨析

作为大陆法系的中国与作为普通法系的现代印度不仅在宏观的法哲学上存在较大不同,在微观的具体司法和法律制度上也存在较大差异。中国读者对于印度法上的一些英文术语的理解如果不能归根溯源,仅从中文翻译出发,则可能在未来签订具体的法律文件时面临很大的被动。因此,有必要基于印度法律框架对以下几个词的含义进行辨析。

"insolvency"和"bankruptcy"是中国读者经常弄混的一组词。"insolvency"这一名词指的是"债务到期之后无法偿债"或者"无力偿付债务"的状态,其形容词是"insolvent"。其不仅仅指的是"资不抵债"的状态,还包含了虽然有资产但是仍然无法还债的情形。这是因为在企业现金流干涸(dry up)的时候,虽然此时公司的资产还是明显大于负债的,但是因为变现困难或者根本无法变现导致无法还债。比如,公司是一家图书出版企业,现有200万外债到期无法偿还,但其仓库中还有库存的10万本《2015年司法考试指南》,定价50元一本,这样虽然看起来账面上存货价值500万元,但是因为这些图书资料的时效性已过,现在已经没人会购买,因此,其变现价值近乎于零。虽然其现在账面资产大于负债,但是其事实上也属于"insolvent"即无力偿付债务的状况。因此,印度2016年的《破产法》(*The* 2016 *Insolvency and Bankruptcy Act*)应该翻译成"2016年《债务无力清偿及破产法》"。

而持续性的无力偿付债务可能会触发几种后果,一种是与债权人达成妥协(compromise),签订相关的协议(agreement)。一般的协议内容都是债权人免除公司债务,之后公司重整(reorganization),给公司以充足的喘息机会,从而使其可以复苏(revival),也就是使公司"restore solvency"(重新实现债务偿付能力)。而如果负债公司与债权人无法达成协议,则就会触发破产程序(bankruptcy),而破产程

[2] "to relieve and protect where necessary the insolvent from any harassment and undue demands by his creditors", Brenda Hannigan, *Company Law*, Lexis Nexis Butterworths, 2003, p. 793.

序中需要对公司的资产进行清算(liquidation 或者 winding up)。也就是说,bankruptcy 是与 insolvency 相对的,债权人和债务人都对救活企业没有信心,只能采取破产的形式,清算一下企业里面还剩下多少,对这部分剩余价值进行瓜分清偿。

另外一组关键的词是 winding up 与 liquidation 的区别。很多人知道他们的意思是“清算”,并且将其视作可互相替换的(interchangeable)术语,但是事实上两者是有所区别的。对于 liquidation 而言,从其词根 liquid(液体,流动的)就可以看出,其意思相当于把固态(solid)的资产变成现金流,也就是变现的过程,比如将公司的资产如存货(inventory)进行变现,但其也就仅仅是一步,即单单进行变现。但是 winding up 是将企业关闭所需要完成的多步骤,因为这时公司还有很多其他的义务(obligations)需要了结,公司结束生命不能一关门了之,还负有对员工、顾客、社会公众的很多义务。因此,公司需要走完一个流程来终结以上所有的权利义务关系,比如撤销各种执照等。用印度法上的一句话来说,“Winding up involves ending all business affairs whilst liquidation involves selling off company assets”。即 winding up 包含了终结(end)公司事务的所有程序,但是 liquidation 仅仅指将公司资产进行变现,所以“winding up”的范围和外延比“liquidation”要大不少。

当然,清算(liquidation 或者 winding up)不仅仅发生在破产程序中,在公司资源解散(dissolve,dissolution)程序中,意欲解散的公司也是需要经过清算程序的。除了债务相关事由即资不抵债外,公司在资产可以抵债的时候仍可以采用清算程序,比如股东之间发生了僵局(deadlock),无法进行下去,这个时候公司账面上是有钱的,可能资产还非常多,这时候公司股东可以申请司法解散,从而避免僵局造成更大的损失。这时候的解散程序中,清算是作为对股东的一种救济(remedy)而非对债权人的救济出现和存在的。

三、2016 年《破产法》

莫迪总理上台之后,提出了“印度制造”计划,并意图通过大刀阔斧的改革来增加营商便利性从而吸引外资。而政策最终需要落实到法律层面才可以对投资者的利益产生切实的保护。2016 年 5 月,印度新的破产法法案在议会上下两院都得以通过,在履行完最后一道形式性的程序即总统签字颁布之后产生效力。与印度之前的破产法律相比，新法产生了质的飞跃，业界相信其会在促进信贷市场发展，解决不良债务以及改善营商环境、提振投资者信心等多方面产生积极的影响。新法对于破产清偿规定了法定时限，使债权人可以快速得到清偿，从而使经济体的资金利用效率得到改善。

下面通过一个简短的比较可以看出新法与旧法的一些重大改动。

在新破产法之前，印度的破产法是不成体系的、破碎化的几部法律“共治”的局面。这些法律分别是1909年颁布的《英属印度诸省破产法》(*Presidency Towns Insolvency Act*)和颁布于1920年的《地方破产法》(*Provincial Insolvency Act*)，除了这两部单行法规之外，关于破产清偿的有关法律还散见于1985年颁布的《经营不善公司法案》(*Sick Industrial Companies Act*)和1993年颁布的《逾期银行和金融机构债务清偿法案》。乃至2013年的印度新《公司法》里面都对破产相关内容进行了规定。因为在旧制度下破产由诸多平行乃至冲突的法律进行规制，所以产生了四机构重叠管辖的局面，即高等法院、公司法委员会、工业和金融重组委员会以及债务清偿特别法庭都有权对破产问题进行处理，导致的扯皮、程序复杂乃至效率低下等问题也是显而易见的。

(一)印度新破产法法案的特征

1. 力求时效

旧的制度下因为破碎化严重加之管辖重叠，导致破产效率非常低下，经常几年之内都无法走完程序，司法成本以及社会成本非常高。新法考虑到现实情况，规定了180天之内(从提交破产申请之日起)必须完成所有程序。唯一的例外是，如果债权人会议认为因为实际情况导致180天之内无法完成破产清算程序，在75%的债权人同意的情况下，可以延期一次，期限为90天。除此之外，没有任何延期的规定。所以这一点使公司快速清算成为可能。

2. 赋予债权人主动权

在目前的法律框架下，具有破产清算主要发言权的是高等法院以及国家公司法法庭。而新法将这一“本末倒置”的设计进行了颠覆，在新法下，债权人具有了很大的能动性和发言权。

3. 对普通劳动者的保护

新法规定了在破产清算的情况下，工人的工资需要首先进行偿付(最多偿付拖欠的24个月的工资)。企业破产受到最大冲击的是工人,这一安排使工人满意的同时也使得破产清算可以快速完成,减少来自工人方面的阻力。

4. 破产财产最后支付政府费用

在新法之下,包括拖欠的税费在内的政府费用最后支付。但是在之前的旧法中,政府税费排在无担保的债权人之前,新法的这一规定对于债权人的保护起到了非常大的作用。

(二)印度新破产法规定的清偿顺序

1. 第一位阶:破产清算费用;
2. 第二位阶:在清算之日起24个月前已经在公司工作的雇员的工资及有担保的债权人(但必须要放弃担保权益,仅仅支持其对贷款本金的权益);
3. 第三位阶:在清算之日起12个月前已经在公司工作的雇员的工资;
4. 第四位阶:无担保债权人;
5. 第五位阶:政府税费及担保债权人兑现担保权益后仍未付清的款项;
6. 第六位阶:其他债务或者应付款;
7. 第七位阶:优先股股东;
8. 第八位阶:普通股股东。

(三)违法惩罚

新的破产法法案对于故意隐匿或者转移财产以及进行欺诈、提交虚假信息等行为规定了非常严苛的处罚措施,根据情节不同,可判处罚金或最高五年的监禁。

(四)对于中国投资者的影响

对于中国投资者来说,新破产法的通过也会产生积极的影响。

营商便利性主要体现在进入机制和退出机制上,进入机制上印度政府已经大幅放宽了外资准入以及削减了大量繁文缛节。对于退出机制上,中国投资者投资的企业要么由其他企业或者投资者收购,要么就通过清算的方式退出印度市场。实践中经常出现中国投资者与印度本地企业组建合资企业,如果发生经营不善,之前按照旧的法律体制中国投资者退出较为困难,但是按照新的破产法法案,可以快速清算合资公司并实现资产盘活。而除了与印度企业进行合资的中国企业,新的破产法对于那些与印度企业有买卖关系或者合作关系的中国企业也是一个利好消息，因为新法规定了180天之内（最多可以延期一次，时间为90天，并且是在75%的债权人都同意延期的情况下才可以准许延期）必须完成对企业的清算。如果合作或者有买卖关系的印度企业财务状况不佳，出现了破产的风险，基于新法，中国企业可以快速实现自己的债权。

（五）新法下的主要参与方

在新的《破产法》框架下，印度破产委员会（Insolvencyand Bankruptcy Boardof India）[3]系2016年10月1号基于新《破产法》的授权成立的具有独立法人资格的实体，也是负责破产法具体实施的支柱性部门之一，主要负责对破产案件以及破产专业人士（insolvency professionals，包括破产管理人、评估师、信息提供方等）的监管。其的官方网站提供了非常多的数据资料和印度破产实务实践中的相关信息。

破产专业人士机构（Insolvency Professional Agency，IPA）与破产专业人士（Insolvency professional）作为执行和管理破产进程的专业人士与专业机构，在受到债权人委员会的委托之后，从债务人公司董事会手中接管公司，充当清算人、破产财产受托人（trustee）等。

裁决机关（Adjudicating Authority，AA）。基于目前破产法的立法框架，破产清算相关的有权裁决机关将是国家公司法法庭（National Company Law Tribunal，NCLT），由其负责处理破产案件的审理。

（六）未来的路

新法的通过受到了各方的欢迎，但需要看到，该法的全面实施面临着一系列的挑战，也就是配套的专业人员以及实施手段等是否可以跟上的问题。破产法得以有效实施，需要一个多方共建的“生态环境”，即除了有“良法”之外，也需要有精通破产程序和法律的专业人才以及有效的监督，并且需要对那些拥有大量不良贷款的企业的信息收集和监控渠道建设倾注力量。如果没有以上内容的支持，则新法即使编纂得再好，在现实生活中也将会很难得到实施。这一点是印度政府显

---

〔3〕 参见http://ibbi.gov.in/，最后访问日期：2019年1月2日。

然不愿意看到并且也早已经做好准备的。印度政府目前为了配套本法的实施，也对于专业人才的培训和机构的建设倾注了大量力量。

2015 年时印度已经成为全球最大的外商直接投资（FDI）流入国之一，其年均 GDP 增长率也于去年超过中国，开始领跑全球。笔者认为，随着印度在系统性地提升外资进入和退出的便利性和对营商环境的持续改造，印度这片投资的热土将会大放异彩，实现投资者与东道国的“双赢”。令印度政府欣喜万分的是，2017 年 10 月 31 日，世界银行发布了《营商环境排名报告 2018》。[4] 印度在该报告中的排名从 2017 年度的 130 位提升到 100 位，一年提高了 30 位，成为营商环境提高最快的 10 个国家第 5 名，受到国际社会的广大关注。这在很大程度上是因为 2016 年以及 2017 年印度连续进行了破产法以及税法的制度性调整。在该报告发布当日，印度资本市场受该消息影响，给出了积极的反馈，如孟买股市股指 BSE Sensex 大涨 387.14 点，上涨幅度达到 1.17%，收盘为 33600.27 点，创出了当时的历史最高点。

四、生病公司的相关法律规定

生病公司（sick company）指的是那些面临财务困难并且在有担保债权人要求清偿到期债务时，无法及时清偿的公司。印度 2013 年《公司法》在第 19 章（chapter XIX，第 253 ~ 269 条）中专门对生病公司的判断、复苏的申请和处理、法院的介入、复苏计划以及管理人等进行了规定。

2013 年《公司法》第 253 条规定，公司自己可以向法院申请成为生病公司，公司的有担保债权人（secured creditors）也可以向法庭提出申请将公司声明为生病公司。

公司的有担保债权人可以在如下情形出现时向法院申请强行将公司列为生病公司：

1. 有担保债权人要求清偿的到期债权占公司已到期债务的 50% 或者以上的；

〔4〕 报告全文下载地址（英文版）：http://www.doingbusiness.org/~/media/WBG/DoingBusiness/Documents/Annual-Reports/English/DB2018-Full-Report.pdf。

2. 在有担保债权人提出以上要求之后，公司未能在 30 天之内向该有担保债权人清偿的；

3. 或者向债务人提出担保未能达到令债权人满意程度的；

4. 或者未能与债权人达成和解（compound）的。

公司在无能力清偿对有担保债权人的债务时（如以上 4 点），也可以向法院提出申请，请求法院判定其为生病公司。

一旦公司或者有担保债权人向法院提交成为生病公司的申请，则会立即对公司产生以下效力：

1. 除正常的生产经营需要外，公司不得处置（dispose）其财产；

2. 公司董事会不得采取对个别债权人清偿（prejudice）或者侵害其他债权人利益的行为。

在法院接到公司自行申请或者有担保债权人申请判定公司成为生病公司的申请之后，法院必须在 60 天之内作出书面裁决，如果法院认定公司满足成为生病公司的条件，则要在裁决中一同写明公司需要履行对有担保债权人清偿债务的期限。

印度法上的生病公司的复苏类似于中国破产法上的“破产和解”和“破产重整”。考虑到公司不仅仅关乎股东、董事、债权人的利益，还涉及包括劳工、供应商、政府、社会等多方主体在内的利益相关者（stakeholder），公司的存在、消亡关系着其他上下游企业（比如企业之间互相担保或者紧密的业务依存关系）的生死存亡。所以印度立法对于陷入“疾病”公司的态度并不是直接消灭，而是首先要求其采取积极的整改来使得其从生病的状态“复苏”（revival and rehabilitation of a sick company）。

五、印度破产法对债权人的界定和区分

印度破产法引入了“金融债权人”（financial creditor）和“业务债权人”（operational creditor）的新概念，而 2013 年《公司法》只规定了“债权人”（Creditor）一词，没有对其进行任何分类。能否启动公司破产重整程序首先取决于申请人是否符合裁决机关的要求——申请人应为金融债权人、业务债权人或公司债务人本身。

何为金融债权人？

根据印度《破产法》第5(7)条的规定,金融债权人是指“金融债务的债权人,包括通过债务合法转让或转移而成为金融债权人的人”。某人是否为金融债权人取决于所欠债务必须属于印度《破产法》第5(8)条规定的“金融债务”(financial debt)。“金融债务”在IBC第5(8)条中的定义是:含有利息(如有)债务,借出的债务是为了获得金钱的时间价值的对价,下列债务都属于金融债务:

1. 需要支付利息的借款;

2. 通过接受任何承兑信贷便利(acceptance credit facility)或电子凭证(de－materialised equivalent)而获得的任何金额;

3. 通过任何票据购买贷款(note purchase facility)得到的或通过发行担保债券、票据、债券、债券股票或任何类似凭证而得到的任何金额;

4. 租赁或分期付款购买合同中的负有义务的金额(此类合同根据印度会计准则或其他可能有相关规定的会计准则被认为具有金融或资本租赁性质);

5. 应收账款贴现(receivables sold or discounted),除了无追索权的应收账款(receivables sold on non－recourse basis);

6. 在任何其他达到借款商业效果的交易(包括任何期货销售或购买协议)中得到任何金额;

7. 所有为了保护利润免受价格波动影响的衍生金融交易(derivative transaction)(在计算衍生交易品价值时,只能采用市场价值来评估);

8. 任何与担保、赔偿、担保债券、跟单信用证或其他银行或金融机构签发的凭证相关的反担保义务(counter－indemnity obligation);

9. 对本条第(1)项至第(8)项所规定的事项的任何担保或赔偿从而负担的金额。

何为业务债权人?

根据印度《破产法》第5(20)条,业务债权人是指“业务性债务的债权人,包括通过债务合法转让或转移而成为业务债权人的人”。

确定某人是否属于业务债权人,所欠债务必须属于印度《破产法》第5(21)条所界定的业务债务。根据印度《破产法》第5(21)条的规定,业务债务是指(债权人)因提供货物或服务(包括雇用)而享有的债权,或根据任何现行法律产生的和应向中央政府、任何州政府或地方当局支付的款项但因未支付而形成的债务。

两者的具体不同之处:

破产法起草委员会还在其《最终报告》第5.2.1段中提出了金融债权人与经

营债权人之间的区别。它指出:"新的破产法区分了金融债权人和业务债权人。金融债权人是指与实体的关系是纯粹的金融合同关系,例如贷款或债务抵押。业务债权人是指实体对债权人的责任义务源自经营活动中产生的交易。该法还规定,当债权人既与实体有单独的金融交易,也与实体有业务交易时,债权人既可以被认为是金融债权人(就金融债务而言)也可以是业务债权人(就业务债务而言)。"显然立法者对"金融债权人"和"业务债权人"作出了明确的定义,但其实两者之间并不相互包容或相互排斥。下面是两者的具体不同之处:

1. 提起破产程序的条件不同。金融债权人和业务债权人两者都有资格提起公司破产申请程序,但印度《破产法》规定两者提起破产程序的条件略有不同。根据印度《破产法》第7条规定,金融债权人可以在出现债务违约时单独或者联合其他金融债权人一起申请公司破产重整程序。业务债权人在出现债务违约时,并不能直接提起破产重整申请,而是应向公司债务人发还款催告,如果债务人在收到还款催告后10天内没有偿还债务或者没有告知公司目前正在进行债务争议诉讼或仲裁中,则业务债权人才可以提起破产重整的申请。

2. 提起破产重整需提交的材料不同。金融债权人向国家公司法法庭提交破产重整申请时应:(i)提交申请书;(ii)提交债务违约证据;(iii)提名临时破产管理人;(iv)提交其他破产管理委员会要求提交的相关信息。但是业务债权人应提交的材料是(i)申请书;(ii)已送达债务人的还款催告的副本;(iii)关于没有收到债务人正处于债务诉讼或仲裁的通知的宣誓书;(iv)其他规定的材料。债务人可以提名临时破产管理人,但不是必须提名,如果没有提名,则由破产管理委员会推荐。

3. 享有的权利不同。所有经认可的金融债权人都应当加入债权人委员会,而业务债权人无权加入债权人委员会。作为债权人委员会成员,金融债权人参加债权人委员会会议是理所当然的,但是业务债权人只有在他们的业务性债务加起来达到总债务的10%及以上时,才可以参加债权人委员会的会议。金融债权人基于金融债务来决定表决权份额,在延长破产重整期限、决定重整方案等重要事项时行使表决权,债权人委员会所作出的每一项决定需要获得金融债务人不低于75%的表决权才能通过。而业务债权人没有表决权,在破产重整程序中的分量很轻。

4. 在破产清算中债务受偿的顺序不同。在无担保的情况下,金融债务要优先于业务债务得到受偿。

2016年《破产法》规定了针对公司债务人的破产程序分为两种——破产重整（Resolution）和破产清算，并且破产重整是破产程序的必要阶段，不允许债权人跳过破产重整直接提起破产清算。该法还将债权人分为金融债权人和业务债权人，两者之间存在较大区别。如果债权人如果打算提起破产重整程序，则首先要明确自己属于哪一类型的债权人，再根据对应的规定提交申请。金融债权人也可以是业务债权人，反之亦然，针对金融债务就是金融债权人，针对同时存在业务债务则是业务债权人。

金融债权人在破产重整程序中的权利远大于业务债权人——前者是债权人委员会的成员并对委员会的每一项决定具有表决权，而后者既不是成员也没有表决权。破产法起草委员会（BLRC）表示如此规定是特意为之，立法者认为金融债权人有能力帮助公司债务人重整进而能继续顺利经营，他们可以在谈判中灵活变动债务，例如适当放宽期限或者改变原债务的性质等，但是大多数业务债权人既没有能力帮助债务人重整，也不太愿意冒险延长债务周期来为债务人换来一个喘息和重振的机会。为了保证破产重整程序能灵活和高效进行，因此严格限制业务债权人加入债权人委员会。

如果属于金融债权人，则应好好行使自己的权利，争取一个对自己有利的破产方案。如果是业务债权人，可以派代表出席债权人委员会会议，在会议上提出自己的诉求和建议，积极影响债权人委员会的成员作出对自己有利的破产方案。

六、公司主体资格消灭之后的注意事项

如果中国公司在印度业绩不佳，则中国投资者很可能考虑会退出印度市场，在实践中笔者发现，有些投资者采取的战略就是一走了之，其中大多数人甚至根本没有考虑过结束印度业务所涉及的法律合规问题。

当然，如果投资者决定撤离印度并且坚信未来再也不会再回到印度这一市场上来，那大可以“破罐子破摔”，直接把“细软”收拾，人员撤走即可。但是，如果说未来某一天发现印度市场有了起色，想重启在印度的业务，可就没那么简单了。如果是单纯想重启当时扔在印度市场的企业实体，就需要将过去“抛荒”那几年的漏掉的法律合规全部补上，这一过程不但费时费力，可能还会面临着高额的罚金。

有些投资者则会想，既然这样，我还不如再重新注册一家企业，可是现实中这一做法还会面临另外一个问题，那就是，当时将企业"抛荒"的股东很可能被公司事务部列入黑名单，再行在印度注册企业实体可能就不会那么一帆风顺了。原因是，按照印度《公司法》的规定，事实上关停公司的业务并不能使得公司的主体资格和权利能力等在法律上当然消灭，所以必须要进行相关的收尾工作才能使得公司在法律上得以消灭。这一过程被称为"strike off"，即将公司从公司事务部的登记册上"除名"，取得这一文件之后，公司在法律上才正式宣告消灭。

所以，以上的诸此种种也提醒外国投资者，法律合规是伴随企业设立、运行、关停三阶段的整个生命周期的，"厚此薄彼"只能是给自己带来不必要的麻烦。

strike off 样本（见图 14－1）：

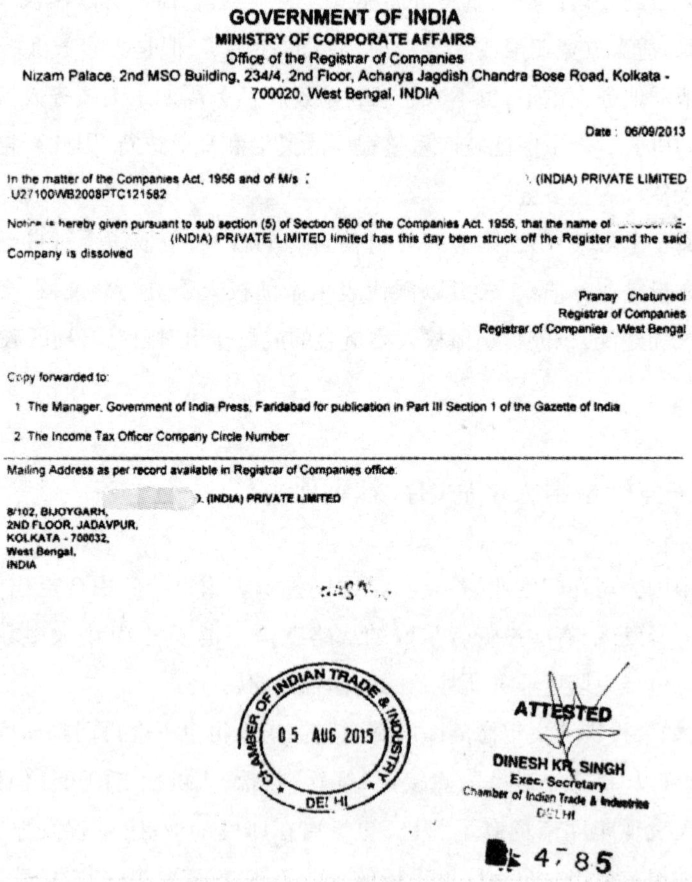

GOVERNMENT OF INDIA

MINISTRY OF CORPORATE AFFAIRS

Office of the Registrar of Companies

Nizam Palace, 2nd MSO Building, 234/4, 2nd Floor, Acharya Jagdish Chandra Bose Road, Kolkata - 700020, West Bengal, INDIA

Date : 06/09/2013

In the matter of the Companies Act, 1956 and of M/s . (INDIA) PRIVATE LIMITED
U27100WB2008PTC121582

Notice is hereby given pursuant to sub section (5) of Section 560 of the Companies Act, 1956, that the name of (INDIA) PRIVATE LIMITED limited has this day been struck off the Register and the said Company is dissolved

Pranay Chaturvedi
Registrar of Companies
Registrar of Companies , West Bengal

Copy forwarded to:

1 The Manager, Government of India Press, Faridabad for publication in Part III Section 1 of the Gazette of India

2 The Income Tax Officer Company Circle Number

Mailing Address as per record available in Registrar of Companies office.

). (INDIA) PRIVATE LIMITED
8/102, BIJOYGARH,
2ND FLOOR, JADAVPUR,
KOLKATA - 700032,
West Bengal,
INDIA

图 14－1　strike off 样本

第十五章 Chapter 15

近年来印度公司法的发展

一、机构投资者在印度公司治理中扮演的角色

尤尔根·哈贝马斯(Jürgen Habermas)在《后民族结构》中说,同样作为权力形式,政治权力是可以民主化的,而经济权力却不可能民主化。[1] 公司作为经济权力的主要实施力量,在其内部运行管理上体现得尤为深切。公司在大事上采取"资本多数决",而不是按照人头,而即使是按照人头表决的董事会,其组成成员在绝大多数情况下,要么和股东是同一拨人马,要么是作为股东的代理人(agent)而存在。

对于公司而言,在所有权与控制权分离的状况下,虽然在很大程度上提升了公司运转的效率,但随之而来产生的代理问题不容小觑。尤其是在股权分散的股份公司或者上市公司,小的投资者总是等待别人去完成对公司监督的任务,从而形成"搭便车"(free riding)的现象,因为小股东在公司中发言权较低,获取公司信息和进行监督的成本与其在公司的投资而言相对过高,这一持续的现象导致了所谓的"所有者缺位",也就是有一些经济利益较少的所有者会渐渐地淡漠自已在公司中的所有者权益。而资金和专业性都较为充分的机构投资者(institutional investor)正好可以弥补"所有者缺位"这一问题。机构投资者的目的是通过投资来获取经济收益,因此其对公司财务透明度和披露制度的健全性、及时性等有着较高的要求。相较于个人投资者,机构投资者投机(speculation)的动机也较小,因为其作为大额集合资金的管理者,审慎性的要求使其不能采取赌博式(gambling)的方式拿其管理的资金开玩笑。以上的林林总总导致机构投资者会积极主动地参与公司内部治理,不仅仅对公司的经理层,还包括在股东会上对其他股东进行监督和制衡,也就是通过机构投资者参与公司治理的博弈,从而使公司可以内化出更加微观的治理机制。

并且,机构投资者拥有两个有效的武器。第一个武器是"用手投票",即其可以充分利用其持有的公司股权,在股东会上施展拳脚。第二个武器则是"用脚投票",这是一个具有相当威胁性的武器,也就是如果公司内部的治理满足不了机构

[1] 参见[德]尤尔根·哈贝马斯:《后民族的结构》,曹卫东译,上海人民出版社2002年版,第90页。

投资者的要求或者无法达成妥协,机构投资者可以采取股份转让等形式离开公司,而这对公司股价以及市场对公司的信心的影响是巨大的。因此可称为具有威慑力的武器。

目前印度有20个大小不等的证券交易所,其中以孟买交易所(Bombay Stock Exchange, BSE)及印度国家证券交易所(National Stock Exchange of India)规模最大,孟买交易所成立于1875年,是亚洲最早的股票市场。另外一个国家证券交易所(National Stock Exchange, NSE)也位于孟买,因此孟买是印度不折不扣的经济首都。印度现有约7000家上市公司,很多印度公司都在NSE和BSE同时上市。

印度也有很多的机构投资者。而以印度证券行业的主管机构[2]印度证券委员会(The Securities and Exchange Board of India, SEBI)披露的信息为例,印度境内的外国机构投资者已经由20世纪90年代印度改革开放初期的3个(1993~1994财年)攀升到了约5000个(2017~2018财年),而十年之前,这一数字则是1319个(2007~2008财年)。[3]

有中国私募教父之称的赵丹阳在2009年3月18日成立赤子之心自然选择基金,在全球范围内进行投资,并着重于新兴市场比如印度股市。2010年,赤子之心正式进入印度,这也是中国机构投资者对印度资本市场的一次尝试。不过令人惋惜的是,2012年赵丹阳在《致投资者的一封信》中,其称遭遇"基金成立以来最大幅度的账面损失"。他管理的赤子之心价值投资基金、赤子之心自然选择基金,在2011年分别下跌28.67%、24.79%。在信中,赵丹阳称自己谈到失败的理由:投资的印度企业本身相当不错,但随着深入了解发现,印度企业的公司治理是一个较大的问题,最终赵丹阳撤出了印度。

不过,2015年以来,笔者基于实务经验观察到的一个可喜的变化是,包括顺为资本、晨兴创投、嘉许资本、01VC等很多中国的风投资金进入印度,投资于印度的初创企业(start-ups)。而作为投资的标准流程,这些机构投资人会对印度初创企业项目的商业可行性、盈利能力以及股权架构、法律合规等问题进行较为深入的

---

〔2〕 印度证券委员会是管理印度证券市场之主管机关,该所订定规范资本市场的各项措施,公布上市公司信息,并保护小额投资人利益,此外亦管理如经纪人等各种中间商,及外人法人机构的相对基金、证券投资等活动。

〔3〕 印度国家证券交易所(NSE)发布的编号[ISMR2008Ch8]报告:*Foreign Institutional Investors in India*,数据综合SEBI信息得出。

尽职调查(due diligence),在商业上实现确认该投资标的是否存在“华而不实”或者“身家是否清白”等目标的同时,也在很大程度上倒逼这些想要获得外国投资者青睐的初创企业配合投资者的合规要求,遵守游戏规则。

但无法回避的一个问题是,机构投资者自身也是一种企业形态,其大多也采取了诸如公司制或者有限责任合伙制企业的组织方式。所以其也面临着公司治理的问题。当然,机构投资者内部合规的完善和提升与作为接受其投资的企业的内部合规完善和治理而言是两个不同维度的问题。

二、印度推行新 GST 税制对中国企业的影响[4]

大国税改对于国家发展的作用在很大程度上而言是决定性的。1978 年中国掀起了“改革开放”的历史大幕,随后在 80 年代中国进行了“利改税”改革,将旧有的向国有企业收缴利润改为对其征收所得税,这一举措解决了企业吃国家“大锅饭”问题,对于搞活经济、推动国有企业改革以及城市经济体制改革起到了重要促进作用。而 1994 年,中国更是进行了深刻的税制改革,通过将流转税体系进行重构,取消产品税,开征增值税、消费税和营业税等,在此基础上划分中央税、地方税以及中央地方共享税以及在政府之间采取税收返还制度。通过 1994 年这次“一揽子”式的全方位改革,实现了由计划经济转向市场经济的真正转型,充实了国家财政,极大促进了中国经济的腾飞。

转向我国的西南近邻印度,印度市场的碎片化是包括中国企业在内的外国投资者的一个巨大挑战。其碎片化的基因虽然是根植于其民族众多、宗教繁杂、文化斑斓的国情,但之前税制的不统一是经济上将印度阻隔不能成为一个统一市场的最根本动因。印度政府也深知这一问题,其早在 2000 年也就是瓦杰帕伊总理时代就开始讨论如何统一税制,消除“税务恐怖主义”。但因为印度的政党政治和诸多利益衡平问题,其正式推行延迟了十几次,终于在 2017 年 7 月 1 号推行。为什么 GST 是个好事情,却花了这么长时间才得以施行?是因为印度全民反对吗?

〔4〕本文系笔者于 2017 年 10 月受中国驻加尔各答总领事馆邀请在加尔各答举行的中资驻印企业“GST 税改与实务”培训会上与企业交流所发现的问题总结。

还是其他阻力？其实印度自上到下大部分人都是支持 GST 的，只不过反对的是 GST 实施的具体条件。地方政府尤其是富邦以及制造业比较兴盛的邦的政府担心，一旦实行 GST，则其税基和税收权力会受到减损，从而使其财政收入减少，当然，最终莫迪政府是采取了包括补偿在内的多种方式衡平和中央和地方以及地方各邦利益，使 GST 终于付诸施行。

GST 的推行能带来什么好处？根据印度公路部门的统计，印度的货运卡车在路上很大一部分损耗是排队的时间，因为从一个邦到另外一个邦，排队清关缴税是家常便饭。在货物与服务税（goods and services tax，GST）推行之前，因为过境税等的存在，使得国内货物运输无异于跨国货物移动。这也导致很多印度企业着重本地发展，久而久之，地域保护的恶果只会越来越累加。另外，基于旧税制，地方邦有权征收增值税（VAT），而不同的邦的增值税税率不同。之前很多人到德里来买手机，因为德里的增值税税率比较低，约 4 个点，但是南方的比如泰米尔纳德邦却是十几个点。

GST 的统一对于外商投资者和印度经济而言也有着重要意义。如果没有 GST，莫迪的 make in India（印度制造）计划大愿就无法实现。到最后只能变成 make in one state of India，也就是只能是去印度税率最低或者是能够给出最多优惠的邦。因为之前税制不统一，使得很多外国投资者集中在印度投资环境好以及税率较低或者能够给出更多“实际”税务优惠的邦，久而久之，这种“滚雪球”效应使得穷邦越穷，富邦越富。虽然穷邦愿意给出很多税务优惠，但是因为之前没有资金搞基础设施建设，在没有完善配套的情况下，没有投资者会来，而随着外国投资者集中涌入基础建设相对较好的邦，只能逐渐推升富邦的地租和其他成本，最终而言，这些成本都需要由投资者来承担。所以，这对于印度整体经济水平和人民福祉的提升而言是巨大的阻碍。

同时，GST 带来的一个很大的好处是避免了重复征税（tax on tax）。在之前的模式下，货物生产的时候印度中央政府征收消费税（excise），而在货物分销的时候由地方邦政府征收增值税（VAT）。而增值税征收的税基是基于包含了消费税之后的价格，所以就产生了重复征税的问题。

再者，GST 的推行使得合规成本降低。之前如果去一家餐厅吃饭，消费者所付的钱中会包括增值税、服务税甚至奢侈税（luxury tax），因为该餐厅可能是有冷气的餐厅。对于一个行为要开征这么多不同的税是否有合理性暂且不说，现在统一成一个税即 GST 之后,有的人认为消费者的总成本是没有变的。但是问题是,对于经营者而言,之前他的合规成本太高了。不同的税种,分属于中央和地方,报税和合规成本非常高,GST 统一税制之后,经营者可以腾出手来提供更好的服务。

并且,之前的税制也会导致其他的司法成本。比如手机中装的 SIM 卡,这个是货物还是服务呢?可能公说公有理,婆说婆有理。之前印度就有一个这样的诉讼,一直打到了最高法院。虽然最高法院判决 SIM 卡属于服务,SIM 卡本身仅仅是承载服务的有形实体,虽然这一个个案一锤定音,但是如果旧有的税务体系不进行重构,未来随着互联网以及新技术的发展,可能会有更多的争议产生,也可能产生更多的司法成本和社会成本。

而笔者在与中国驻加尔各答总领事馆辖区的近 30 家企业培训交流时,发现诸多中国企业的关切主要有两点:

第一,进项税税率大于销项税税率的情况下,如何抵扣?GST 税制下给出了五档税率,分别是 0%、5%、12%、18% 和 28%。税率是根据产品所属的不同品类而分别适用。这就会导致一种情况,有一些辖区内的企业从中国进口相应的设备和货物,按照其所属品类应该适用的税率,可能是 12% 或者 18%,但是最终加工后的成品,按照其货物品类,税率则可能是 6%。当然,这种情况中国税法下也存在,比如棉花加工企业购买设备税率是 17%,而加工成棉花(农产品)则销项税率是 13%,也就是出现了进项税率和销项税率的倒挂。虽然 GST 税制下存在进项税抵扣(income tax credit)机制,不过因为进项税的税额远高于其销项税的税额,从而导致企业是无法完全抵扣其已经缴纳的进项税。按照 GST 现行的规定,企业可以找到印度的税务主管机关要求税收返还(tax refund),但是辖区内企业与印度税务主管机关磋商之后,其态度则是可以先将这部分进项税税额“攒着”,以后如果有需要可以再行抵扣。从印度税务主管机关的角度,不难理解,其出于扩大财政收入的目的,自然是希望企业不主张返还,通过其他途径将进项税的差额进行利用。但是实践中的情况是,目前在加尔各答领馆辖区的中资企业的项目连续性和长远规划性可能无法使得中国企业快速地在其他项目中使用这些差额的进项税税额,而如果无法有效利用,无疑是对企业资金的一个沉没成本。另外,企业也担心如果未来(如等个一年半载)再行抵扣,则该进项税可能会过期,或者税务主管机关不认账。当地的中资企业也就 GST 推行中的一些问题咨询过诸多印度的注册会计师,但会计师们的答案都不太一样。这也反映出,印度 GST 在刚刚施行不久的这一时空环境下,包括官方、专业人士和企业在内的主要成员可能都还需要时间对这一新税制进行磨合,需要对 GST 推行中逐渐显现的问题进行查缺补漏和修复。

第二,GST 立法和印度税务当局实行反向义务。与中国"以票控税"的机制不同,印度都是所谓的"形式发票",为了监控税款缴纳义务,其在 GST 税制下设计了进项税和销项税的"配对机制"(matching system),如果出现不匹配(discrepancy),比如交易一方报税但是另外一方未报税,或者说重复抵扣进项税(duplication),则税务局可以在系统中发现这样的非正常申报,从而进行追责、纠正。不过,就印度的特殊立法而言,其在 GST 税法第 9 章第 42 条第 3 款及第 5 款规定,如果如果货物及服务接收方(supply recipient)即消费方向税务局提交的报税清单与货物及服务提供方(supply provider)即卖方向税务局提交的报税清单中的信息不一致,即消费方主张报税中列出了这笔交易,并且主张抵扣进项税,但是提供方压根没有报税,则消费方所主张的抵扣将被"逆转"(reversed)。也就是说,消费方需要缴纳卖方所未申报的税款。

这正是座谈中有些中国企业遇到的,他们在印度各地派出业务员跑业务,住宿的宾馆是差不多1000 卢比到1500 卢比(约100 元到150 元人民币)一晚的经济型宾馆,宾馆在向宾馆的业务员收取住宿费的时候,里面包含了十几个点的 GST 税,但是业务员拿着这些发票回来向税务局报税并主张抵扣税款的时候,税务局发现宾馆并未报税,并且要求中国企业承担责任。

由此,令中国企业不理解的情况产生了,为何自己已经缴税了,并且错误在对方的情况下,还要求自己承担对方因不遵守税法规定而导致的责任?

站在印度税务主管机关和立法机关的角度,其意图是通过法律和市场机制,倒逼游离于国家税务体系之外的那些非正式的商业部门正规化。现实世界中,大部分的商业合作不是一锤子买卖,而是逐渐磨合之后基于信赖而越发坚固的依存互利关系。因此,绝大多数的交易人都会对自己交易的相对方进行各种方式的资信调查和摸底,在关注价格之外,还会关注其是否有履约能力、信誉良好。现实中也很少有人在对交易相对方有充分了解和产生信赖之前,动辄就签订巨额的合同。

打个比方,如果对方是一个路边摊,从来没有在税务部门登记过,那你的这笔交易也就别指望他会乖乖向税务局报税,你也最好不要向税务局主张进项税抵扣,而花在这种非正规的商业部门上的无法抵扣的税款,也只能成为一个“必要的恶”(necessary evil)了。也就是说,对于企业而言,要么选择大一点的、靠谱的服务和货物供应商(但支出肯定会比那些不正规的供应商高一些),要么可以图低价选择非正规供应商,但最后不要主张抵扣自己所负担的税款。当然,如果服务提供商觉得长期与消费方合作有利可图,其也会主动将自己纳入到正规性的税务合规体系中来,实现“鸟枪换炮”,虽然自身的合规成本和税务成本有一定上升,但是可以成为被消费方信赖的提供商,未来会得到更多的业务。

另外,印度与中国国情不一样的一点是,印度缺乏像中国一样的数量巨大的、训练有素的技术官僚体系(如税官),新闻中经常见印度招收公务员,报考人数是招收人数的成百上千倍。因此,税务局没有能力“事必躬亲”地进行稽查,只能寄希望于市场的力量来进行“末位淘汰”。

不过,这种出于印度税务主管机关的理解可能得不到很多中国企业的支持,因为企业认为其在履行了自己的纳税义务之后,没有义务再去监督别人是否纳税,而这本来应该是税收执法机关的职责所在。

除了以上两个问题,据笔者与印度商业和工业部旗下的工业政策和促进局(DIPP)官员进行座谈的时候提出了因为 GST 税改导致的另外一个问题,也就是之前的投资优惠中关于税务激励措施在新制度下如何衔接和处理的问题。

实践中而言,那些对印度进行大额投资的企业,因其与政府之间谈判回旋的筹码较高,所以其可以制定一个“wish list”(愿望清单)并呈送给政府,告知其希望从政府得到的投资优惠。制定愿望清单的简单逻辑是,清单上希望政府可以给予的优惠,都应该是在政府的能力范围之内的。打个比方,你本应该上交一部分钱给印度政府,则可以让政府把这份钱给退回来当做投资优惠,但是如果你想再从政府的衣服兜里拿更多的钱,考虑到印度地方各邦财政赤字和资金紧张,这一点就不太现实了,因此在制定该愿望清单的时候,要充分考虑到接受投资的邦的具体实际,做到“看菜下饭”。

以笔者之前经手的一个中国企业大额投资印度安得拉邦的案例来说,该投资者拟定的并且后经政府最终同意的愿望清单包含以下激励措施:

1. 印花税补贴:100%;

2. 专利申请费用:100% 补贴(印度国内专利补贴上限 50 万卢比每件,国际专利补贴上限 100 万卢比每件);

3. 贷款利息补贴:7 年期 5% 的利息补贴,最多每年补贴 1000 万卢比;

4. 清洁生产措施投资补贴:25% ,最多补贴 100 万卢比;

5. 增值税:10 年内 100% 返还;

6. 职工培训补贴:每人培训费用的 50% ,上限为 1 万卢比每人;

7. 电力补贴:5 年内每度电补贴 1.5 卢比;

8. 国际认证补贴:对于 150 亿卢比之内的投资,申请国际认证的费用补贴比例 50% ,最多补贴 2000 万卢比;对于 150 以卢比以上的投资,补贴比例 75% ,最多补贴 3000 万卢比;

9. 用水补贴:对于 150 亿卢比之内的投资,水费补贴 25% ;对于 150 亿卢比以上的投资,水费补贴 50% ,两项皆为期 3 年。

其他非金钱性鼓励措施:

1. 在厂区附近设立清关办公室,安排专门的清关人员;

2. 电力供应优先保障,将对该投资者的供电优先等级提升至与学校、医院相同的优先序列上,即 7 × 24 小时优先供电;

3. 政府投资设立专门的输电线路和变压设备并引至厂区;

4. 政府对其产品和品牌进行推广,列入政府招标采购目录。

如上述第 5 项关于增值税(VAT)的这一项优惠,增值税在印度旧的税收体制下,属于地方邦有权力征收的税种,但是 GST 的推行导致了本税种的消失,那么,有一个问题随之来临,之前投资者与政府之前达成的优惠协议如何执行?因为增值税目前已经成为了 GST 的一个组成部分,对于之前的 VAT,是通过相应的核算折成 GST 要求部分返还?还是与政府重新磋商要求新的税收优惠措施?但这样在核算的财务模型的具体细节以及是否违反印度现行 GST 税制中的某些具体规定的问题上可能会引发新的讨论。

就法理上而言,印度地方邦政府对于之前作出的承诺必须要遵守,因为在当时其是以"政府令"(governmental order)的方式确认了上述投资优惠,即使新任政府上台,也不能通过出台新的政府令的方式将前一个政府令撤销。在印度三权分立的体制下,唯一有权对政府令进行审裁的,是独立于行政机构的法院体系。对于中国投资者而言,一个比较远的潜在威胁是,如果投资者与政府就新的税收激励措施达成一致,可能会有"好事者"通过法院的途径来对新的安排进行阻挠。不过,这一因"友商"之间心里不平衡采取攻下路的招数等威胁发生的概率非常小,但也要提醒前几年对印度进行了较大数额投资的中国企业可以考虑下之前的投资优惠措施中的税务激励举措,保护自身的利益不受到 GST 税改大环境的影响。

最后,笔者作为律师而非会计师或者税务师,希望尝试对印度的 GST 税改从另一方面给出一种个人理解。笔者认为,印度在推行新税制这种影响深远的改革,必定会存在各种不足之处。但法律永远是滞后于社会经济生活实际的,为了保障交易的稳定性和人们的可预测性,又不能每天都进行立法修法。所以,与其哀叹法律不完美,还不如在现有的法律框架之下,通过熟悉现有的规则来寻找可能的最优解释。印度作为新兴的发展中大国,其所面临的问题也可能是中国企业走向全球时候所面临的成长之痛的一部分,在我们无法要求东道国改变其立法的情况下,中国企业在印度这一陌生的市场不得不面对不同的文化和社会经济法律关系,而熟知其法律规则,可能是一个绕不过的必修课。

不幸中的万幸是,目前正在经受印度制度转型阵痛的,不只有中国企业,还有日资、韩资、美资乃至印度本土企业,既然大家都在同一条起跑线上,中国企业应该在熟悉印度本土规则之余,更多主动地发声来促进印度政府对中国企业群体的利益关注,而一味地抱怨永远是解决不了问题的。

三、印度经济政策和对外开放对印度公司法的影响

印度公司法的发展与印度的经济表现密切相关,并且国家政策导向对于公司法的立法和实践也有着深刻的影响。

印度在 20 世纪 90 年代的经济改革也削减了关税、减少了政府对经济的干预和对外资开放了国内市场。目前,除了酒精、香烟、有害化学品、工业用炸药、航空和制药等领域之外,大部分的证照许可都已经被废除。随着莫迪总理的上台,印度的经济自由化程度会进一步加深并且业界预期印度将会成为中国之后的另一个增长极。

因为印度对外国投资大量减少限制和持欢迎态度,大量外国公司的涌入带来了新的管理经验和先进理念,从而倒逼印度公司法和公司行政部门进行改革。比如印度公司事务部为了迎合外资,积极推行繁文缛节(red tape)的简化,通过一站式的在线申报平台等减少行政性事务所需要花费的时间。

但是,不得不注意的一点是,公司法得以施展拳脚的大前提是有着海量的公司,从小型的公司到资本巨擘应该呈现出多元化、专业化和细分化。这些微型、小型、中型和大型公司之间应该形成一个密切协作的生态共同体(ecological community)。并且,各个行业门类比如工业和服务业等需要有一个较为完善的配比,或者说至少不能有"瘸腿"的问题出现。只有繁盛的公司商事行为和活动,才会有公司法创新和前沿理论的实践适用。但印度经济的矛盾性导致了公司的发展受到了某种轻度的负面影响。以服装设计和生产制造业为例,印度能讲英语、熟练操作设计软件的毕业生质优价廉,但是印度的服装厂上会格外注意不扩大自己的生产规模,因为在印度劳动力是一种"沉没成本"(sunk cost),因为繁杂的劳动法和对劳动者不加区分的保护,一旦雇用了大量的廉价工人,则最直接的后果就是"请神容易送神难"。除非有十足的耐心可以面对工人罢工、示威和纠缠,则印度的企业一般不会轻易扩大就业规模。这也导致了印度企业对于资本密集型行业的青睐。就拿印度的工会而言,工会在印度是非常强势的存在,印度经常发生的罢工,后面经常都是有行业工会以及单独的企业工会的身影。作为外国投资者,可以利用印度廉价的劳动是固然是非常具有吸引力的一方面,但是如果要陷入与工会长时间的鏖战当中,则势必使得外国投资者的管理与沟通成本上升。并且,外国投资者尤其是对处理劳工问题相当没有经验的中国投资者来说,对印度劳动法以及繁杂的实施细则的了解则是避免此类劳动法风险的不二法门。但现实中往往出现的情况是,中国投资者对于印度现代商事法律体系、税制都不了解,哪有工夫去了解其心理位阶上重要性更次一些的劳动法。

这也就导致了很多印度公司的想法是,与其将自己自身产能和雇佣劳动力群体的扩大,还不如将业务外包到本地较小的业务单元比如家庭作坊当中,也就是有时候印度的企业主会刻意地将其公司维持在较小的规模,这一点是比较令人匪夷所思的,但是放在印度目前的大环境下,也就不足为奇了。而这种方式的直接后果是,无法形成大中小公司密切协作,也无法形成较为统一的公司法实践。因为企业规模一旦形成断层,如因为历史因素存在的财阀巨头和大量的小微企业的两极化发展,让他们同时满足标准化、均一化的公司合规(company compliance)义务既不平等(fair play),也不现实。

考虑到印度首任总理尼赫鲁在印度独立伊始对于印度工业的各种投入和政策性绿灯,在经过数十年发展之后印度的制造业理应发展壮大,创造更多的就业人口才是。如果考虑到刚才笔者所说的，印度独立以来的经济发展本质上是资本密集型的即不以解决就业为根本导向，这一问题就可以迎刃而解。严苛的劳工政策作为尼赫鲁的政治遗产，到现在对于印度的公司和企业都有很大的负面作用，即使在充满盈利的年份，公司也不敢随便扩大规模、雇用更多人手，因为其担心一旦年景不好出现经济萧条，则庞大的员工群体无法被解雇将成为其梦魇，而不能解雇工人、不能“壮士断腕”或者“战术收缩”的最直接后果就是公司破产，每个人都会失去饭碗。这也导致了印度的很多公司都是家族制企业（family business），也愿意将本来自己可以增加的产能外包给那些微小的“非正式经济实体”（unorganized economic entities），[5]比如小作坊，因为这些小作坊游离于强行性的法律之外，这也由此产生了非常戏剧性的结果，不遵守法律的或者无法被法律有效管辖的那些经济实体，反而在某种程度上获得了竞争优势，而因为“劣币驱逐良币”的存在，导致其他人不断跟风效仿。

另外，就对外开放而言，诚然印度目前已经就绝大多数行业实现了外商直接投资和开放，但印度一直标榜自己为最大的民主国家，受到选票的影响，导致诸如连锁超市这样促进人民生活并且可以带动其他产业发展的行业仍然不能允许外资直接进入，反而是那些没有任何组织性可言的街边夫妻店（mom and pop shop）茁壮成长。因为印度的议员们担心一旦自己发声允许外资涌入，资本巨无霸和正规军式的冲击，必定会荡涤这些自由雇佣者的利益，从而丧失其选票。当然，通过激进的“休克疗法”（shock therapy）和“阵痛”式的大变革是否适合印度，这个无从定论，但就印度公司法理论和实践的发展而言，其注定与印度经济、社会、文化各个层面的潜移默化的影响和演化绑定在一起。

四、印度的国有企业及其发展

众所周知，中国的国有企业在中国经济发展当中起着至关重要的作用。中国国有企业的英文一般译为“State Owned Enterprises”，缩写为“SOE”。具体到公司

〔5〕 笔者在与印度经济专家交流时，其更倾向于采用“unreported economy”这个词组来形容这些游离于正规经济体系之外的生产单元。

法这一具体的法律部门为例，在2005年中国对《中华人民共和国公司法》进行第三次修正之前的公司立法当中专门为国有企业、其他国有投资主体设立的公司等进行了规定，〔6〕但随着中国公司立法的发展，逐步实现了对不同性质的投资人所设立的公司由区别对待到平等对待的转变。而印度虽然没有在公司立法当中给予国有公司特殊地位，但之前通过其他行政方式给予国有公司相当大的行政特权。

同样属于人口众多的亚洲发展中大国的印度，在20世纪40年代末独立并建国之后，采取了政治上学习英国的代议制体制、经济上学习苏联的计划经济的发展模式，开始探索国有企业模式，集中力量办大事，改变印度一穷二白的落后农业国的面貌。时印度首任总理尼赫鲁（Jawaharlal Nehru）曾经将国有企业比作现代印度的"庙宇"（temple），而熟悉印度的人应该知道宗教与印度每个人的一生紧密相连，这个比喻也体现了国有企业在印度经济社会发展当中发挥着重要的作用。但印度在第一个五年计划结束时，仅仅有五个中央直属国有企业，资产总额约2.9亿卢比。而现在，印度全国拥有约250家中央直属国有企业，这些企业的年产值占到印度年度国民生产总值的1/4，出口总额占到约印度出口总额的8%。这250家中央直属的国有企业创造了约140万劳动岗位。以在印度最大的证券交易所——孟买证券交易所（Bombay Stock Exchange）上市的排名前500的企业为例，其中有超过60个的国有企业，约占孟买证券交易所总市值的1/5强。典型的印度国企如印度煤炭公司（Coal India），该公司生产的煤炭占印度全国煤炭总产量的80%还要多，对于印度煤炭市场的占有率约74%。

印度的国有企业被称为"Public Sector Undertaking"，缩写为"PSU"。与中国将国有企业分为"中央管理企业"即一把手由中组部、国务院国资委或其他部委任命的央企以及由地方党委、国资委任命的地方国企相类似，印度存在两种层级的

〔6〕 如1993年《中华人民共和国公司法》第65条："国有独资公司的公司章程由国家授权投资的机构或者国家授权的部门依照本法制定，或者由董事会制定，报国家授权投资的机构或者国家授权的部门批准。"第66条："国有独资公司不设股东会，由国家授权投资的机构或者国家授权的部门，授权公司董事会行使股东会的部分职权，决定公司的重大事项，但公司的合并、分立、解散、增减资本和发行公司债券，必须由国家授权投资的机构或者国家授权的部门决定。"第67条："国家授权投资的机构或者国家授权的部门依照法律、行政法规的规定，对国有独资公司的国有资产实施监督管理。"

国有企业，一种是直属于联邦[7]政府（Union Government of Lndia）、由印度重工业和国有企业部（Ministry of Heavy Industries and Public Enterprises）负责的央企（Central Public Sector Enterprises，CPSEs），一种是隶属于地方邦[8]（State Government of India）的地方国企（State Level Public Enterprises，SLPEs）。

印度建国之初属于一个落后的农业国，其设立国有企业的初衷是以举国之力重点建设对国计民生具有关键意义的行业，同时提供就业和收入。尼赫鲁执政时期设立了一大批工业类的国有企业，因为当时奉行国有化的苏联的强大对于印度这个新独立的国家还是具有莫大的吸引力的。尼赫鲁访问苏联时对莫斯科的印象非常好，用他的话说叫“极端奢侈和极端贫困都无处可寻”，这也符合尼赫鲁的仁爱哲学。印度于是在经济上大力仿效苏联的计划经济，甚至苏联的国家计划委员会（GOSPAN）也向印度提供了大量的建议。

与当时为了解决印度大量的人口挣扎在饥饿中所急需要的农村土地改革相对照的，在尼赫鲁的授意下，印度花费巨资建起了大量的巨型钢铁厂、炼铝厂等，这些被寄予厚望的企业却因为严重亏损导致了大量的宝贵外汇资源被浪费。同时，印度一直以来都受到反复无常的季风气候影响，尼赫鲁没有修缮灌溉工程而是致力于兴建大坝，这一切都是因为尼赫鲁认为，一定要将印度有限的财政资源优先集中在大型工程中，从而可以在短时间内使得印度一步跨入工业强国之列。

在1969年和1980年英迪拉甘地政府执政时期，其对印度近20个银行实施了国有化，从此一直到印度发生经济危机而被迫改革开放的1991年，国有企业一直是印度的主力。1967年时英迪拉甘地甚至曾经说，公共部门应当成为印度工业的基础，唯有如此这个国家才会拥有更多的机器、更多的钢铁。也只有这样才能保证印度的独立自由。

印度1947年独立之后到1991年改革开放之前的这段历史时期，属于国有企业发展的黄金时期，原因是这一时期的印度实施计划经济，并且证照许可制是当

---

[7] 印度的联邦制其实是准联邦制。也就是说，虽然有联邦制的外表，但是具有较为强烈的单一制国家内核。印度目前的邦有一个地方选举的首席部长（Chief Minister）作为当地的政府首脑，相当于中国的省长。印度总统（名义上的国家元首）也向以上地区派驻邦长，但是仅仅作为印度联邦政府驻当地的代表。

[8] 地方国企还包括隶属于“联邦属地”（union territory）的企业。在印度，“联邦属地”这一建制的行政级别与“邦”相同。

年印度实行计划经济的显著特征之一。在私营企业想要正常营业之前,差不多要到 80 个政府部门进行相应的备案和证照审批,并且即使顺利获得审批,后续的政府也会对产能等作出调控。这套体制是当年印度政府对于开设和经营企业采取的一套复杂的证照审批和管理体制,以繁文缛节而著称,并且滋生了大量腐败。于是乎有了一个"臭名昭著"的名字即"License Raj",这个名字最早是仿照"British Raj"而来,"British Raj"的意思是"英属印度",而 Raj 是印度语里面"rule(统治)"的意思。当时的印度政治家 Chakravarthi Rajagopalachari 有感于印度对于私营企业管得太严、太宽,并且因此产生了大量寻租和腐败,便仿照"British Raj"这个单词造出了"License Raj"。

这一体制由印度首任总理尼赫鲁首先提出并付诸实行。依照他的计划,印度的私人和私营部门只有在取得政府的许可证之后才可以生产货品。证照许可制的核心其实是计划经济。由官方来调控整个国家经济的运行。当时的印度采取了学习苏联的模式,即制订五年计划并且按照计划进行国民经济的建设。实行这一政策的原因是那时候的印度决策层认为像印度这样的国家需要完全依赖于其内部市场而并非国际贸易,得出这样结论的原因,既有作为长期殖民地的教训,也有从苏联吸取的经验。

在印度 1991 年实行改革开放之前,印度是一个十分封闭的经济体,印度卢比不得与外币自由兑换,对国外进口商品施加高额关税等,并且企业需要申请各种证照从而才能开展商业运营。极度的行政干预造成了可笑的局面:一个企业想要生产货物,前提条件是向多达 80 个的政府机构进行相关许可证的申请。即使可以申请到所有的许可证,其生产什么产品、产品的产量、价格等也需要由国家说了算。更离奇和可笑的是,一旦企业开业,政府就不允许其随便关停,甚至不允许解雇员工。当时的印度政府好像是生怕不知道企业老板如何做生意,事必躬亲、无微不至地指导劳资关系,但是结果却是事与愿违。

在证照许可制的经济体制下,国有公司享有行政垄断,依靠行政命令和行政划拨本应该可以轻松实现壮大和增长,但僵化的公有制的弊端很快显现,那就是效率低下,深陷财务危机并且自身无造血功能,一直依赖政府"输血",印度政府只能通过更强烈的行政权力方式扩大国有公司的行政垄断,而这无异于饮鸩止渴,越发使其积重难返。

1991 年印度改革开放之后,证照许可制得到了废止,印度也开始将诸多的国有企业进行私有化，甚至还在财政部（Ministry of Finance）下面设立了专门的投资和公有资产管理局（Department of Investment and Public Asset Mangement，DIPAM）[9]来增加私人对国有企业的持股，并且通过将国有公司上市的方式，逐步削减国家持股，通过提升公司的商业化、市场化属性来增强其竞争和盈利能力。但对于没有经历过暴力流血革命就获得独立以及信仰宗教的印度人来说，对体制的“破旧立新”显得困难重重。1999～2002 年时任行政改革部部长的阿伦·舒里曾经评论，在谈起他在政府机构改革中所做的努力时，他说：“这就好像是要在南美洲的亚马逊丛林中铺出一条道路来，我们刚向前前进了 100 码，但丛生的灌木会立即将它遮盖。”这一点从印度很多国营部门的劳动者经常罢工就可以略窥一二。

当今，印度仍然存在大量的国有企业。不过现在很多印度的国有企业都已经上市，在一定程度上进行了社会持股。印度政府也在大力推进国有企业的私有化，从而提高效率、减轻负债以及为政府筹集资金。多年来，印度政府承诺将剥离数十亿美元的国有企业资产，包括国家的石油、天然气公司、保险公司和部分铁路公司。但由于政治意愿不够，工会势力强大，以及股市长期低迷，该计划一直受到阻碍。直到 2017 年，情况终于发生变化。经济学家表示，过去 7 年中，只有 2017 年的状况很适合印度政府各部门开启国企私有化进程，一个重要原因是印度股市在 2017 年的大涨。统计显示，从 2017 年年初到 10 月，印度 Sensex 指数涨幅达 26%，而 Nifty 50 指数涨幅达 28%。在所有国企中，印度政府最大的私有化目标是印度斯坦石油公司（HPCL），印度政府拥有该公司 51% 的股权，打算将其出售给印度石油天然气公司（ONGC）。此外，将被私有化的还包括印度铁路系统的的几家子公司。印度官员表示，最先被私有化的两家将是印度铁路餐饮和旅游公司、印度铁路金融公司。[10]

值得关注的是，印度对国企私有化正遭到大批职工的反对。据《印度斯坦时报》报道，2017 年 8 月 22 日，由于不满印度政府的银行政策，印度近百万银行职员正在全国范围内参与大罢工，以抗议国立银行私有化、抗议银行合并乱象，反对银行不注销不良资产的行为。在此次大罢工的影响下，大部分国立银行持续关门歇

〔9〕详情参见 http://dipam.gov.in/，最后访问日期：2019 年 1 月 2 日。

〔10〕参见华尔街中文网报道：https://wallstreetcn.com/articles/3027193？ivk=1，最后访问日期：2019 年 1 月 2 日。

业，银行的存取款、支票清算、跨境转账等业务都受到不同程度的影响。但从长远来看，通过引入社会化的资本将国有企业的活力激发出来，对于印度国有企业自身的健康发展是大有裨益的。

五、女性董事（woman director）

当今社会，女性在社会中的声音和地位越发重要，无论是政治界、学术界甚至是国防和军队，女性发挥着巨大的作用。

对于企业界而言，由于女性在工作经验、市场经验、公关以及社团经历方面与男性存在显著的差异，这使女性在加入公司治理的过程中，会带来不同的视角和信息，从而给决策的过程带来更多的讨论，并促进终决策变得更加全面和正确。在欧美等国家，得益于女性运动的发达和市场经济体制的成熟，大部分国家都先后对公司董事会成员中女性比例的配额进行法律介入。事实上，相关的研究也已经证实，那些有女性董事的公司的市场表现要优于那些完全被男性主导的公司。印度在对 1956 年《公司法》进行反省、对制定新的《公司法》进行探讨时，对于某些类型的企业必须聘用女性董事是立法讨论的一大亮点，并且印度在制定 2013 年《公司法》时也将女性董事正式纳入新法，显示了印度政府对于提振印度妇女的地位尤其是在企业界中妇女地位的决心，也显示了印度政府高度认可女性对于印度经济发展和社会进步的巨大作用。董事会作为公司日常管理的关键机关，融入女性智慧（Talent Pool）对于企业的管理、社会责任的承担以及董事会内部工作搭配和协调，都有着深远的意义。

印度 2013 年《公司法》第 149 条第 1 款规定，对于特定类别的公司，必须要有至少一名女性董事。但 2013 年《公司法》法案本身并没有给出“特定类别”的公司具体包含哪些情况。随后，在 2014 年对《公司法》制定实施细则时，颁布了《公司董事选任和董事资格实施细则》[The Companies (Appointment and Qualification of Directors) Rules, 2014]，对于法定要求的需要至少有一名女性董事的企业类型进行了细化规定：

1. 上市公司（listed company）必须要拥有至少一名女性董事；

2. 对于非上市公众公司（unlisted public company），若其实收股本（paid-up

capital)大于等于10亿卢比并且年营业额大于30亿卢比,则必须要拥有一名女性董事。

符合上述条件的公司,需要在成立之日6个月之内,聘任至少一名女性董事。由2014年《公司董事选任和董事资格实施细则》可以看出,印度公司立法对于法定的要求聘任女性董事的情况,并没有采取"一刀切"也就是要求所有的公司都必须聘用女性董事的做法,而是在衡平效率、考虑社会影响和站在女性自身特点的基础上,首先针对规模较大、合规义务较高的上市公司和大型非上市公众公司进行"试水"。相比一些小型的私人有限责任公司,这类公司女性雇员较多,社会影响力较大,内部管理专业分工较为细化,引入女性董事可以真正地让其发挥在协调董事会工作、保护女性雇员权益等方面的作用,避免沦为"花架子"和"橡皮图章"。

就现实中的执行情况而言,在2013年《公司法》颁行之时,根据印度证监会的统计,在德里的国家证券交易所(National Stock Exchange)上市的1469家印度上市公司中,还有755家公司(约占总数的51%)没有女性董事。为了满足新法的强行性要求,这些印度上市公司"突击任命",要么把女性董事席位给予了股东的女性亲属,要么从担任其他公司董事的女性中选任让其兼任董事。在这之后,女性董事人数将占到印度上市公司董事会人数总数的7%左右。当然,这个是为了应对新法带来的冲击所采取的"临时抱佛脚"性质的、纯粹为了满足新法合规要求的做法,与2013年《公司法》的立法本意也就是选拔更多出类拔萃的职场女性或者来自普通家庭的女性进入董事会有一定的背离。但未来这一状况肯定会有所好转。

从统计数字上看,女性走向董事会的"玻璃天花板"仍然存在。相比较中国,目前中国《公司法》中并未规定女性在公司董事会中所占的比例或者人数。但我们可以看到不少中国企业在女性挂帅的领导下,成长为中国乃至世界级的企业,如格力董明珠、老干妈陶华碧、玖龙纸业张茵等。女性在企业界发挥更大的作用,是一场旷日持久的社会运动。印度在立法领域对于女性社会地位的承认,顺应了历史进步的潮流,其也必定会在未来对于印度经济和社会的发展创造更大价值,也对我国立法提供了反思和参考。

六、印度社会对于企业社会责任(CSR)的讨论

在本书第十章“公司合规和企业社会责任”这一章节中,笔者对印度2013年《公司法》中的所规定的具体企业社会责任合规要求进行了阐述。其实,在2013年《公司法》制定之前,印度就早在2009年通过了两个文件,分别为《企业治理自愿守则》(*Corporate Governace Voluntary Guidelines*)和《企业社会责任自愿守则》(*Corporate Social Responsibility Voluntary Guidelines*),要求企业在盈利的同时,兼顾社会责任。但是这两个文件的效力,正如其名称,仅仅为指引性、自愿性的文件,因而在执行力度上并没有强行法的强制约束力(no binding power)。但是这两个文件的精神在随后2013年《公司法》的制定中得到了延续和深化,并上升到具有法律效力(legally binding)的层级。

印度的学界和实务界目前都普遍认为公司不仅仅要对其股东负责,还要对其提供融资的债权人负责、对构成其商业经营和活动所不可或缺的雇员负责、对购买和消费其产品服务的消费者负责,以及对作为市场经济秩序调节者的政府负责。也就是,将公司从一个单纯的为股东(shareholder)负责转变为向所有的利益关切方(stakeholder)负责。印度作为世界上第二大的发展中国家,失业、农村与城市发展不均衡、人口过度增长、环境问题、资源短缺问题等,都离不开企业切实践行社会责任。

印度2013年《公司法》中对于企业社会责任的践行采取了非常明确的计划指引,即企业规模与践行社会责任的开支具有明确的比例,这相比于很多国家中泛泛的“号召”性或者“口号”性规定,确实有其可取之处。但实践中目前也存在一些反对的声音,其主要的理由是认为公司与其把这笔钱直接捐出来做慈善,还不如把这笔钱进行更好的利用比如追加投资,也就是“授之以鱼不如授之以渔”。因为对于很多高成长性的企业,同样是100万卢比,如果增加对该企业的投资,其创造出的就业和社会财富远高于直接将该100万卢比进行2013年《公司法》中所规定的企业社会责任用途。当然,追逐经济利益和兼顾对社会效益的投入存在一定的矛盾,但并非不可调和的矛盾。企业通过花费相关的成本对当地社会进行投

入，践行企业社会责任，当地社群获得直接经济利益，同时其社会、文化、族群等都会相应地获得提升，企业也是在一定程度上完善了其赖以安身立命的“生态圈”的投入，长远来看，企业履行社会责任有助于其长远发展。

后　记

提起印度，很难不让人联想到中国。两个国家太像，又太不一样。两国都有着广袤的国土和庞大的人口，同样都是光辉灿烂的文明古国，但又在近代都遭受了太多的压迫和耻辱。

但目前的中国，下至普罗大众，上至专家学者，大部分都是言必欧美，次之日韩，很少联想到印度这个西南接壤、山水相连的近邻。甚至，对于印度的存在，都是一种调侃乃至戏谑的语气。印度从来没有被我们认为是一个可以进行比较的对象，除了在北京连日雾霾的时节，我们的媒体搬出新德里“爆表”的雾霾指数，印度终于在某种程度上成为中国的参照物，有了可以和中国比较的“资格”。

中国目前提出的多项对接世界的计划和倡议，看点在于“走出去”，但难点在于“走进去”，更难点是“往高处走”，并且可以“走回来”。在中国经济快速发展，以更加积极、主动的姿态融入全球化、迈向世界性大国的进程，中国以及民众应该培育成熟、稳健的大国心态和大国胸襟，肩负起更加理智的大国担当。

印度是一个有着13亿人口的广大市场，这一体量大到任何经济体都不可以忽略。中国产业资本在走出去的同时，必须要对印度以公司法为主的商事法律制度进行相应地了解，这样才可以最大限度地融入印度本土市场。而目前对印度商事法律制度的研究，中国还处于起步阶段。印度目前经济增长率保持着一个良好的势头，其国内经济的发展与国际经济环境的变化都促使其公司法、商法实践产生着日新月异的变化。中国现在正在更加积极主动地融入全球化进程，而全球化的本意应该是“全球本地化”，只有充分利用印度本土的、包括其法律体系在内的各种资源禀赋，才可以避免之前中国资本在其他国家所犯的错误。

“大同”愿景和“天下”情怀，是中国自古以来都秉承的价值观。这里的“天下”，在当今时代背景下，应该是一个更加宽泛的概念。中共中央总书记习近平提出：

“我们前所未有地靠近世界舞台中心，前所未有地接近实现中华民族伟大复兴的目标，前所未有地具有实现这个目标的能力和信心”。在讲好“中国故事”的同时，也需要理性、客观地观察印度这个近邻，熟稔其规则，增进互利互信。

我也希望自己所做的微不足道的努力，能与更多的有识之士一起，融入世界历史浩浩荡荡的潮流，也愿未来的亚洲，中国和印度这两个老大帝国可以实现“龙象共舞，中印大同”。

致　谢

感谢印度执业律师白大山(Santosh Pai)对本书选题和整体架构的指导,其作为同时在中国的清华大学法学院和印度的国立大学法学院(班加罗尔)等中印一流法学院受过系统法学专业教育并且有着长时间中印之间实务经验的资深律师,对于本书的面世有着不可磨灭的贡献。

感谢清华大学法学院国际仲裁班2013级林晨曦、黄高辉、王唯一、徐仙以及王安琪同学对本书相关资料整理所作出的努力。

感谢北京大学法学院黄曼兮同学、肖狄非同学以及无讼张允达小姐对本书相关内容的建议。

感谢清华大学刘烨博士、天津财经大学法学院副院长李晓龙老师对本书撰写过程中的宝贵意见。

感谢印度执业公司秘书陈素碧(Surbhi Jain)、范丹娜(Vandana Lalwani)对本书部分章节内容的建议。

感谢印度驻上海总领事馆商务参赞柯文(Naveen Kurmar)、中国驻印度大使馆经商处石易以及韦媛媛、驻加尔各答总领事馆经商处高翔对本书部分章节内容的撰写建议,他们作为处理中印之间商贸和投资关系一线的专业官员,对本书的完善起到了非常大的作用。